Eine Arbeitsgemeinschaft der Verlage

Beltz Verlag Weinheim · Basel
Böhlau Verlag Köln · Weimar · Wien
Wilhelm Fink Verlag München
A. Francke Verlag Tübingen und Basel
Haupt Verlag Bern · Stuttgart · Wien
Verlag Leske + Budrich Opladen
Lucius & Lucius Verlagsgesellschaft Stuttgart
Mohr Siebeck Tübingen
C. F. Müller Verlag Heidelberg
Ernst Reinhardt Verlag München und Basel
Ferdinand Schöningh Verlag Paderborn · München · Wien · Zürich
Eugen Ulmer Verlag Stuttgart
UVK Verlagsgesellschaft Konstanz
Vandenhoeck & Ruprecht Göttingen
Verlag Recht und Wirtschaft Heidelberg
WUV Facultas Wien

WERNER FAULSTICH

Medien-
wissenschaft

Wilhelm Fink Verlag

Bibliografische Information Der Deutschen Bibliothek

Die Deutsche Bibliothek verzeichnet diese Publikation in der Deutschen Nationalbi-
bliografie; detaillierte bibliografische Daten sind im Internet über
http://dnb.ddb.de abrufbar.

© 2004 Wilhelm Fink Verlag GmbH & Co. KG
Jühenplatz 1-3, 33098 Paderborn
ISBN 3-7705-3957-5

Printed in Germany.
Einbandgestaltung: Atelier Reichert, Stuttgart
Herstellung: Ferdinand Schöningh, Paderborn

UTB-Bestellnummer: ISBN 3-8252-2494-5

Inhalt

Einführende Bemerkungen

Das komplexe Feld der Medienwissenschaft soll hier inhaltlich und formal so vorgestellt werden, daß es der Leserin und dem Leser, die damit bislang noch in keiner Weise konfrontiert waren, einen ersten systematischen Überblick vermittelt. Also kommt es in diesem frühen Orientierungsstadium noch nicht an auf komplizierte fachwissenschaftliche Sachverhalte, auf die enorm vielen ungelösten Probleme und offenen Fragen, auf die unübersehbare Fülle von Details, auf hunderttausende von Fachpublikationen. Strukturwissen soll vermittelt werden. Auch die gelegentlichen Zahlenangaben (etwa zu Medienmärkten), die schnell ihre Aktualität verlieren können, sollen nur als grobe Richtlinien dienen.

Strukturwissen

Zu diesem Zweck folgt die Darstellung bestimmten didaktischen Vorgaben und ist insgesamt auf eine überschaubare Länge gekürzt. Jedes Kapitel wird durch eine knappe Übersicht eingeleitet und durch eine kurze Zusammenfassung abgeschlossen. Punktuell eingestreut sind Definitionen und Gesetzesannahmen, die hier den Sinn haben, den Verbindlichkeitscharakter der Medienwissenschaft präsent zu halten. Natürlich gibt es im Fach noch eine Fülle weiterer gesicherter Erkenntnisse und Basistheorien, die auf dem knappen Raum aber nicht dargestellt werden können. Maßgeblich ist vielmehr das Prinzip des Exemplarischen. Zu jedem einzelnen Medium und jedem gesondert behandelten Schwerpunkt wird ein kommentiertes Verzeichnis sorgfältig ausgewählter Titel der Sekundärliteratur angeboten, die zur breiteren Aneignung anleiten kann.

Prinzip des Exemplarischen

Jeweils sind Übungs- und Wiederholungsfragen angefügt, die die Selbstkontrolle ermöglichen. Weiterführende Arbeitsaufgaben sollen dazu anregen, die Vorgaben eigenständig zu vertiefen. Damit soll die Verfügbarkeit und Abrufbarkeit des dargestellten Strukturwissens gefördert werden.

Verfügbarkeit

Wenn darüber hinaus das Interesse an der – wie ich denke – ungemein spannenden Medienwissenschaft auch noch vertieft wird, ist bereits mehr erreicht, als man von einem allerersten Überblick erwarten könnte.

Interesse

Werner Faulstich

IfAM Institut für Angewandte Medienforschung
Fachbereich Kulturwissenschaften
Universität Lüneburg
April 2003

Gegenstandsbereich ╷1

Medium und Mediengruppen ╷1.1

Am Anfang steht die Frage: Was heißt Medium? Darauf sind sehr viele und ganz unterschiedliche Antworten gegeben worden. Dabei gilt es grundsätzlich zwischen dem Alltagsverständnis und dem fachwissenschaftlichen Verständnis zu unterscheiden. Im alltäglichen Sprachgebrauch kann Medium schlechthin alles heißen: ein Auto, eine Brille, eine Gabel usw. „Medium" meint dabei ein bloßes „Mittel" (zur Fortbewegung, zum Sehen, zum Essen usw.), im Sinne von Instrument oder Werkzeug. Dieses Wortverständnis umfaßt auch alle bildlichen Bedeutungen von Medium – zum Beispiel das „Medium Musik" als Unterhaltungsmittel, das „Medium Sprache" als Verständigungsinstrument, das „Medium Literatur" als Werkzeug des Dichters. Im Prinzip ist dieser instrumentelle oder bildliche Medienbegriff beliebig und universell.

Ganz anders das fachwissenschaftliche Verständnis. In der Medienwissenschaft ist „Medium" ein Begriff mit einer festgelegten Bedeutung. Sie bezieht sich auf Medium als einen Bestandteil zwischenmenschlicher Kommunikation. Es geht dabei um den Sonderfall der vermittelten Kommunikation, im Unterschied zur unvermittelten oder personalen Kommunikation. „Medium" im Sinne einer Medientheorie meint dabei Fernsehen, Zeitung, Buch usw., verstanden jeweils als ein komplexes „problemlösendes System" (Ulrich Saxer).

Was heißt Medium?

– Mittel, Instrument

– komplexes System

Medium

Ein Medium ist ein institutionalisiertes System um einen organisierten Kommunikationskanal von spezifischem Leistungsvermögen mit gesellschaftlicher Dominanz.

Vier Bedeutungs-
dimensionen:

Bei dem fachwissenschaftlichen Medienbegriff werden demnach vier verschiedene Bedeutungsdimensionen unterschieden.

1. Institutionalisiertes
System

1. „Institutionalisiertes System": Es handelt sich um eine komplexe, ausdifferenzierte Vermittlungseinrichtung, die in mehrere gesellschaftliche Bereiche entfällt und auf verschiedenen Ebenen wirkt. Institutionalisiert ist das Medium als System nicht unbedingt im hoheitlichen Sinne, wie etwa die Institution des Bundesverfassungsgerichts, sondern in dem Sinn, daß es etabliert ist: daß es allgemein bekannt ist und von vielen Menschen genutzt und als solches akzeptiert wird.

2. Organisierter
Kommunikationskanal

2. „Organisierter Kommunikationskanal": Die Kommunikation wird zufallsenthoben reguliert, d.h. erfolgt nach bestimmten, festgelegten Regeln. Organisiert meint: Kommunikation wird über das Medium strukturiert. Bei dem Kanal kann es sich um einen technischen Kanal handeln, muß es aber nicht; auch andere Formen der Kanalisation sind denkbar, beispielsweise ein bestimmter Kult oder eine bestimmte Rhetorik.

3. Spezifisches
Leistungsvermögen

3. „Spezifisches Leistungsvermögen": Damit wird die Besonderheit eines jeden Mediums im Verhältnis zu den anderen Medien angesprochen, die Bandbreite seiner charakteristischen Merkmale. Das kann quantitativ gemeint sein, aber auch qualitativ. In jedem Fall impliziert es ganz unterschiedliche Möglichkeiten und Grenzen kommunikativer Vermittlung.

4. Gesellschaftliche
Dominanz

4. „Gesellschaftliche Dominanz": Jedes Medium unterliegt einem geschichtlichen Wandel und insofern einer Veränderung seiner Bedeutung. Dominanz soll hier heißen: Relevanz für die Gesellschaft (nicht nur für den einzelnen), d.h. eine besondere Wichtigkeit für das Funktionieren von Gesellschaft. Werden beispielsweise die Funktionen eines Mediums als System im Laufe der Zeit von anderen Medien rückstandslos übernommen, so verliert es seine gesellschaftliche Dominanz und damit seinen Mediencharakter.

Man kann Medien nach ganz unterschiedlichen Kriterien voneinander unterscheiden oder auch in Gruppen zusammenfassen. Von den vielen Vorschlägen, die dazu bereits gemacht wurden, hat sich vor allem ein Konzept bewährt, das bereits mehrere Dimensionen des Medienbegriffs zugleich anspricht: erstens verschiedene Arten des Kommunikationskanals, zweitens das unterschiedliche Leistungsvermögen der Medien und drittens ihren historischen Wandel. Dabei handelt es sich um die Unterscheidung in Primär-, Sekundär- und Tertiärmedien (Harry Pross). Mit Blick auf Kommunikation und das Verhältnis von Produktion und Rezeption (vgl. Kap. 1.2) ist demnach bei Kommunikation über Primärmedien kein technisches Gerät notwendig (z.B. beim Theater), bei Sekundärmedien nur auf Seiten der Produktion (z.B. bei der Zeitung) und bei Tertiärmedien sowohl auf Seiten der Produktion als auch auf Seiten der Rezeption (z.B. bei der Schallplatte). Das läßt sich heute um Quartärmedien ergänzen, bei denen sich die traditionelle Beziehung zwischen Produktion und Rezeption vollends aufgelöst hat und Technik auch bei der Distribution notwendig ist (z.B. beim World Wide Web).

Vier Mediengruppen

Primärmedien sind die Menschmedien. „Mensch" meint dabei nicht eine individuelle Person oder eine Berufsgruppe, sondern ein komplexes System im obigen Sinn, dessen Bedeutungsdimensionen sich über Menschen und spezifische körpergebundene „Techniken" (z.B. rhetorischer Art) vermitteln. Früher gab es zahlreiche solcher Medien, zum Beispiel den Priester, den Sänger, den Hofnarren oder die Erzählerin. Heute gibt es nur noch das Theater.

Primärmedien: Menschenmedien

Sekundärmedien sind die Druckmedien. Schon ihre Vorläufer, die Schreibmedien (z.B. der Brief), haben einer gewissen Technik bedurft, nämlich der Schreibtechnik. Druckmedien sind heute vor allem die Zeitung, die Zeitschrift, das Flugblatt, das Buch, das Plakat und das Heft. Ihre ursprünglich mechanische Technik ist heute längst von einer elektronischen bzw. digitalen Technik abgelöst.

Sekundärmedien: Druckmedien

Tertiärmedien sind die elektronischen Medien, die manchmal auch als analoge Medien bezeichnet werden. Das meint vor allem die Medien Hörfunk, Tonträger, Film, Video, Fernsehen, Telefon. Das Medium Fotografie hat ursprünglich eher zu den Druckmedien gehört, dann zu den elektronischen und begegnet uns heute auch in digitaler Gestalt. Aber die Bezeichnung hat sich für die Gruppe der genannten Medien eingebürgert und macht nach wie vor Sinn.

Teritärmedien: Elektronische Medien

Quartärmedien:
Digitale Medien

Quartärmedien schließlich sind die digitalen Medien. Sie bilden eine Gruppe nicht eigentlich wegen ihrer digitalen Technik, sondern eher wegen ihrer Besonderheiten, die aus der digitalen Technik resultieren. Darunter fallen etwa die Medien Computer, E-Mail, Intranet/Extranet und das World Wide Web.

Eine solche Unterscheidung nach Medien*gruppen* hat nur begrenzten Aussagewert über verschiedene Medien*arten,* ihr kommt eher ganz pragmatisch bloße Hilfsfunktion zu; wem sie für eine bestimmte Fragestellung nichts nutzt, kann sie auch ausklammern. Wenn im folgenden die verschiedenen Medien – es handelt sich um etwa zwanzig Einzelmedien – ausführlicher beschrieben werden, soll jedoch diese Gruppierung beibehalten werden. Es wird dabei sichtbar werden, daß die Einzelmedien der jeweiligen Gruppe doch viel miteinander gemeinsam haben.

Einzelmedientheorien

Zu den Medientheorien gehört nicht zuletzt auch noch die große Gruppe der Einzelmedientheorien: Brieftheorien, Filmtheorien, Radiotheorien, Fernsehtheorien usw. Sie erheben freilich Geltungsanspruch jeweils nur für ein einzelnes Medium. Kurioserweise wurden für viele Einzelmedien bislang überhaupt noch keine umfassenden Theorien ausgebildet (z.B. Buch, Zeitschrift, Schallplatte oder Computer).

1.2 | Mediale Kommunikation

Medienwissenschaft hat es mit medialer Kommunikation zu tun. Insofern spielen auch Grundüberlegungen der allgemeinen Kommunikationstheorie eine Rolle. Kommunikation kann einseitig sein, dann spricht man von Information; in der Regel ist sie zweiseitig.

Kommunikationsmodell:
5 Aspekte

Das Grundmodell der Kommunikation unterscheidet in fünf verschiedene Aspekte:

1. den Kommunikator oder Sender,
2. den Zeichenvorrat oder Code, dessen er sich bedient,
3. das Medium, den Kanal,
4. den Rezipienten oder Empfänger, und
5. den Prozesscharakter oder Akt der Kommunikation.

Das Gelingen oder Mißlingen der Kommunikation ist meist auf einen dieser Aspekte zurückzuführen.

Ein solches Modell deutet bereits den funktionalen Stellenwert des Mediums innerhalb von Kommunikation an. Ähnliches leistet die bekannte fünfgliedrige Formel von Harold D. Laswell: „Who says what in which channel to whom with what effect?" („Wer sagt was in welchem Kanal zu wem mit welchen Auswirkungen?"). Im Vergleich von Formel und Grundmodell werden aber bereits Unterschiede sichtbar – einmal wird der Zeichenvorrat thematisiert, dann der Inhalt, einmal der Prozesscharakter, dann sind es die Auswirkungen. Weitergehende Modelle und Formeln differenzieren noch zusätzliche Aspekte der medialen Kommunikation wie zum Beispiel die Kommunikationssituation, den Kommunikationskontext oder die Kausalität des Kommunikationsaktes. Ganz offensichtlich ist mediale Kommunikation von einer Vielzahl von psychologischen und soziologischen Faktoren und Momenten geprägt, so daß es Sinn macht, von einem „Kommunikationsfeld" (Gerhard Maletzke) zu sprechen.

Von einzelnen Aspekten der Kommunikation zum Kommunikationsfeld

Im Verlauf solcher Erkenntnisprozesse entstanden zahlreiche Theorien wie etwa die Theorie des „two-step-flow of communication".

„two-step-flow of communication"

Eine andere wichtige Unterscheidung aus kommunikationstheoretischer Perspektive ist die Differenzierung von Individualkommunikation und Massenkommunikation. Massenkommunikation wird durch vier Merkmale charakterisiert:

Merksatz

Mediale Kommunikation verläuft mehrstufig („two-step-flow") und wird von Meinungsführern („opinion leaders"), die Medieninformationen als erste aufnehmen und weitergeben, mitgestaltet.

1. Sie ist indirekt.
2. Sie ist einseitig, also ohne Rollentausch zwischen Kommunikator und Rezipient.
3. Sie ist öffentlich, d.h. richtet sich an ein prinzipiell unbegrenztes und anonymes Publikum.
4. Dieses Publikum ist ein disperses Publikum, d.h. es ist verstreut und von verschiedenen Rezeptionsbedingungen geprägt.

Solche kommunikationstheoretischen Ansätze mit ihrem Grundmodell der Kommunikation als linearem Prozess vom Sender zum Empfänger bzw. der Massenkommunikation wurden inzwischen von der Transaktionstheorie ergänzt bzw. abgelöst, nach der das Publikum bei medialer Kommunikation nicht nur passiv reagiert, sondern einen wesentlichen Teil der Initiative im Kommunikationsprozess selbst übernimmt. Man hat das als den Wandel vom ptolomäischen zum kopernikanischen Weltbild bezeichnet (Winfried Schulz): An die Stelle der Frage „Was machen die Medien mit den Menschen?" trat die Frage: „Was machen die Menschen mit den Medien?"

Auch daraus entstanden verschiedene Theorien wie zum Beispiel die Theorie der parasozialen Interaktion beim Fernsehen.

Merksatz

Fernsehzuschauerinnen und -zuschauer bauen bei einer entsprechenden Bedürfniskonstellation mit fiktionalen Serienfiguren, Moderatoren und Anchor-men bzw. Anchor-women pseudoauthentische Beziehungen auf, d.h. verwechseln ihre Medienrollen mit der Lebensrealität.

Die Unterscheidung von Individual- und Massenmedien ist freilich durch die neuen digitalen Online-Medien, etwa das World Wide Web, wo der Sender gleichzeitig der Empfänger ist und umgekehrt, hinfällig; ihre prinzipielle Bedeutsamkeit wurde zumindest stark eingeschränkt.

1.3 | Medienpublizistik

Zur Grundlegung des Gegenstandsbereichs der Medienwissenschaft gehören neben Medientheorien und Kommunikationstheorien auch Theorien der Öffentlichkeit. Grund dafür ist die Bedeutung der Medien für die Konstituierung von Öffentlichkeit. Zwar gibt es Öffentlichkeiten, die mit Medien nichts zu tun haben (z.B. Präsenzöffentlichkeiten in Restaurants und Kneipen), und Medien, die mit Öffentlichkeiten nichts zu tun haben (z.B. Brief, Telefon, E-Mail). Aber ansonsten besteht doch ein sehr enger Zusammenhang zwischen beiden, der mit dem Begriff der Medienöffentlichkeit gefasst wird.

Drei Konzepte von Öffentlichkeit

Man kann drei Konzepte von Öffentlichkeit unterscheiden, die in unterschiedlichem Ausmaß innerhalb der Medienwissenschaft Bedeutung haben:

Definition
Öffentlichkeit

1. Öffentlichkeit (akteur- oder instanzenorientiert) ist eine personale Arena, ein Interaktionsraum.
2. Öffentlichkeit (prozessbezogen) ist ein Netzwerk sozialer Beziehungen, ein kultureller Raum.
3. Öffentlichkeit (ein medial konstituiertes Forum) ist ein Kommunikationsraum.

Öffentlichkeit als Interaktionsraum wird im Rahmen der Medienwissenschaft in zweierlei Hinsicht thematisiert: einmal mit Blick auf den Markt (im wirtschaftlichen Teilsystem der Gesellschaft), einmal mit Blick auf Herrschaft und Macht (im politischen Teilsystem). Ersteres meint die Bedeutung der Medien beim Austausch von Angebot und Nachfrage, beim Warenumschlag von Produzenten zu Konsumenten, kurz: die Werbung, die ohne Medien gar nicht vorstellbar wäre. Letzteres bezieht sich auf das System der politisch Herrschenden, der Repräsentanten und Interessenvertreter, die vor dem kritischen Auge des Volkes als dem Souverän der Demokratie agieren. Hier gibt es die Rolle der Journalisten und Medien als Vermittler und als Kontrollinstanz. Begriffe wie „öffentliche Meinung" bzw. veröffentlichte Meinung oder „vierte Gewalt" (neben Legislative, Exekutive, Judikative) markieren diesen Aspekt. Praxisorientiert hängt damit die Journalistenausbildung zusammen.

– als Interaktionsraum

Öffentlichkeit als soziales Netzwerk und kultureller Raum spielt im Rahmen der Medienwissenschaft vor allem mit Blick auf Freizeittätigkeiten und medienfundierte Teilöffentlichkeiten eine Rolle – beispielsweise beim Milieu der Theaterfreunde, bei der Gruppe der Kinofans, bei suchthaftem Mediengebrauch oder bei einem Phänomen wie den Medienstars. Medien werden hier thematisiert in ihren sozialen Funktionen – zum Beispiel bei der Wirklichkeitsmodellierung (Medienwelten bieten Vorbilder und Vergleichskategorien für reale Lebenswelten), als Anregung zu gemeinschaftsbildenden Interaktionen (Gespräche über Programminhalte dienen der individuellen Meinungsbildung und der Positionierung in sozialen Gruppen) oder als Beitrag zur Sicherung von Normenkonstanz (Mediennutzung liefert einen Beitrag zur Identitätsbildung und zur Stabilisierung von Wertemustern) .

– als soziales Netzwerk und kultureller Raum

Öffentlichkeit als medienbestimmter Kommunikationsraum schließlich erfährt in der Medienwissenschaft vielleicht die größte Aufmerk-

– als Kommunikationsraum

samkeit. Das gilt für die historische ebenso wie für die systematische Perspektive. Historisch sind Medienöffentlichkeiten nachgewiesen seit der antiken Öffentlichkeit (mit Medien wie z.b. Wand, Theater, Rolle) über die mittelalterliche Öffentlichkeit (z.b. Prediger, Buch, Glasfenster, Kirchenspiele), die reformatorische Öffentlichkeit (z.b. Sänger, Flugblatt, Flugschrift) und die absolutistische Öffentlichkeit (z.b. Fest, Tanz, Herold) bis zur bürgerlichen Öffentlichkeit (z.b. Zeitung, Zeitschrift, Buch). Systematisch müssen von Medium zu Medium und selbst innerhalb eines einzelnen Mediums zahlreiche Teilöffentlichkeiten unterschieden werden. Bei der Presse beispielsweise, im traditionellen Sinne einer bürgerlichen Öffentlichkeit, gibt es mindestens fünf verschiedene „Presseöffentlichkeiten": die repräsentative Öffentlichkeit (z.b. Frankfurter Allgemeine Zeitung), die kritische Öffentlichkeit (z.b. Der Spiegel), die Massenöffentlichkeit (z.b. die Bild-Zeitung), die lokale oder regionale Öffentlichkeit (mit ihren Lokal- und Regionalzeitungen) und schließlich auch die „schweigende Öffentlichkeit" (z.b. Das Beste aus Reader´s Digest).

Ähnlich komplexe Fragestellungen wurden entwickelt etwa zur sogenannten „Fernsehöffentlichkeit" oder auch zur „digitalen Öffentlichkeit", bei der kritisch diskutiert werden kann, ob das World Wide Web statt einer erhofften neuen Gegenöffentlichkeit oder gar einer globalen Öffentlichkeit vielmehr nur eine sehr große Zahl von Mini-Teilöffentlichkeiten überall auf der Welt liefert, ohne jegliche Relevanz für die gesellschaftsbezogene politische Gestaltung konkreter Gemeinwesen (Kap. 5.3.1).

Literatur

Max Kaase und Winfried Schulz (Hrsg.): Massenkommunikation. Theorien, Methoden, Befunde. Opladen 1989.
Sammelband mit zahlreichen wichtigen Einzelbeiträgen zum Selbstverständnis und den Erträgen speziell der Publizistikwissenschaft.

Werner Faulstich: Medientheorien. Göttingen 1991.
Überblick über vier unterschiedliche Gruppen von Medientheorien unter Berücksichtigung von Schlüsselzitaten aus den Originaltexten: 1. Einzelmedientheorien (am Beispiel von Film- und Radiotheorien), 2. Kommunikationstheoretische Medientheorien, 3. Gesellschaftskritische Medientheorien, 4. Systemtheoretische Medientheorien.

Stefan Müller-Dohm und Klaus Neumann-Braun (Hrsg.): Öffentlichkeit, Kultur, Massenkommunikation. Beiträge zur Medien- und Kommunikationssoziologie. Oldenburg 1991.

*Sammelband mit wichtigen Beiträgen zum Zusammenhang von Öffentlichkeit,
Kultur und Massenkommunikation.*

Günter Bentele und Manfred Rühl (Hrsg.): Theorien öffentlicher Kommunikation.
Problemfelder, Positionen, Perspektiven. München 1993.
*Schwerpunkt-Sammelband zu Theorien der Massenkommunikation, Kommuni-
kationstheorien und Theorien der Öffentlichkeit mit wichtigen Einzelbeiträgen.*

Friedhelm Neidhardt (Hrsg.): Öffentlichkeit, öffentliche Meinung, soziale Bewe-
gungen. Opladen 1994.
*Standard-Sammelband zur Kategorie Öffentlichkeit aus soziologischer Perspek-
tive.*

Roland Burkart und Walter Hömberg (Hrsg.): Kommunikationstheorien. Ein Text-
buch zur Einführung. Wien 2. Aufl. 1995.
*Sammelband mit Einzelbeiträgen zu verschiedenen Facetten und Problemberei-
chen von Kommunikation.*

Ulrich Saxer (Hrsg.): Medien-Kulturkommunikation. Publizistik Sonderheft
2/1998. Opladen, Wiesbaden 1998.
*Schlüsselpublikation mit 19 Einzelbeiträgen zum systematischen Zusammen-
hang von Medien, Kommunikation und Kultur.*

Werner Faulstich und Knut Hickethier (Hrsg.): Öffentlichkeit im Wandel. Neue
Beiträge zur Begriffsklärung. Bardowick 2000.
*Sammelband mit Einzelbeiträgen speziell zu Öffentlichkeit als Raum, zur Ge-
schichtlichkeit von Öffentlichkeiten, zum Zusammenhang von Öffentlichkeit
und Internet sowie zu Methoden der Öffentlichkeitsforschung.*

Heribert Schatz, Patrick Rössler und Jörg-Uwe Nieland (Hrsg.): Politische Akteure
in der Mediendemokratie. Politiker in den Fesseln der Medien? Wiesbaden
2002.
*Kritische Darstellung von Problemen der „Mediendemokratie" in 18 Einzelbei-
trägen, unter besonderer Berücksichtigung der Interaktionen von Politiker-
rollen, Public Relations, Journalismus, Populärkultur, Mediengesellschaft,
Skandalen und Protesten.*

Werner Faulstich: 1. Modul: „Medium". In: Ders., Einführung in die Medienwissenschaft. Paderborn 2003, S. 17-67.
*Kritische, problemorientierte Darstellung der Diskussionen um Medium, Medi-
entheorien und Pseudo-Medientheorien.*

1. Charakterisieren Sie den Grundunterschied zwischen Medium als Alltagswort und Medium als Fachbegriff.
2. Wie lautet die Definition von „Medium" aus medientheoretischer Sicht?
3. Verdeutlichen Sie die Unterschiede zwischen Primär-, Sekundär-, Tertiär- und Quartärmedien.
4. Was unterscheidet eine Medientheorie von einer Einzelmedientheorie?
5. Benennen Sie die fünf Aspekte des Grundmodells der Kommunikation und der Laswell-Formel.
6. Was heißt „Kommunikationsfeld"?
7. Wie lautet die Theorie des „two-step-flow of communication"?
8. Durch welche Merkmale wird Massenkommunikation gegenüber Individualkommunikation charakterisiert?
9. Was meint die These vom Wandel vom ptolomäischen zum kopernikanischen Weltbild in der Medienwissenschaft?
10. Was besagt die Theorie der parasozialen Interaktion beim Fernsehen?
11. Nennen Sie Medien, die mit Öffentlichkeit nichts zu tun haben.
12. Welche drei Definitionen oder Konzepte von Öffentlichkeit lassen sich unterscheiden?
13. Charakterisieren Sie die beiden prinzipiell unterscheidbaren Problemfelder von Öffentlichkeit als medienbestimmtem Kommunikationsraum.

- Durchsuchen Sie die angeführte Sekundärliteratur oder einschlägige Lexika nach weiteren Gesetzesannahmen und Theorien in Bezug auf Medien, mediale Kommunikation und Medienöffentlichkeit.
- Begründen Sie ausführlicher, ob und warum die Unterscheidung von Individualmedien und Massenmedien beim Internet hinfällig wird.
- Diskutieren Sie an einem Beispiel Ihrer Wahl, wie sich solche Öffentlichkeiten konstituieren, die mit Medien nichts zu tun haben.
- Durchsuchen Sie die einschlägige Fachliteratur im Hinblick auf

„Fernsehöffentlichkeit" als Problemfeld. Welche Aspekte gilt es im einzelnen hier zu beachten, welche Einsichten wurden dazu bereits formuliert?

- Erlaubt das World Wide Web eine globale Öffentlichkeit im Sinne einer neuen Gegenöffentlichkeit und ergeben sich daraus positive Momente zur Sicherung der Demokratie? Sichten Sie die Sekundärliteratur und stellen Sie Argumente Pro und Contra zusammen.
- Setzen Sie sich mit den sogenannten Pseudo-Medientheorien auseinander. Worum handelt es sich hier und welche Bedeutung haben Sie für die Medienwissenschaft.
- Informieren Sie sich über verschiedene Kulturbegriffe und Kulturtheorien und untersuchen Sie jeweils, welche Rolle dabei die Medien spielen.
- Inwiefern sind Politiker zugleich Medienstars (oder müssen es sein)?
- Was genau hat Werbung mit Medien zu tun?
- Protokollieren Sie Ihre persönliche Mediennutzung im Tagesablauf.
- Notieren Sie Beispiele aus Ihrem Erfahrungs- und Lebensumfeld, die die *soziale* Bedeutung von Medienkonsum und Mediennutzung sichtbar machen. Unterscheiden Sie dabei in positive und negative Aspekte. Welche Antworten geben darauf Beiträge der Medienwissenschaft, der Publizistikwissenschaft, der Kommunikationswissenschaft, der Politikwissenschaft, der Sozialwissenschaften und der Medienpädagogik?

Zusammenfassung

Der Gegenstandsbereich der Medienwissenschaft wird aus drei verschiedenen Perspektiven theoretisch bestimmt: erstens als Medientheorie. Hier werden gemäß der historischen Abfolge vier verschiedene Gruppen von Medien unterschieden: die Primärmedien, die Druckmedien, die Elektronischen Medien und die Digitalen Medien, meist auf der Grundlage von Einzelmedientheorien. Die Betrachtung zweitens als Kommunikationstheorie erlaubt die Differenzierung verschiedener Instanzen beim Prozess medialer Kommunikation. Er wird von psychologischen und soziologischen Faktoren bestimmt und stellt sich als Kommunikationsfeld dar, bei der Individual- ebenso wie bei der Massenkommunikation. Die Einbeziehung drittens der Theorie der Öffentlichkeit erweitert die Grundlegung des Gegenstandsbereichs von Medienwisenschaft gleich mehrfach, insbesondere als eines medienbestimmten Kommunikationsraums in Gesellschaft.

Primärmedien | 2

Traditionelle Menschmedien | 2.1

Fast alle Primärmedien der Geschichte haben heute ihren Mediencharakter eingebüsst; als Phänomene existieren sie zwar noch, aber nicht mehr als Medien. Ein kursorischer Überblick kann sich an den ersten Perioden der Kulturgeschichte orientieren:

- der Vor- und Frühgeschichte bis zu den frühen Hochkulturen (mit den Medien Frau, Tanz, Priester, Sänger, Lehrer und Brief bis zu den Druiden);
- dem Mittelalter (mit den Medien Hofnarr, Sänger, Fest, Erzähler, Magister, Bettelmönche, Prediger und Spielleute);
- und der frühen Neuzeit (mit den Medien Herold/Ausrufer, Sänger, Fest und Erzählerin).

Vor- und Frühgeschichte bis zu den Hochkulturen

Mittelalter

Frühe Neuzeit

Weitere Medien, die zur Geschichte des Theaters gerechnet werden müssen, sollen gesondert behandelt werden (Kap. 2.2).

Bei den traditionellen Menschmedien darf man nie vergessen, dass sie ihre Bedeutung und Funktion als Medien nur im jeweiligen historischen Kontext erkennen lassen. Hilfreich zum Verständnis ist es, wenn man sich deutlich macht, daß natürlich auch in den Zeiten vor dem Computer, vor dem Fernsehen, vor der Zeitung und vor dem Buch sowie anderen Printmedien medial kommuniziert wurde, daß Informationen gespeichert worden sind, daß Nachrichten verbreitet wurden, daß Menschen auch schon in früheren Zeiten über große Entfernungen miteinander kommuniziert haben, daß es auch damals schon medialisierte Propaganda gab, Unterhaltung und Bildung. Man hat das als „funktionale Äquivalenz" bezeichnet: Unterschiedliche Phänomene sind im Hinblick auf Wirksamkeit, Aufgabe, Bedeutung oder Sinn weitgehend gleichwertig. Die traditionellen Menschmedien waren die zentralen Kommunikationsmedien in den früheren oralen Kulturen.

„Funktionale
Äquivalenz"

Merksatz

In den vergangenen oralen Kulturen stellten die Primärmedien ein differenziertes System dar.

2.1.1 | Menschmedien der Vor- und Frühgeschichte bis zu den Hochkulturen

Das Medium Frau

Erstes Medium der Menschheits- und Kulturgeschichte war die Frau. In den urhistorischen Sippen, den präurbanen Gemeinschaften der steinzeitlichen Bauern, in den matriarchalen frühen Hochkulturen gewährleistete die Frau als lebensspendende Mutter und soziales Organisationsprinzip die Reproduktion der Gattung Mensch. Deshalb fungierte sie zugleich als sakrales Kommunikationsprinzip; in Form der Heiligen Hochzeit, in Furchtbarkeitskulten wurde sie als Große Mutter oder als Große Göttin verehrt.

Abb. 1 |

Die „Venus von Willendorf" als Darstellung der Großen Mutter (ca. 30.000 vor unserer Zeitrechnung)

Frühe Darstellungen als Skulpturen und prähistorische Zeichnungen an Höhlenwänden verdeutlichen die Frau als zentrale Steuerungs- und Orientierungsinstanz. Der Primat der biologischen Mutterschaft sicherte der Frau die Autorität auch in wirtschaftlicher und juristischer Hinsicht. Es waren die Frauen, die die

Sesshaftigkeit begründeten und Ackerbau, Pflanzenzucht, die Domestikation von Tieren, Hausbau, Spinnen, Kochen und Pflanzenheilkunde betrieben. Im Kultritual der Heiligen Hochzeit vermählten sie sich mit dem Heros – symbolisch als sakrale Kommunikation des Menschen mit der Natur und mit der Göttin, um die Wiederkehr des Frühlings und die Fruchtbarkeit der Natur zu beschwören. In den archaischen Gemeinschaften war das Leben ganz und gar vom kosmischen Rhythmus und seinem Kult bestimmt, der das Handeln aller regulierte: Der rituelle Koitus repräsentierte den Urakt der Weltschöpfung. Die Frau war dabei Vermittlungsinstanz für die Einheit allen Seins, der äußeren und der inneren Welt, von Erde und Himmel, von Mensch und Kosmos. Es gab keine Transzendenz und deshalb auch keine Religion.

Wie sehr es um den Erhalt der Gemeinschaft ging, verdeutlicht auch ein weiteres Medium dieser frühen Perioden: der Tanz. Der Tanz wurde getragen von einer nonverbalen Körpersprache. Der Tanz war Kommunikation der Menschen mit der Göttin. Die Menschen kommunizierten über das Medium Tanz die

Das Medium Tanz

Teilhabe am Ganzen. Zugleich war der Tanz das erste Medium einer Mensch-zu-Mensch-Kommunikation. Er war Medium kollektiver Erfahrungswerte, kollektiver Illusion und Ekstase. Er speicherte und vermittelte kulturelles Wissen und hatte sozial-regulative Funktion. Es gab den heiligen Tanz zur Verehrung der Göttin, Fruchtbarkeitstänze der Frauen bei Geburtsritualen und zur Mondverehrung, Regentänze, Jagd- und Tiertänze der Männer, Medizintänze einzelner, Reigentänze aller Gemeinschaftsmitglieder sowie andere kultische Formen bis hin zum orgiastischen Tanz der antiken Kultur.

Abb. 2

Der Tänzer als Magier (Zeichnung an Höhlenwand)

Allerdings hat der Tanz schon früh seinen Mediencharakter verloren, bereits mit der Ein- und Unterordnung des Tanzes – in Gestalt des Chortanzes – in das antike Theater. Von den ersten Schautänzen in den frühen Hochkulturen, die den Tanz erotisch funktionalisierten und dann auch als Instrument politischer Herrschaft einsetzten, reicht die Entwicklung der Profanisierung des Tanzes über den Tanz als künstlerisches Ballett bis hin zum bürgerlichen Walzer und letztlich zu Rock´n´Roll und Techno.

Das Medium Priester Ein andere Menschmedium dieser Zeitspanne war die Priesterin bzw. der Priester, die in ihrer originären Funktion die Vermittlung zwischen Mensch und Göttin bzw. Gott professionalisierten. Der Priester als Medium hatte Gatekeeperfunktion, er allein war zuständig für den Zugang zu den Göttern, für Opferrituale, für Orakel und Weissagungen, für Begräbniszeremonien. Er war Vermittlungsinstanz für Ordnungsschemata, strukturierte die Welt für die Mitglieder der Gemeinschaft, hatte Katharsis- und Erlösungsfunktion. Insofern war der Priester eines der ersten Herrschaftsmedien der Geschichte.

Man kann hier eine Linie ziehen bis zu den keltischen Druiden. Was beim Druiden, der ganz und gar noch der oralen Kultur angehörte, zum letztenmal als Einheit von Gelehrtem, Priester, Arzt, Baumeister, Richter, Berater und Erzieher fungierte, hatte sich aber schon zur Zeit der Hochkulturen immer weiter ausdifferenziert: Neben dem Priester entwickelte sich je nach Kulturräumen unter anderem der Schamane, die Heilfrau, der Zauberer, der Medizinmann, der Seher, der Prophet.

Merksatz

Bei Primärmedien waren verschiedene Funktionen häufig gebündelt.

Ähnlich die Entwicklung beim Sänger, beim Lehrer und beim Brief.
– Die frühen *Sänger* etwa in der Mykenischen Kultur 1600 bis 1200 vor unserer Zeitrechnung waren „Erzähler-Sänger"; man nannte sie zunächst Aoiden. Ein Aoide war ein fahrender Sänger, der zur Laute selbstkomponierte Götter- und Heldenlieder vortrug. Die klassischen Epen wie „Ilias" und „Odyssee" wurden durch sie verbreitet – einerseits galten sie noch als Diener göttlicher Weisheit, andererseits aber auch schon als Lehrer im Sinne der Vermittlung von Bildung. Den Aoiden folgten die Rhapsoden: Das waren Künstler, die zur Unterhaltung auftraten, die man mieten konnte, sozusagen Berufsdichter, die gerne Spott- und Lobesgedichte vortrugen, die nur noch amüsieren wollten.
– Auch die *Lehrer* in den frühen Schulen veränderten sich rasch.
Exemplarisch läßt sich das an Sokrates beobachten, der als genui-

nes Menschmedium noch ausschließlich mündlich lehrte, während sein Schüler Platon bereits die Lehrdialoge aufschrieb und damit den Schritt zu den Schreib- und späteren Druckmedien vollzog.

– Vergleichbar auch das Medium *Brief*: Ursprünglich gab es den „lebenden Brief" in dem Sinne, daß eine Botschaft einem Sklaven, persönlichen Kurier oder einer Ordonanz mitgeteilt wurde, dieser sie auswendig lernte und beim Empfänger reproduzierte. Erst mit der Verbreitung von Schreiben und Lesen wandelte sich der Brief zum Schreibmedium.

Abb. 3

Der Aoide als Medium der Götter

Menschmedien im Mittelalter

2.1.2

Auch die mittelalterliche Gesellschaft war noch hauptsächlich von einer oralen Kultur geprägt. Entsprechend dominierten immer noch die Primärmedien, aber in ganz neuen Formen und Funktionen. Wichtige Beispiele können das verdeutlichen.

In der Teilöffentlichkeit Burg etwa dominierten die Menschmedien Hofnarr und Sänger. Letzteres ähnelt früheren Ausgestaltungen des Mediums, nur daß jetzt verstärkt die individuellen Sänger namentlich bekannt wurden – zum Beispiel Hartmann von Aue, Wolfram von Eschenbach, Walther von der Vogelweide. Viele haben diese Namen in der Schule im Literaturunterricht kennengelernt. Tatsächlich aber handelt es sich bei den höfischen Epen- und Minnesängern nicht nur um Personen, sondern übergreifend um ein Medium im oben genannten Sinne eines komplexen Systems (vgl. Kap. 1.1). Es hatte vor allem zwei Funktionen: erstens die Unterhaltung, zweitens und vor allem die Stabilisierung der herrschenden feudalen Ordnung. Der Sänger war im weiteren Sinn der Bewahrer der höfischen Verhaltensformen, der ritterlichen Tugenden, er war der Garant der feudalen Werte. Außerdem hatte er die Funktion, das eklatante Mißverhältnis der Geschlechter in diesem sozialen Binnenraum erträglich zu machen. Weil es auf jeder Burg nur sehr wenige Damen und

Das Medium Minnesänger

Abb. 4

Der Sängerkrieg auf
der Wartburg (um
1260)

sehr viele Ritter und Ministeriale gab, etablierte und pflegte er den
Minnedienst als ritualisiertes Rollenspiel, bei dem die Unnahbarkeit
der Herrin und komplementär der verzehrende Treuedienst der Ritter Trost bot für die Unterdrückung sexueller Entfaltung.

Das Medium Hofnarr Der Hofnarr hatte vergleichbar unverzichtbare Vermittlungsfunk-
tionen, nämlich zwischen dem Herrscher und den Rittern und Be-
diensteten. Zwar mußte auch er unterhalten, war Akrobat, Grimas-

Abb. 5

Der Narr als Korrektiv der Herrschenden (1486)

senschneider, Clown, Mime und Sänger in einem – sozusagen die leibhaftige Illustrierte der Burg. Wichtiger aber war seine Aufgabe als Korrektiv und kommunikativ-soziales Regulativ. Der Narr hatte mit seiner vertraulichen Nähe zum Grafen, Fürsten, König einen direkten Zugang zum Herrscher, der beides ermöglichte: Er konnte unter der Maske des Burlesken, Verrückten, Wahnsinnigen seinem Gebieter Wahrheiten sagen, konnte die Meinungen seiner Kritiker weitergeben, ohne Sanktionen befürchten zu müssen. Und zugleich fungierte er als Ratgeber und Informationsmedium für den Fürsten selbst. Das Medium Hofnarr war also Sprachrohr in beide Richtungen, Kommunikationskanal, Ratgeber und Vermittler zur Aufrechterhaltung des Gleichgewichts. Die Institutionalisierung des Hofnarren erhob für eine begrenzte Zeit eine soziale Rolle in den Rang eines systemischen Mediums.

In anderen Teilöffentlichkeiten waren andere Medien konstitutiv. Auf dem Land waren das vor allem die Medien Fest und Erzählerin, im Binnenraum der Kirche die Medien Priester, Sänger, Magister und Prediger, in den neu entstehenden Städten etwa die Vaganten und Spielleute, die Fahrenden. Je nur ein Beispiel muß hier genügen, um das kulturelle Gewicht, die gesellschaftliche Bedeutung und die Faszination der frühen Primärmedien auch im Mittelalter zu verdeutlichen.

Die Erzählerin auf dem Land:

Das Medium Erzählerin

Die Erzählerin auf dem Land war ein kleinräumiges Medium, in ihrer Verbreitung, Etabliertheit und Bedeutung aber von enormer Bedeutung. Es war vor allem den Frauen vorbehalten, jene alten Geschichten, Märchen und Mythen zu erzählen, in denen Traditionen erhalten blieben und weitergereicht wurden. Die Gebrüder Grimm bezogen sich bei der Sammlung ihrer Kinder- und Hausmärchen Anfang des 19. Jahrhunderts ausdrücklich auf Frauen als ihre Quellen und Gewährsleute. Während der winterlichen Hausarbeit, beim Spinnen, Nähen, , Wollerupfen, Sticken usw., aber auch bei anderen passenden Gelegenheiten wie Backen und Kochen wurden Geschichten erzählt: zur Entspannung, zur Flucht vor der trostlosen Realität des arbeitsreichen Alltags, also zur Unterhaltung, aber auch als soziales Ereignis. Das Erzählen war nicht etwa ein individueller schöpferischer Akt, der das Produkt, das Erzählte in den Mittelpunkt rückte, sondern es ging eher um das Erzählen oder Erzähltwerden selbst. Nicht eine (meist bekannte) Geschichte stand im Vordergrund, sondern deren Darbietung nach ganz bestimmten Codes, Formeln, Stilelementen, Ritualen. Das schloß die Zuhörerinnen und Zuhörer mit ein, von ihnen wurden etwa bestimmte Aufrufe, Kommentare oder sonstige Reaktionen erwartet. Man hat deshalb der Erzählerin ein „Performanzmilieu" zugeordnet: zum Erzählen gehört eine bestimmte Situation, Atmosphäre, Konstellation.

„Performanzmilieu"

Erzählen war hier ein etablierter sozialer Kommunikationsakt. Die Erzählerin hatte neben der Unterhaltungs- und Speicher- oder Tradierungsfunktion oft auch Erziehungsfunktion. Mütter und Großmütter vermittelten speziell auch den Kindern mit ihren Erzählungen nicht nur Wissen und Werte, sondern auch Verhaltensdirektiven. In vielen Dörfern hat es ältere, meist verwitwete Frauen gegeben, die sich auf das Erzählen spezialisiert hatten, und das gesamte Dorf als Erzählgemeinschaft trug diese anerkannte Erzählinstanz, etwa insofern diese Frauen mit versorgt wurden.

Der Magister in der Universität:

Das Medium Magister

Zeitspezifisches Medium des Mittelalters war auch der Magister an der Universität. Die Institution Universität darf nicht verwechselt werden etwa mit der antiken Akademie oder einer heutigen Universität, weil hier keine Wissenschaft im modernen Sinn betrieben wurde, sondern die Distribution christlich geprägter Welterklärung

Abb. 6

Albertus magnus
mit seinen
Studenten

Albertus magnus
cum discipulis suis

durch Autoritäten. Es gab vor allem Vorlesungen und Disputatio-
nen, die formal jeweils genau festgelegt waren. In der Vorlesung beispielsweise wurden Sentenzen von „Autoritäten" vorgetragen und
kommentiert. Autoritäten waren die Bibel, die Schriften der Kirchen-
väter und anerkannten Kirchenlehrer, später auch heidnische Autoren wie Aristoteles oder Cicero. Die Kommentare der Magistri zu

diesen Textausschnitten waren verbindlich. Die Studenten, die selber keine Bücher benutzten oder besaßen, schrieben mit, was diktiert wurde, und lernten es auswendig. Auch die Disputation, in der strittige Fragen oder Probleme öffentlich erörtert wurden, folgte exakten Regeln von Pro und Contra und diente dazu, Positionen und Meinungen, die der kirchlichen Lehre widersprachen, aufzugreifen, ernstzunehmen, zu rekapitulieren und – zu widerlegen bzw. zu integrieren. Ganz und gar nicht ging es hier etwa um Emanzipation zum eigenständigen Denken.

Der Magister war also das zentrale Steuerungsmedium der Universität. Er stellte sich vor die Bücher, regulierte den Zugang zu ihnen, determinierte ihr Verständnis. Das Schreibmedium Buch wurde durch das Menschmedium Magister gefiltert, durch Kommentare abgepuffert, zugerichtet. Das Streitgespräch war eine Immunisierungsstrategie gegen Angriffe der Häretiker und Ungläubigen und letztlich eine machtfundierte Strategie der Überredung. Insofern kam dem Medium Magister für die Binnenöffentlichkeit Universität für eine bestimmte Zeit absolute Kontrolle zu.

Die fahrenden Spielleute:

Das Medium Fahrende

Im Unterschied zu Menschmedien wie der Hofnarr, die Erzählerin und der Magister waren die Fahrenden als Medium keiner spezifischen Teilöffentlichkeit konstitutiv zugeordnet. Vielmehr bestand ihre Bedeutung, ebenso wie bei den Bettelmönchen und Predigern, gerade darin, daß sie das Gefüge wohlgeordneter und voneinander abgegrenzter Teilöffentlichkeiten aufbrachen, die jeweiligen Grenzen überschritten und übergreifend Veränderungen bewirkten. Man hat sie deshalb als „intersystemisches Medium" bezeichnet: Sie waren ein Katalysator für den kulturellen Wandel und die funktionale Reorganisation des gesamten mittelalterlichen Gesellschaftssystems.

Zu den Fahrenden gehörten alle diejenigen, die sich – aus den unterschiedlichsten Gründen – durch horizontale Mobilität auszeichneten: wandernde Musiker und Unterhaltungskünstler, Bettler und Vagabunden, Kaufleute und Bauern, die vor der Pest flüchteten, Soldaten, arbeitslose Scholaren, Mönche, Komödianten und Schauspieler, Kreuzfahrer und Pilger, Scharlatane und fahrende Dirnen, vor allem Spielleute und Vaganten.

Abb. 7

Fahrende Spielleute
(um 1450)

Das Tätigkeitsfeld der Spielleute im engeren Sinn umfaßte die künst-
lerisch-verbalen, schauspielerischen und musikalischen Künste. Sie
wurden dargeboten auf Dorfplätzen und Jahrmärkten, im Wirts-
haus und am Hofe, im Bürgerhaus der Stadt, in Klöstern und Kirchen. Der Spielmann war der Vorläufer heutiger Unterhaltungsme-
dien wie Kinofilm, Radio und Varieté-Theater, hatte aber auch
Aufgaben des Briefs und der späteren Zeitung. Charakteristisch war
seine konträre Doppelwertigkeit: einesteils willkommene Abwei-

chung von der Norm, Lieferant von Neuigkeiten, Reiseberichterstat-
ter, unterhaltsamer Erzähler, auch Übermittler von Botschaften
aller Art, unverzichtbar bei städtischen Festen, Hochzeiten, Turnie-
ren oder Thronerhebungen; andererseits Gefährdung der herrschenden Ordnung, Ausdruck von Schamlosigkeit, Unzucht und
Weltlichkeit. Spielleute waren mehr als eine Berufsgruppe mit Schulen und der Ausbildung von Nachwuchs. Vielmehr fungierten sie im
späten Mittelalter als ein Medium der interkulturellen Kommunikation.

Merksatz

Die Ausdifferenzierung der Primärmedien orientierte sich an der Vielfalt der
zugrundliegenden gesellschaftlichen
Funktionen.

2.1.3 | Menschmedien in der frühen Neuzeit

Auch noch in der frühen Neuzeit dominierten die Menschmedien,
obwohl hier bereits – in Weiterentwicklung der seit der Frühgeschichte bekannten Schreibmedien – ein grundlegender Wandel zu
den Druckmedien einsetzte.

Vom Herold
zum Ausrufer

Eine wichtige Rolle spielte hier zunächst der *Herold*. Als Medium
agierte der Herold mit der Funktion des Nachrichtenträgers, als
Überbringer von Botschaften, als Verhandlungsführer, mitunter als
Sekretär, manchmal auch als Repräsentant. Häufig wurde er bei
Rechtsstreitigkeiten, politischen Bündnissen und auch bei Hochzeiten als Vermittlungsinstanz eingesetzt wurde. Er war durchaus institutionalisiert, wurde angemessen bezahlt und war kleidungsmä-
ßig als Amtsträger gekennzeichnet, was seine Unverletzlichkeit
sichern sollte.

In zweierlei Hinsicht hat sich der Herold spätestens im 17. Jahrhundert vom Medium zur bloßen Berufsrolle zurückentwickelt: einesteils als Diplomat, andernteils als Ausrufer. Der Ausrufer fungierte
dann nur noch als juristisches Sprachrohr der lokalen Obrigkeiten;

er hatte den Bürgern des Gemeinwesens die neusten Verordnungen und Gesetze lauthals kundzutun. Das fiel zusammen mit den traditionellen mittelalterlichen Marktschreiern, die lauthals ihre Waren anboten – letztlich ein Werbe- und Reklameinstrument.

Auch die *Sänger* dieser Periode unterlagen einem markanten Ausdifferenzierungsprozess und wurden reduziert auf Berufsrollen: Die Meistersinger wurden seßhaft, organisierten sich in Singschulen und waren schließlich vergleichbar den Berufsgruppen der Leichensänger, Hochzeitlader und Spruchdichter. Die Straßenballadensänger, größtenteils fahrende Händler, ebenso wie die Zeitungssänger gingen mit dem Druckmedium Blatt eine Symbiose ein und entwickelten sich zu bloßen Balladenverkäufern. Dieser Wandel betraf auch die Bänkelsänger, die sich schon früh auch des Mediums Plakat bedienten. Schließlich die Opernsänger, die bekanntlich auch heute noch lediglich eine Berufsgruppe darstellen und dem Musiktheater zuzurechnen sind.

Vom Medium Sänger zur Berufsrolle

Dieser Niedergang der Menschmedien betraf auch das Fest und die Erzählerin.

– Das traditionelle *Fest* verkümmerte zur bloßen Kulisse für die theatralen Inszenierungen der Herrschenden, etwa in Gestalt der Gerichts- und Straf- und Hinrichtungsrituale, aber auch als Huldigungs- und Inthronisierungsfest. Oder es verlor seinen Kollektivcharakter und wurde ausgedünnt zum ständischen, berufs-, schichtenbezogenen oder ganz und gar individuell-privaten Feiern. Charakteristisch für die bürgerliche Gesellschaft wurde entsprechend das Familienfest. Lediglich der Karneval wurde erhalten, teils noch bis heute; aber Mediencharakter kann ihm längst nicht mehr zugesprochen werden. Speziell auf dem Lande hielt sich freilich das Fest als Legitimierung eines sozialen Ordnungsgefüges im Sinne medienspezifischer Steuerungs- und Orientierungsfunktionen noch länger, etwa als Frühlings- und Erntedankfest, als Kirchweihfest oder als Bauernhochzeit, an der noch das ganze Dorf teilnahm. Allerdings war hier wie bei den Sängern der Medienverbund charakteristisch.

– Die Erzählerin als mittelalterliches Traditionsmedium wurde ebenfalls verstärkt in die Familie abgedrängt und verlor ihren Mediencharakter. Mütter und Großmütter begannen verstärkt, ihren Kindern die Märchen und Geschichten nicht mehr zu erzäh-

Abb. 8

Das dörfliche Fest
mit dem „Bauern-
tanz"

len, sondern vorzulesen. Das Medium Buch hatte die traditionellen Speicherungs- und Tradierungsaufgaben des veralteten Pri-
märmediums übernommen.

2.2 | Vorläufer des Theaters

Ausgespart wurden bei dem kurzen Überblick über die traditionellen Menschmedien der frühen Perioden der Mediengeschichte diejenigen Medien, die im engeren Sinn als Vorläufer des Mediums
Theater gelten müssen. Sie sollen hier in ihrem historischen Zusammenhang aufgezeigt werden.

Das Medium Opferritual   Gegenläufig zum originären Medium Frau entstand schon früh, im
Zuge des Umschlags vom Matriarchat zum Patriarchat, das Opfer-
ritual. Das Medium Opferritual basiert auf der Erfahrung des Tötens
und ist wesenhaft Abwehr von Bestrafung sowie Heischung von Ver-

günstigung; es ist ich-bezogen, Leistung für Gegenleistung. Der Opferkult der Jäger war der Anfang der Religionen: Der tötende Mensch wurde zum religiösen Menschen, weil er der Erlösung von seiner Schuld bedurfte. Das Opferritual stellte demnach das zukünftige Heil ins Zentrum und orientierte sich an der Figur des Erlösers. Noch im Christentum opferte sich Jesus, als Sohn Gottes, stellvertretend für alle Menschen, die schuldig geworden waren – die Heilige Messe mit Wein und Hostie (für Blut und Fleisch des Opfers) symbolisiert immer noch symbolisch verdeckt den archaischen Akt des Kannibalismus.

Das Opferritual als das zweite Medium in der Geschichte der Menschheit fungierte ebenfalls als Steuermedium, nur nicht mehr als funktional integrativer Teil eines Ganzen, sondern als Machtinstrument. Nicht mehr die Gemeinschaft, sondern stellvertretend ein einzelner vollzog den Ritus kraft besonderer Vollmacht. Das Opferritual war deshalb das erste Herrschafts- und Unterdrückungsmedium.

– als Herrschafts- und Unterdrückungsmedium

Zugleich war es geprägt von Inszenierung und Zeremoniencharakter. Die Entstehung des Mediums Priester wird hier bereits sichtbar. Das Opfer wurde zelebriert als ein besonderes Ereignis, als Spiel, als ein Stück Unterhaltung. Insofern war das Opferritual auch das erste Unterhaltungsmedium der Geschichte. Die Akzentuierung der Tötung statt der Schöpfung wie beim Medium Frau bedeutete zugleich die Umfunktionalisierung der Heiligen Hochzeit zum bloßen Fest. Ursprünglich Sakrales wurde zu einer ganz und gar profanen Handlung. Das Bild der Großen Göttin wurde ausdifferenziert in viele Teil-Göttinnen (z.B. Demeter, Artis, Aphrodite) und zunehmend auch männlicher Götter, die in der Hierarchie nach oben wanderten. Die griechische Festkultur hatte ihren gemeinschaftlich sinnstiftenden Charakter verloren – zu beliebigen Anlässen und für beliebige Göttinnen und Götter wurde kulinarisch gefeiert. Letzter Schritt war dann die Ausdünnung des Festes zum bloßen sportlichen Wettkampf zu Ehren des Zeus wie in den profanen Zirkusspielen im römischen Weltreich, mit Wagenrennen und Gladiatorenkämpfen.

– als Unterhaltungsmedium

An den Primärmedien kann man gut den Prozess der kontinuierlichen Ausdifferenzierung des gesamten Mediensystems verfolgen. So

Abb. 9

Der Tanz der Mäna-
den um das Idol des
Gottes Dionysos

entwickelten sich aus dem Opferritual nicht nur die Medien Priester, Tanz und Sänger, sondern letztlich auch das attische Theater
als ein neues Medium. Entscheidendes Zwischenstück dabei war der
Dionysoskult. Dionysos nahm unter den vielen griechischen Göttinnen und Götter insofern eine besondere Stellung ein, als er sowohl
matriarchale als auch patriarchale Züge aufweist – etwa als Idol der
Mänaden, d.h. mythischen Figuren bzw. Tempelpriesterinnen, die
sich im sakralen Tanz ekstatisch mit ihm vereinigen, aber auch als
Urtyp des Erlöser-Gottes. Er ist der Gott des Weines, der Trunken-
heit und der Ekstase und steht dabei den archaischen Vegetations-
und Fruchtbarkeitskulten nahe. Zugleich ist er aber auch ein männlicher Gott, der öfter als Fürst des Totenreichs erscheint und als Opfer fungiert.

Dionysoskult

Die Festkultur der Athener im 5. Jahrhundert vor unserer Zeitrechnung war enorm elaboriert und integrierte auch Sänger und Tänzer. Es gab Feste für Bürger, speziell für Frauen und für Männer,
Feste für Nichtbürger, sogar für Sklaven. Aus dem Dionysos*kult* entwickelte sich das Dionysos*fest*, der Dionysos*tempel* wandelte sich
zum Dionysos*theater*. Das Fest der Großen Dionysien wurde zum
Wettkampf der Dichter, die zunächst Tragödien und später auch Komödien zur Auswahl anboten, dann vortrugen, um anschließend
von einem Jurorengremium begutachtet und möglichst mit einem
Preis ausgezeichnet zu werden. Bei dem mehrtägigen Fest gab es
Umzüge und Tieropfer. Viel Musik und ein gewaltiger Lärm beglei-

teten den Akt der Tötung. Die Festteil-
nehmer ergaben sich dem Wetttrinken.
Chortänze in Tierverkleidungen wurden aufgeführt und riefen archaische
Tiertänze in Erinnerung. Häufig wurde
ein riesiger hölzerner Phallus mitge-
führt – Verweis auf Zeugung und Männlichkeit, während die Frauen bei den
Mysterienfeiern auf Kreta ihre nackten

Brüste zeigten und damit an die Ammen des Gottes erinnerten. Vor
allem aber trat Dionysos selbst auf: als Gott in der Maske des Bärti-
gen mit langem Gewand. Die Maske verdeckte die Person dessen,
der sie trug, repräsentierte aber zugleich die Sinnlichkeit des anwesenden Gottes. Die Vermummung als Ausdruck von Schuld wurde
hier zur theatralischen Rolle.

Aus dem sakralen Opferritual entwickelte sich das Medium Theater
mit seinen ästhetischen Rollenspielen. Der Opferplatz wurde zur
Bühne, die Gemeinschaft zu abgetrennten Zuschauern, der Opfer-
herr bzw. Gott zum Schauspieler, und an die Stelle von Herrschaft
und Macht traten Vergnügen, Belehrung, Unterhaltung als Ziele.
Zwei Grundformen entwickelten sich: erstens die Tragödie. Das   Tragödie
meint im Grunde immer noch die dionysische Opferzeremonie und
den Zusammenhang von Tötung, Schuld und Erlösung. Die Tragödie zielt dabei auf die Reinigung der Zuschauer („Katharsis") in der
ästhetischen Gestaltung und Erfahrung dieser schicksalshaften
Schuld. Die verwendeten Masken waren Typenmasken: schrecker-
starrte Gesichter, schmerzvoll verzerrte Grimassen, aufgerissene
Augen, schreiende Münder. Das Theater wurde soziologisch ein Regulativ als Kompensation für die mythische Weltordnung, die bei
der Ausdifferenzierung und Individualisierung der griechischen Gesellschaft ab dem 6. Jahrhundert in der Polis verlorengegangen war.

Die zweite Grundform des griechischen Theaters war die Komödie   Komödie
– nicht weil angeblich Weinen und Lachen Komplementärfaktoren
der menschlichen Existenz sind, sondern weil hier neben dem Opferritual die zweite Seite des Dionysoskults umgestaltet wurde: die
phallischen Tänze und Gesänge, die ungezügelte Sinnlichkeit, Ero-
tik und Ekstase, wie sie traditionell in der Heiligen Hochzeit gefeiert und umgesetzt wurden. Es gab hier sehr viel mehr Masken, oft

Abb. 11

Französische Wanderkomödiantenbühne mit Zuschauern (15. Jh.)

wiedererkennbare Charaktertypen, über die man so herrlich lachen kann.

Das neue Medium Theater, um 400 vor unserer Zeitrechnung unwiderruflich etabliert und verbreitet, war ein „Kulturschock" – deshalb wollte Platon die „Dichter" aus seinem idealen Staat verbannen. Das traditionelle gesellschaftliche Weltbild mit seinen Mythen und Göttern, mit seiner unverrückbar festen Ordnung, wurde durch das Spiel mit den Rollen zerbrochen. Das Theater war deshalb so gefährlich, weil es den Menschen erlaubte, die Masken von Göttern zu tragen ebenso wie von anderen Menschen, weil das neue Medium die Identität des einzelnen gleichsam zersetzte, austauschbar machte, Gut und Böse und Tugend und Untugend vermischt wurden. Im Theater sah man die Dinge auf einmal von verschiedenen Seiten. In diesem neuen Medium löste sich das Subjekt, im Spiel mit der Identität, aus dem mythischen Kosmos und zentrierte den Blick auf sich selbst. Das neue Medium bot säkularisierte Aufführungskunst.

Natürlich hat sich das attische Theater weiterentwickelt und häufig nationalspezifisch zugerichtet, wie zahlreiche Theatergeschichten ausführlich schildern. Exemplarisch sei hier nur verwiesen auf die mittelalterlichen Oster- und Krippenspiele, auf die Passions- und Kirchenspiele, die es z.T. auch heute noch gibt, auf Prozessionen und Wanderbühnen, auf die Simultanbühne, auf Frühlings- und Jahreszeitenspiele auf dem Land, oder auch auf die Marktplatzspiele in den neu entstehenden Städten. In der frühen Neuzeit freilich ging die Bedeutung des Mediums Theater rapide zurück. Auf der einen Seite blieben nur noch amüsementbetonte Theaterfeste, auch Mummenschanz und Karneval als öffentliches Spektakel, auf der anderen Seite das ernste Theater als bürgerliche Kunst. Erneut diffundierte das Medium im Zuge seiner Ausdifferenzierung (Sprechtheater, Tanztheater, Musiktheater). Das Theater wurde mehr und mehr identisch gesetzt mit dem Theater*bau*, also dem Gebäude, in dem Theater stattfand, und dem *Theaterbetrieb*. Es gab das Berufstheater, individuelle Schauspieler statt Masken, die Funktionalisierung des Theaters zum Hoftheater usw..

Heute ist das Theater – im Verhältnis zu den anderen Medien und in seinem Stellenwert innerhalb der gesamten Medienkultur – nur noch Nischenmedium. Daß es gleichwohl nach wie vor seinen Status als Medium noch halten kann, erklärt sich aus der Einmaligkeit, wie hier Sinn konstituiert wird. Theater gehorcht – als Live- oder Aufführungsmedium – noch den „alten" Gesetzen oraler Kultur. Noch immer gestaltet es den Kern des Opferrituals und des Dionysoskults und bedient damit religiöse Grundbedürfnisse. Noch immer geht es um die Variation des Immergleichen, um die stets neue Inszenierung der Klassiker, d.h. letztlich um die Bestätigung eines altbekannten Schemas. Einen Roman immer wieder umzuschreiben, wäre grotesk. Ein Drama immer wieder neu aufzuführen, heißt: den immer gleichen Sinn präsent zu halten bzw. immer wieder neu zugänglich zu machen, immer wieder zu aktualisieren.

Merksatz

> Das Theater – als System – ist heute ein konservatives, statisches Medium für Randgruppen.

Theater 2.3

Natürlich können die früheren Medien Frau, Tanz oder Priester, Sänger, Hofnarr oder Prediger, und auch Ausrufer, Fest oder Erzähler heute nicht mehr als Medien gelten. Und auch von der langen Kette vom archaischen Opferritual über das attische Fest bis zum Dionysoskult ist nur noch das Theater geblieben. Das In-Szene-Setzen, das Inszenieren als solches läßt sich aber in zahlreichen anderen Medien und auch im Alltag immer noch aufspüren – etwa beim Schauspieler im Spielfilm, beim Politikerauftritt auf der Wahlveranstaltung, beim privaten Ehestreit oder auch beim Pressereferenten, Sprecher, Lobbyisten, Public-Relations-Profi, der versucht, mit Mitteln des Theaters auf die Öffentlichkeit Einfluß zu nehmen. „Theaterspielen" ist eine anthropologische Kategorie, d.h. grundsätzlich allen Menschen zueigen.

Primärmedien und ihre Wissenschaften

Die meisten Primärmedien werden nur von Einzeldisziplinen thematisiert – Priester, Magister, Bettelmönche und Prediger von der Theologie und Religionsgeschichte, Sänger, Fest, Erzählerin und Herold/Ausrufer von der Musikgeschichte, der Volkskunde und der Kulturgeschichte. Das Theater war, etwa zur Zeit der griechischen Polis, durchaus ein Massenmedium in unserem heutigen Sinn und hatte entsprechende Bedeutung für die damalige Öffentlichkeit; aber von der modernen Publizistikwissenschaft, die kaum historische Forschungsperspektiven ausgebildet hat, wird es bislang ebenfalls noch nicht wahrgenommen. Die Literaturwissenschaft behandelt das Drama – in historisch erklärbarer Arbeitsteilung – nur als geschriebenes Werk. Exklusiv widmet sich dem Theater die Theaterwissenschaft, und zwar als Aufführung. Insgesamt kann man gemäß der Auffassung von Theater als einem spezifischen Medium im Sinne eines komplexen Systems heute die folgenden fünf Schwerpunkte unterscheiden: Theatergeschichte, Theatertheorie, Theaterorganisation, Theaterprogramm, Theaterrezeption.

2.3.1 | Theatergeschichte

Überblickshaft differenziert man, nach einer Vor- und Frühgeschichte des Theaters, zumeist in sieben Phasen der Theatergeschichte:

Antikes Theater

1. Das antike Theater (6. Jh. vor unserer Zeitrechnung bis ca. 200)

Wichtige Aspekte wurden bereits im Zusammenhang mit der Entstehung des attischen Theaters ausgeführt. In der Theaterpraxis gab es neben den Schauspielern den klassischen Theaterchor und den abgetrennten Zuschauerraum („theatron"). Theater spielte damals noch im Freien, später vor einem Bühnenhaus mit Kulissen. Klassische Theaterautoren waren u.a. Aischylos, Sophokles, Euripides und Aristophanes. Im römischen Theater waren u.a. Ennius, Pacuvius, Accius, Plautus und Terenz wichtig. Im Jahr 133 vor unserer Zeitrechnung wurde hier der Vorhang eingeführt, der Bühne und Zuschauerraum trennte.

2. Das mittelalterliche Theater (800 bis ca. 1400)

Mittelalterliches Theater

Das Nachspielen der christlichen Heilsgeschichte als didaktisches Medium für die Leseunkundigen begründete einen Neuanfang des Theaters: Oster- und Passionsspiele, Weihnachts- und Fronleichnamsspiele usw. Daneben gab es Fasttnachtsspiele und das Hanswurst-Theater zur Unterhaltung der Massen.

3. Das Renaissancetheater und die Commedia dell´arte (16. Jh.)

Renaissancetheater und Commedia dell'arte

In der Renaissance knüpfte man wieder am antiken Theater an und ließ die klassische Tragödie und Komödie wieder aufleben. Zugleich verbreitete sich in Italien und in ganz Europa die Commedia dell´arte, eine Art Stegreifkomödie mit Pantomimen, derben Clownspäßen und einfachen Musikeinlagen.

4. Das Welttheater und Barocktheater, einschließlich dem Elisabethanischen Theater (17. – 18. Jh.)

Welttheater, Barocktheater, Elisabethanisches Theater

Im Barock wurde das Bühnenschauspiel als Repräsentation der Welt aufgefasst. Die Figuren stammten aus der Geschichte (etwa bei William Shakespeare). Zur damaligen Zeit existierte in England bereits ein Theaterpublikum von bis zu 21.000 Personen. Das Zeitalter des Absolutismus, etwa in Spanien, nutzte das Theater zur Selbstdarstellung der adeligen Macht.

5. Die Wanderbühne, das Hoftheater und das Nationaltheater (18. Jh.)

Wanderbühne, Hoftheater, Nationaltheater

Die Entwicklung des Mediums vollzog sich großräumiger, als eine solche Phaseneinteilung vermitteln kann. So gab es Wanderbühnen vom Mittelalter bis noch ins 20. Jahrhundert. Charakteristisch waren die Entwicklung vom Hof- zum Nationaltheater (mit seiner Öffnung für das Bürgertum), die deutsche Klassik und Aufklärung (Goethe, Schiller, Lessing, Gottsched) und das „bürgerliche Trauerspiel".

Stadttheater,
Literaturtheater,
Volkstheater

6. Das Stadttheater, das Literaturtheater, das Volkstheater (19. Jh.)

Zur vorherrschenden Bühne wurde die „Guckkastenbühne". Ganz bürgerlich stand die Trias des „Wahren, Schönen, Guten" geschriebener Dramen im Vordergrund. Stilbildend wurden ferner Autoren wie Kleist, Büchner, Hebbel. Daneben erlebte das Volkstheater eine neue Blüte. Die Stilrichtung des europäischen Realismus wurde dagegen geprägt u.a. von Ibsen, Hauptmann, Tschechow, Gorki, Schnitzler, Wilde und Shaw. In dieser Zeit wurde die bis heute bestehende Theaterorganisation eingeführt, nach der Länder und Gemeinden an der Finanzierung beteiligt sind.

Stilrichtungen im
20. Jahrhundert in
Deutschland

7. Unterschiedlichste Stilrichtungen und Erneuerungen (20. Jh.)

Zahlreiche neue Impulse bescherten dem Theater eine enorme künstlerische Vielfalt. Allein in Deutschland gab es u.a. die Satiren eines Wedekind, die Max-Reinhardt-Bühne, das expressionistische Theater, die Piscator-Bühne, Brechts episches Theater, ausländische Einflüssse wie etwa von Frisch, Wilder und Sartre, politisches Theater wie von Weiss und Hochhuth, Provokationen wie von Handke, Strauß und Bernhard, und natürlich die bürgerlichen Klassiker in immer neuen Inszenierungen.

2.3.2 | **Theatertheorie**

Definition

**Begriff des
Theaters**

Im Kern meint Theater die komplementäre Übereinkunft und Verhaltenserwartung von Schauspielern und Zuschauern in einer raumzeitlich unmittelbaren Kommunikation: als Schau-Spiel.

Begriff des Theaters

Man spricht hier auch von einer theatralischen Verabredung oder symbolischen Interaktion, bei der der Körper als zentrales Gestaltungsmittel fungiert. Unaufhebbar ist dabei beim Schauspieler das Spannungsverhältnis von Ich-Identität und Rollen-Ich entsprechend der Ambivalenz von theatralischer Fiktionsebene und der sie vermittelnden Realität beim Zuschauer. Beides bedingt die Möglichkeiten und Grenzen des Mediums Theater: das symbiotische Miteinander von Spielen und Zuschauen sowie die Balance zwischen der spielerischen Freiheit des Darstellers und der Ernsthaftigkeit des Theatralischen beim Zuschauer.

Explizite Theatertheorien, die sich von Dramenthorien kaum trennen lassen, beginnen im Grunde mit der Poetik des Aristoteles. Jeweils werden die gesellschaftlichen Funktionen des Theaters neu definiert und normativ, d.h. als Sollvorschrift, propagiert. Das hat im christlichen Theater des Mittelalters bis zum Jesuitendrama ganz andere Konzepte gefunden als im Zeitalter Goethes und Schillers. Hier wurde erstmals eine geschlosse Theatertheorie im Sinne eines kompletten Regelwerks entwickelt. Die Vorstellung vom Theater als Repräsentation und idealisierendem Spiegel der höfischen Gesellschaft wurde abgelöst von der Theorie des bürgerlichen Trauerspiels von Lessing (18. Jh.) und der funktionellen Neufassung des Theaters als „moralische Anstalt". Neben Hegel, Nietzsche und Wagner lieferten dann – im Sinne eines Regietheaters – vor allem Brecht („episches Theater"), Artaud („Theater der Grausamkeit"), Beckett („absurdes Theater"), Ionesco („Anti-Theater"), Shephard („Meta-Drama"), Wilson („multimediales Theater"), Barba („Theater der Erfahrung"), Boal („Theater der Befreiung") und einige andere Anregungen. Hierbei handelt es sich aber schon weniger um Theatertheorien als vielmehr um Konzeptionen und Modelle.

Theatertheorien von der Antike bis Ende des 20. Jahrhunderts

Theaterorganisation

2.3.3

Im Verlauf seiner Geschichte hat das Theater die unterschiedlichsten Formen der Organisation und Institutionalisierung gefunden. Beschränkt man sich auf das deutsche Theatersystem heute, so lassen sich drei verschiedene Typen unterscheiden:

1. das öffentlich-rechtliche Theater, unterstützt von den Städten und Gemeinden (derzeit ca. 150 Unternehmen),
2. das wirtschaftlich selbständige Privattheater (einschließlich Tourneetheater ohne feste Spielstätten)(derzeit ca. 480 Unternehmen),
3. freie Theatergruppen, mit oder ohne staatliche Zuschüsse.

Statistisch werden ca. 365 Bühnen in Deutschland erfaßt.

Organisationsgruppen

Problematisch sind die konkreten Zuordnungen. So werden in aller Regel auch Konzerte und reine Musikdarbietungen zum Theater gerechnet, so fallen Musical, Sprechtheater, Ballettaufführung und Straßentheater bei den Zahlenangaben oft mehr oder weniger zusam-

Theatersparten

men, während das sogenannte Fernsehtheater, d.h. Theater spezifisch für die audiovisuelle Übertragung, ausgeklammert bleibt. Der Mehrspartenbetrieb umfaßt Schauspiel, Oper, Musical/Operette, Ballett.

Zielvorgaben

Theater ist heute eine kulturelle Dienstleistung wie andere auch. Die Ziele der Organisation Theater werden stark von den kulturpolitischen Vorgaben des Trägers bestimmt. Dabei macht es große Unterschiede, ob es beim Theater z.B. um Bildungsabsichten geht, um die Attraktivität eines wirtschaftlichen Standorts, um die Erwirtschaftung von Gewinn oder um Selbstverwirklichung und Kunstgestaltung von Akteuren und Machern.

Berufehierarchie

Der klassische Theaterbetrieb wird vom Intendanten geleitet. Im künstlerischen Bereich (a) wird unterschieden in Regisseure, Autoren, Dramaturgen, Choreographen und Schauspieler. Im bühnenbildnerischen Bereich (b) in Bühnenmaler, Requisiteure, Dekorateure u.a., im bühnentechnischen Bereich (c) u.a. Beleuchter, Tonmeister, Tontechniker, sodann auch (d) Statisten, Souffleure und Inspizienten.

Finanzierung

Finanziert werden die Theater ganz oder zum Teil durch Eintrittskarten, Sponsoring u.ä., die öffentlich-rechtlichen Theater jedoch überwiegend durch Subventionen der öffentlichen Hand. Der staatliche Anteil (derzeit 2,1 Milliarden Euro) steigt seit vielen Jahren und hat derzeit im Durchschnitt den Betrag von ca. 100 Euro für jeden Theaterbesuch erreicht.

2.3.4 | Theaterprogramm

An rund 365 Bühnen werden jährlich rund 70.000 Veranstaltungen durchgeführt, überwiegend Schauspielstücke (48.000), Opern (9.000) und Musicals (8.000), aber auch Kinder- und Jugendaufführungen (15.000). Im Repertoire dominieren die Klassiker.

2.3.5 | Theaterrezeption

Das Gros der Besucher wird aus den Mittelschichten gestellt (Beamte, Angestellte, Freiberufler). Von den Altersgruppen finden derzeit vor allem die 20-29jährigen den Weg ins Theater.

Seit Mitte der 50er Jahre ist ein insgesamt kontinuierlicher Besucherschwund in Deutschland zu verzeichnen. In den 60er Jahren sollen bis zu 18% der Gesamtbevölkerung gelegentliche oder regelmäßige Theaterbesucher gewesen sein, in den 70er Jahren ging man teils noch von 8-10% der Bevölkerung aus, die überhaupt ins Theater gehen; es gab aber damals auch schon Schätzungen von 2%. Nach den jüngsten Erhebungen zum Freizeitverhalten nutzen nur noch 0,3% der Bevölkerung ab 14 Jahren das Theater häufiger als Freizeitmedium. In der Konkurrenz mit den anderen Medien wird immer weniger Zeit auf den Theaterbesuch verwendet. Gleichwohl verzeichnete die Statistik für die Saison 2000/01 immerhin ca. 35 Millionen Zuschauer. Das bedeutet: Beim Medium Theater handelt es sich heute um ein Elite- oder Randgruppenmedium, das von vergleichsweise wenigen aber intensiv genutzt wird.

Merksatz

> Für das letzte noch bestehende Primärmedium (Theater) gilt Anfang des 21. Jahrhunderts eine schwindende gesellschaftliche Dominanz, die tendenziell auf sein Ende als eigenständiges Medium hinweist.

Literatur

Margot Berthold: Weltgeschichte des Theaters. Stuttgart 1968.
  Gesamtüberblick mit sehr umfangreichen, anschaulichen Bildbeilagen.

Manfred Brauneck: Die Welt als Bühne. Geschichte des europäischen Theaters, bisher 3 Bde., Stuttgart 1993 ff.
  Neues umfangreiches Standardwerk über das Theater in aller Welt.

Erika Fischer-Lichte: Kurze Geschichte des deutschen Theaters. Tübingen, Basel 1993.
  Knapper historischer Abriss vom mittelalterlichen Theater bis zum „Theater im Medienzeitalter", stark am Dramenkanon orientiert.

Hans Joachim Fuchs: Theater als Dienstleistungsorganisation. Legitimationsprobleme des bundesdeutschen Sprechtheaters in der Gegenwart. Frankfurt/Main 1988.
  Reflektiert die Krise des Theaters seit den 70er Jahren und die Legitimationszwänge und Verteidungsbemühungen der Theaterschaffenden.

Albin Hänseroth: Elemente einer integrierten empirischen Theaterforschung. Dargestellt an Entwicklungstendenzen des Theaters in der Bundesrepublik Deutschland. Frankfurt/Main 1976.

Literatur

Ältere, immer noch vorbildliche umfassende Studie zu Produktion, Organisation, Programm und Rezeption des Theaters als System, spezifisch für die Zeit von 1962-1972.

Heinz Kindermann: Das Theaterpublikum der Antike. Salzburg 1979.
Heinz Kindermann: Das Theaterpublikum des Mittelalters. Salzburg 1980.
Detaillierte und sehr gut gelungene Darstellungen zweier Theaterepochen aus Sicht einer medienästhetisch orientierten Rezeptionsgeschichtsschreibung.

Manfred Brauneck und Gérard Schneilin (Hrsg.): Theaterlexikon. Begriffe und Epochen, Bühnen und Ensembles, Reinbek bei Hamburg 1986.
Äußerst brauchbares Lexikon zu allen wichtigen Begriffen der Theaterwissenschaft – ein unverzichtbares Standardwerk.

Werner Faulstich: Die Geschichte der Medien,
Bd. 1: Das Medium als Kult. Von den Anfängen bis zur Spätantike (8. Jahrhundert). Göttingen 1997.
Bd. 2: Medien und Öffentlichkeiten im Mittelalter (800-1400). Göttingen 1996.
Bd. 3: Medien zwischen Herrschaft und Revolte. Die Medienkultur der frühen Neuzeit (1400-1700). Göttingen 1998.
Versuch einer Gesamtdarstellung des Theaters und seiner Vorläufer im Kontext aller Kommunikationsmedien von den Anfängen der Kultur bis heute.

Renate Möhrmann (Hrsg.): Theaterwissenschaft heute. Eine Einführung, Stuttgart 1999.
Sammelband mit 17 Beiträgen zu unterschiedlichen Gegenständen und Problemfeldern, u.a. zu Theatergeschichtsschreibung, Aufführungsanalyse, Musik- und Tanztheater und Theaterkritik.

Walter Uka: Theater. In: Grundwissen Medien, hrsg. von Werner Faulstich. Paderborn 2004.
Pointierter Überblick über das Medium Theater unter besonderer Berücksichtigung von Begrifflichkeit, Geschichte und Drama.

Übungs- und Wiederholungsfragen

1. Nennen Sie die traditionellen Menschmedien von der Vor- und Frühgeschichte bis zu den Hochkulturen.
2. Was heißt „funktionale Äquivalenz"?
3. Begründen Sie am Beispiel des Mediums Frau, warum es sich bei den Menschmedien nicht um individuelle Personen oder bloße Berufsgruppen, sondern tatsächlich um Medien handelt.
4. Nennen Sie die wichtigsten Menschmedien des Mittelalters.
5. Charakterisieren Sie das Medium Hofnarr.

6. Was heißt „Performanzmilieu" im Hinblick auf das Medium Erzählerin?
7. Erläutern Sie die Steuerungs- und Orientierungsfunktion des Mediums Magister in der Teilöffentlichkeit der mittelalterlichen Universität.
8. Was kennzeichnete die keltischen Druiden als Primärmedium?
9. Welche Menschmedien gab es in der frühen Neuzeit und inwiefern muß man hier von einem Niedergang sprechen?
10. Charakterisieren Sie die Grundzüge des Mediums Opferritual.
11. Inwiefern spielt der Dionysoskult eine wichtige Vorläuferfunktion für das attische Theater?
12. Warum gab es zwei Grundformen des griechischen Theaters, welche waren das?
13. Welche Wissenschaften und Disziplinen beschäftigen sich heute mit den Primärmedien?
14. Nennen Sie die sieben Phasen der Theatergeschichte.
15. Definieren Sie Theater als Medium.
16. Welche Organisationstypen kann man beim heutigen Theater unterscheiden?
17. Nennen Sie mindestens vier Theatertheorien von der Antike bis heute.
18. Welche Berufsbereiche gibt es beim klassischen Theaterbetrieb?
19. Wieviel Theaterveranstaltungen werden derzeit pro Jahr an deutschen Bühnen durchgeführt?
20. Beschreiben Sie den Besucherschwund beim Theater von den 60er Jahren bis heute.

– Vertiefen Sie ihre Kenntnisse eines Abschnitts der Theatergeschichte anhand weiterführender Fachliteratur.
– Befragen Sie ihre Eltern und Großeltern nach deren Erfahrungen mit dem Theater.
– Untersuchen Sie den lokalen Veranstaltungskalender und ermitteln Sie die Bedeutung speziell des Theaters und seiner verschiedenen Typen im Kontrast zu anderen Medienangeboten.

Weiterführende Arbeitsaufgaben

- Besuchen Sie eine Theaterveranstaltung, achten Sie besonders auf die Besucher und charakterisieren sie anschließend die Eigenheiten der Rezeption.
- Ermitteln Sie in der lokalen oder regionalen Presse aktuelle Theaterkritiken und vergleichen Sie sie miteinander und mit der gesehenen Aufführung.
- Machen Sie eine kleine informelle Umfrage in ihrer Klasse, ihrer Sportgruppe, ihrem sozialen Umfeld o.ä., erkunden Sie das Interesse bzw. Desinteresse am Medium Theater und diskutieren Sie mit den Betroffenen die Hintergründe ihrer Einstellung zum Theater.
- Untersuchen Sie das Jahresprogramm einer Bühne in ihrem Umfeld.
- Interviewen Sie Theatermacher hinsichtlich ihrer Vorstellungen vom Publikum, von den aktuellen Problemen des Theaters und vom Sinn ihres Tuns.
- Sehen Sie sich einmal eine Probe an.
- Beteiligen Sie sich produktiv/aktiv an einer Theatergruppe oder nehmen Sie als Statist an einer Aufführung teil.

Zusammenfassung

Der Überblick über die Primärmedien umfaßt im historischen Rückblick die traditionellen Medien: von der Frau über Medien wie Tanz, Priester und Sänger, Hofnarr und Erzählerin, Magister und Fahrende bis zur frühen Neuzeit, als die Menschmedien schließlich in Berufsrollen aufgingen. Das letzte heute noch verbliebene Primärmedium ist das Theater. Es reicht zurück über verschiedene Stationen der Theatergeschichte bis zum antiken Theater und seinen Vorläufern, dem Dionysoskult und letztlich dem archaischen Opferritual. Das Ende des Theaters als eigenständiges Medium – und damit der komplette Niedergang der Primär- oder Menschmedien – scheint mittelfristig absehbar.

Druckmedien

Druckmedien 3

Traditionelle Schreib- und Druckmedien 3.1

Schon seit den Anfängen und dann im Fortgang der Kultur- und Mediengeschichte gab es neben den Primärmedien auch Sekundärmedien: Schreibmedien. Viele von ihnen haben heute als solche keine Bedeutung mehr, fungieren also nicht mehr als Kommunikationsmedien im definierten Sinn: die Wand, die Tafel, das Ostrakon und insbesondere die Rolle. Anders dagegen das Medium Brief, das seine zentrale Funktion als Schreibmedium bis heute behalten hat (Kap. 3.2). Das Buch dagegen, ebenso wie teilweise das Blatt (Kap. 3.3), hat sich vom Schreibmedium zum Druckmedium gewandelt (Kap. 3.4).

Traditionelle Schreibmedien von der Vor- und Frühgeschichte bis zu den Hochkulturen

Eine Besonderheit bilden dabei auch die sogenannten Gestaltungsmedien – in gewissem Sinne ebenfalls Schreibmedien, nur dass sie sich sozusagen einer monumentalen Schrift bedienten. Sie reichen von den Gestaltungsmedien der frühen Hochkulturen, etwa Altägyptens, über die Glasfenster und Kathedralen des christlichen

Die Gestaltungsmedien als Besonderheit

Mittelalters bis zu den absolutistischen Schlössern und Parks des 17. Jahrhunderts. Mitunter werden hier auch noch die modernen Wolkenkratzer in den Metropolen der Welt eingeordnet, aber als Medien können sie heute gewiss ebenfalls nicht mehr gelten.

Der Kalender als frühes Druckmedium

Allerdings gab es auch bereits mindestens ein Druckmedium, das seinen Med014charakter bis heute schon wieder verloren hat: den Kalender. Zwar sind auch jetzt noch Kalender verbreitet, aber nicht mehr als Medium so wie in einer früheren Zeit. Der Vollständigkeit halber muss dieses traditionelle Medium hier aber zumindest erwähnt werden.

3.1.1 | Die früheren Schreibmedien

Die Wand als Höhlenwand

Die sogenannte Höhlenmalerei, teilweise über 30.000 Jahre alt, findet sich in ganz verschiedenen Ländern und Erdteilen – ein globales Phänomen. Es handelt sich dabei freilich nicht um Kunst, wie viele vorschnell angenommen haben, sondern um Zeichen und Bilder mit kultischer Bedeutung, die auf einer Höhlenwand – das erste Schreibmedium der Geschichte – fixiert sind. Ob das Verweise auf die Geschichte der archaischen Stämme und Sippen waren, ob damit magisch-kosmologische Informationen gespeichert wurden oder ob es sich um totemistische Beschwörungen handelt (das zu jagende Tier wird durch Visualisierung und Vergegenständlichung symbolisch ergriffen und erlegt), kann hier dahingestellt bleiben. In jedem Fall bediente man sich der Höhlenwand als eines Mediums, das im Unterschied etwa zum Opferritual oder anderen frühen Menschmedien nicht mehr gemeinschaftsbezogen war. Die Höhlenwand muß deshalb auch als das erste Medium für Individualkommunikation verstanden werden.

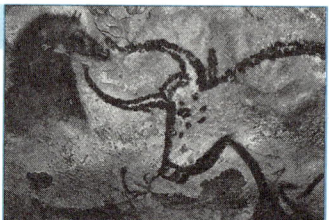

Abb. 1

Jagdtotem an einer Höhlenwand ca. 14.000 vor unserer Zeitrechnung

Die Wand als Tafel

Als Medium wurde die Wand bis heute nicht ernsthaft erforscht – vielleicht weil meist die Bild- statt die Zeichensprache zur Kommunikation eingesetzt wurde. Sie spielte aber auch noch zu späteren

Abb. 2

Der Bänkelsänger
mit dem Schild als
mobiler Wand
(1740)

Zeiten eine wichtige Rolle, etwa beim Bänkelsänger in der frühen
Neuzeit („Schild"). Dieses Beispiel verdeutlicht zugleich den verbreiteten Medienverbund, bei dem schon früh Menschmedien (Sänger)
und Schreibmedien (Wand) funktional miteinander verknüpft wurden. Andere Beispiele wären die Wand-, Decken- und Fassadenma-
lerei des 17. Jahrhunderts und die englischen „Sandwichmen", die
im 19. Jahrhundert Werbewände durch die Straßen trugen, und
man könnte die Entwicklung auszeichnen bis zu den City Light Posters und den jugendlichen Sprayern Ende des 20. Jahrhunderts.

Zwar wird heute die Wand meist vom Medium Plakat abgelöst (Kap. 3.6), aber prinzipiell handelt es sich bei der Wand nach wie vor um ein Kommunikationsmedium, das prinzipiell beinahe jedem offensteht, auch wenn es nur eine sehr geringe kommunikative Streubreite hat; die Toilettenwand ist da bekanntlich das beste Beispiel.

Das Schreibmedium Rolle

Auf andere frühe Schreibmedien kann hier nur verwiesen werden – etwa die Tafel, auf der schon in der altägyptischen Kultur geschrieben wurde, oder das altgriechische Ostrakon: eine Tonscherbe, auf der man sich Notizen machte, ganz im Sinne etwa eines Zettels für den täglichen Einkauf auf dem Markt, den man dann wegwerfen konnte. Zentrales Bildungsmedium der Antike war die Rolle. Sie wird fälschlicherweise meistens den Büchern zugerechnet, obwohl es sich beim Buch um ein ganz und gar anderes Medium handelt. Die Papyrusrolle erzwingt eine Nutzung (Auf- und Abrollen), die an das Zeitkontinuum der Live-Medien Priester oder Sänger erinnern, und ihr sakraler, autoritativer Charakter spiegelt sich noch in der unverletzbaren Einheitlichkeit des Textes, aus dem ja nicht einfach eine „Seite" herausgetrennt werden kann. Erst mit Beginn des antiken Theaters wurde der „Rolle" eine säkularisierte Bedeutung zugeordnet. Die „Rolle", die ein Schauspieler übernahm oder sprach, verweist auf die Rolle als Schreibmedium, das dann auch den Schauspieltext speicherte.

Abb. 3

Die Rolle als Medium

3.1.2 | Die früheren Gestaltungsmedien

Manche der frühen Menschmedien ließen sich auch durchaus als Gestaltungsmedien begreifen – etwa der *Tanz*, bei dem der menschliche Körper als Gestaltungsmittel eingesetzt wird. Im engeren Sinn handelt es sich bei Gestaltungsmedien aber um Monumente, vergegenständlichte Kommunikations- und Speichermedien. Nehmen wir die altägyptische Kultur als Beispiel, so ließen sich hier unter anderem anführen:

- die *Pyramide*: Grabstätte für die Könige und Pharaonen; die Schwelle auf dem Weg ins Jenseits; in ihrer architektonischen Gestaltung Speicherung des kosmologischen Wissens der Zeit; Kultzentrum mit Herrschaftsfunktion;
- der *Obelisk*: eine hohe vierkantige Säule aus Stein, mit Zeichen und Hieroglyphen, ein Kultgegenstand zur Verehrung des Sonnengottes, mit einer deutlichen Repräsentationsfunktion;
- die *Stele*: eine beschriftete Platte, mit kultischer Bedeutung, als Siegesdenkmal, auch als Grenzstein zur Abgrenzung von Gebietsansprüchen, vor allem

Abb. 4

Die Stele als kultisches Gestaltungsmedium

Abb. 5

Der Ostteil der Kathedrale von Canterbury (12. Jh.)

aber als Grabstein mit Speicherfunktion verwendet – unsere heutigen Grabsteine auf christlichen Friedhöfen halten diese Entwicklungslinie noch präsent.

Pyramiden gab es auch in zahlreichen anderen Kulturen, etwa den Azteken und Inkas, analog dazu die gotischen Kathedralen des Mittelalters (vgl. Abb. 5), die schon durch ihre Architektur bestimmte religiöse Aussagen kommunizierten und in den damaligen kulturellen Kontexten enorme Steuerungs- und Orientierungsfunktionen innehatten. Noch die Medienkultur des Absolutismus war ganz entscheidend von den Gestaltungsmedien geprägt. Man denke nur an das Schloß Versaille mit seiner Parklandschaft und andere überdimensionale Barockpaläste und Gärten – steingewordene Inkarnation absolutistischer Machtentfaltung, ein aristokratisches Massenmedium (das man freilich im Kontext anderer Medien betrachten muß).

3.1.3 | Das frühere Druckmedium Kalender

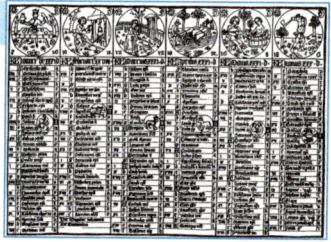

Abb. 6

Der Einblattkalender für die Wand

Den Kalender gab es bereits lange vor der frühen Neuzeit, und es gibt ihn auch heute noch. Aber in der Zeit etwa von der Mitte des 15. bis zur Mitte des 18. Jahrhunderts war er ein eigenständiges Medium. Dies gilt unabhängig von Art und Typus: Einblatt- und Wandkalender, Schreibkalender, Hundertjähriger Kalender, Historischer Kalender, Bauernkalender, Hauskalender, Arzneikalender, Erbaulicher Kalender usw., unabhängig auch von seiner Form und seinem Umfang (Blatt, Heft, Buch). Bis heute wird der Kalender fälschlicherweise meist dem Medium Buch zugeschlagen, aber schon die heutigen Rudimente wie z.B. der tägliche Abreißkalender mit Heiligennamen und Sinnsprüchen oder auch die Horoskope in den Illustrierten machen deutlich, daß der Kalender ursprünglich noch ganz andere Funktionen wahrgenommen hat.

Anfangs dominierte die gesellschaftliche Synchronisation von Heiligenfesten und kirchlichen Sonn- und Feiertagen, verbunden aber bereits mit Aderlaßterminen, also Gesundheitsvorschriften, und Angaben zu Mondwechseln und Planetenkonstellationen. Später gab es die unterschiedlichsten Ergänzungen: Prophezeiungen der Zukunft, Anleitungen für eine wirtschaftlich gute Haushaltsführung, Himmelserscheinungen und schicksalshafte Ereignisse, Informationen über das Wetter, Vorschriften über praktische bäuerliche Tätigkeiten wie Säen, Pflanzen, Holzhauen, aber auch Vorgaben für Körperpflege bis hin zur Sexualität, Freiräume für zusätzliche Eintragungen persönlicher Daten wie Todestage von Angehörigen oder geplante Einkäufe und Familienfeste, usw. Der Kalender regelte autoritativ den Alltag, er war das zentrale Druckmedium auf dem Lande, d.h. hatte für immerhin rund 90% der Bevölkerung Steuerungs- und Orientierungsfunktion.

Merksatz

Traditionelle Schreibmedien wie die Rolle, Gestaltungsmedien wie die Stele und vereinzelt auch bereits Druckmedien wie der Kalender haben heute ihren Mediencharakter verloren.

Literatur

Werner Ekschmitt: Das Gedächtnis der Völker. Frankfurt/Main u.a. 1968.
Standardwerk, das vor allem auch die Eigenarten der Rolle als Medium hervorhebt.

Ludwig Rohner: Kalendergeschichte und Kalender. Wiesbaden 1978.
Gesamtdarstellung einer Geschichte des Kalenders in Grundzügen; der Kalender wurde hier erstmals als Medium erkannt.

Hartmut Sührig: Die Entwicklung der niedersächsischen Kalender im 17. Jahrhundert. In: Archiv für Geschichte des Buchwesens, Bd. XX. Frankfurt/Main 1979, Spalte 329-794.
Bahnbrechende Teilstudie zur politischen, sozialen und kulturellen Bedeutung des Mediums Kalender auf dem Land.

Peter Burke: Ludwig XIV. Die Inszenierung des Sonnenkönigs. Frankfurt/Main 1995.
Beschreibt in anschaulicher Breite die Formen und Techniken der Image-Inszenierung des französischen Königs und der dabei eingesetzten Medien.

Werner Faulstich: Die Geschichte der Medien,
Bd. 1: Das Medium als Kult. Von den Anfängen bis zur Spätantike (8. Jahrhundert). Göttingen 1997.

Literatur

Bd. 2: Medien und Öffentlichkeiten im Mittelalter (800-1400). Göttingen 1996.
Bd. 3: Medien zwischen Herrschaft und Revolte. Die Medienkultur der frühen Neuzeit (1400-1700). Göttingen 1998.
Bd. 4: Die bürgerliche Mediengesellschaft (1700-1830). Göttingen 2002.
Versuch einer Gesamtdarstellung der Schreib- und Gestaltungsmedien im Kontext aller Kommunikationsmedien von den Anfängen der Kultur bis heute.

Übungs- und Wiederholungsfragen

1. Nennen Sie einige Schreibmedien, die heute keine Bedeutung mehr haben.
2. Beschreiben Sie verschiedene Stationen aus der Geschichte des Mediums Wand.
3. Worin besteht die Besonderheit der Gestaltungsmedien?
4. Welche Arten und Typen von Kalender kann man unterscheiden?
5. Begründen Sie, warum man den Kalender für die Zeitspanne von drei Jahrhunderten als Medium verstehen muß.

Weiterführende Arbeitsaufgaben

– Inwiefern konnte man die modernen Wolkenkratzer mit den Pyramiden und gotischen Kathedralen vergleichen? Welche kultischen Veränderungen lassen sich hieran aufzeichnen?
– Untersuchen Sie differenzierter die Ähnlichkeiten und Unterschiede der beiden Medien Rolle und Buch.
– Erforschen Sie, in welchen Kulturen und Erdteilen es Pyramiden gab und welche Funktionen ihnen jeweils zugeordnet werden können.

3.2 | Der Brief

Das Medium Brief gehört nur bedingt zu den Druckmedien – vor allem in seinen Variationen als „offener Brief", als „Leserbrief", als „Lehrbrief" oder als „Rundbrief". Im Kern ist es ein Schreibmedium – im Grunde als miniaturisierte und mobile Wand, d.h. als funktionale Ausdifferenzierung der Höhlenwand als erstem Individualmedium der Geschichte, schreibbezogen auch noch in elektronischer oder digitaler Form als SMS über Handy (Kap. 4.5) oder als E-Mail(Kap. 5.4). Der Brief wurde bislang vor allem aus kommunikations-, sprach- und literaturwissenschaftlicher Sicht thematisiert. Medienwissenschaftliche Schwerpunkte sind hier Brieftheorien, die Briefgeschichte als Distributionsgeschichte und das heutige Briefwesen als Organisation von Individualkommunikation .

Der Brief ist eine auf Papier geschriebene Mitteilung, die an eine Adresse gerichtet ist und durch eine Person oder Organisation mit raum-zeitlicher Verzögerung übermittelt wird.

Brieftheorien

3.2.1

Vorläufer der Brieftheorien waren die sogenannten „Briefsteller" (seit dem 11. Jahrhundert): ursprünglich Briefeschreiber, dann geschriebene und später gedruckte Mustersammlungen und Formelbücher für Bittbriefe, Schuldbriefe, Kaufbriefe, Geschäftsbriefe usw. mit normierenden Vorgaben bis hin zu Stil und Wortwahl. Im 17. Jahrhundert löste sich der Brief weitgehend von solchen traditionellen rhetorischen Formeln und bildete im 18. Jahrhundert, dem „Zeitalter des Briefs", den Privatbrief aus. Er war geprägt von Natürlichkeit, Einfachheit des Ausdrucks, Emotionalität und Individualität und diente als wichtiges privates Kommunikationsmedium des aufgeklärten Bürgertums. Bekanntester Brieftheoretiker war damals Christian Fürchtegott Gellert. Gleichwohl gab es auch noch im 19. Jahrhundert Universalbriefsteller mit Anregungen, wie ein Beileidsbrief, ein Beschwerdebrief, ein Dankesbrief und sogar ein Liebesbrief verfaßt werden sollte. In der Zeit des Nationalsozialismus wurden solche Brieflehrbücher auch zur politischen Indoktrination eingesetzt. Noch heute gibt es solche Briefsteller, und es gehört mittlerweile zum schulischen Pflichtpensum, ein formal richtiges Bewerbungsschreiben aufzusetzen.

Vom Briefsteller zum Privatbrief

Christian Fürchtegott Gellert

Merksatz

Die Erforschung des Privatbriefs, sofern er nicht mit literarischem Anspruch bzw. von Anfang an

Brieftheorien waren von Anfang bis heute überwiegend normativ und fungierten als Anpassungsstrategien an dominante gesellschaftliche Verhältnisse.

für die Öffentlichkeit konzipiert wurde wie bei Luther, Goethe und anderen Klassikern, ist naturgemäß beschränkt. Vereinzelt wurden jedoch bereits Sammlungen privater Briefe auch medienhistorisch und medientheoretisch aufgearbeitet, etwa die soziale und kulturelle Bedeutung von Frauenbriefen im 18. Jahrhundert als Medium einer entstehenden bürgerlichen, speziell weiblichen Öffentlichkeit.

3.2.2 | Briefgeschichte als Distributionsgeschichte

Übergreifende Geschichten des Mediums Brief sind primär Distributionsgeschichten. Dabei steht der Tansport bzw. die raum-zeitliche Übermittlung im Zentrum. Die Organisation und Institutionalisierung des Mediums Brief in dieser Hinsicht läßt sich bereits mehr als zweieinhalbtausend Jahre vor Beginn unserer Zeitrechnung nachweisen, etwa als sich die Pharaonen die Nilwasserstandsmeldungen in Form einer Botenkette übermitteln ließen. Die Staatspost als Transportsystem für geschriebene Papyrusbriefe ist bei den Ägyptern seit dem dritten Jahrhundert v.u.Z. belegt.

Eine Briefkultur war auch bei den Griechen und Römern entwickelt. Briefe bestanden damals bevorzugt aus Payrusblättern, aber auch aus Wachstafeln, Holz, Leder und sogar Blei. Das römische Weltreich bedurfte unbedingt eines effizienten und verlässlichen Transport- und Nachrichtenwesens und entwickelte deshalb den „cursus publicus", natürlich nur zu politischen und militärischen Zwecken. Dabei handelte es sich um ein Wege- und Transportsystem mit Poststationen, das ausschließlich für den Kaiser und seine Behörden reserviert war. Die ansässige Bevölkerung mußte die Wege in Ordnung halten und kam auch für die Versorgung der Boten, Reittiere und Transportwagen auf. Das Briefgeheimnis wurde dadurch sichergestellt, daß nicht der Brief selber, sondern sein Transportweg abgeschirmt wurde.

Der „cursus publicus"

Im Mittelalter wurden Botensysteme entwickelt, um briefliche Nachrichten von Burg zu Burg, von Kloster zu Kloster oder von Stadt zu Stadt zu übermitteln. Botenanstalten professionalisierten diesen Dienst, insbesondere für die Handwerker und Kaufleute. Stärker als jemals zuvor wurde der Brief auch als Propagandamedium des Kaisers in der Auseinandersetzung mit dem Papst eingesetzt, etwa

Von den Botenanstalten über die kapitalistische Post bis zur staatlichen Behörde

durch Versendung vieler Abschriften an Meinungsführer und
Multiplikatoren. Der Beruf des Postboten entstand. Ende des 16.
Jahrhunderts wurde die Post als kapitalistisches Gewerbe institutionalisiert, Anfang des 18. Jahrhunderts verstaatlicht. Ein ausdifferen-
ziertes System von Postbeamten, Briefträgern, Briefkästen, Postkut-
schen und festen Beförderungspreisen entstand. Im 19. Jahrhundert
kamen die Briefmarkte, die Postkarte und zahlreiche andere Dienstleistungen „der Post" dazu. Ende des 20. Jahrhunderts wurde sie
dann wieder dereguliert und privatisiert.

„Opinion leader"

Das heutige Briefwesen

3.2.3

Von 1900 bis in die 90er Jahre hatte die Post in Deutschland das Be-
förderungsmonopol für Briefe. Inzwischen gibt es bereits zahlreiche
private lokale, regionale und überregionale Konkurrenten. Bis 2007
besitzt sie aber noch das Monopol für Standardbriefe bis zu einem
Gewicht von 200g.

Pro Jahr befördert die Deutsche Post, nunmehr eine Aktiengesell-
schaft, immer noch ca. 9 Milliarden Briefe (plus Info-Post, Pressepost
u.a.). Zur Zeit hat sie etwa 13.000 eigene Standorte sowie etwa 7.000
Postagenturen, d.h. Lebensmittelgeschäfte, Schreibwarenläden,
Tankstellen, die in ihrem Auftrag auch Briefe annehmen. Über Brief-
zentren soll der Transport noch optimiert werden. Angeboten wird
eine Vielzahl von Sonderdiensten wie Warensendung, Expressbrief,
Einschreibebrief oder Nachnahmebrief.

Immer noch besteht im Grundsatz das etablierte System der Briefbeförderung: Briefmarken werden von den Kunden gekauft und auf
die Briefe aufgeklebt, diese werden in aufgestellte Post-Briefkästen
eingeworfen, per Auto, Zug und Flugzeug transportiert und schließlich von Briefträgern in die privaten Briefkästen zugestellt. Allerdings ist an die Stelle hoheitlicher Aufgaben die Gewinnwirtschaf-
tung getreten.

Merksatz

Das Medium Brief als jahrhundertealtes Transportsystem funktionierte gleichermaßen als
elitäres Herrschaftsinstrument, als Staatsmonopol und als privatkapitalistisches Unternehmen.

Literatur

Georg Steinhausen: Geschichte des deutschen Briefes, Bd. I, Berlin 1889, Bd. II, Berlin 1891.
Immer noch Standardwerk für die frühen Abschnitte der deutschen Briefgeschichte.

Susanne Ettl: Anleitungen zu schriftlicher Kommunikation. Briefsteller von 1880 bis 1980. Tübingen 1984.
Historiographische Darstellung der wichtigsten Briefsteller und Brieftheorien über einen Zeitraum von hundert Jahren.

Wolfgang Lotz (Hrsg.): Deutsche Postgeschichte. Berlin 1989.
Standardwerk in sehr detaillierten Einzeldarstellungen.

Hermann Glaser und Thomas Werner: Die Post in ihrer Zeit. Eine Kulturgeschichte menschlicher Kommunikation. Heidelberg 1990.
Reich bebilderte Darstellung in vielen Einzelaspekten.

Reinhard M. Nickisch: Brief. Stuttgart 1991.
Standardwerk zum Brief unter besonderer Akzentuierung seiner Funktionen, seiner Geschichte, seiner Formen sowie der Rezeptions- und Wirkungsgeschichte der Briefliteratur.

Karin Sträter: Frauenbriefe als Medium bürgerlicher Öffentlichkeit. Frankfurt/Main u.a. 1991.
Wichtige Fallstudie zur sozialen, kulturellen und publizistischen Bedeutung der Frauenbriefe im 18. Jahrhundert.

Klaus Beyrer und Hans-Christian Täubrich (Hrsg.): Der Brief. Eine Kulturgeschichte der schriftlichen Kommunikation. Heidelberg 1996.
Reich bebilderter Sammelband zur Geschichte des Briefes und seiner Beförderung.

Übungs- und Wiederholungsfragen

6. Seit wann gibt es das Medium Brief und welche medienwissenschaftlichen Schwerpunkte haben sich hierzu herausgebildet?
7. Definieren Sie den Brief.
8. Nennen Sie verschiedene Briefarten.
9. Wer war der bekannteste Brieftheoretiker des 18. Jahrhunderts?
10. Was unterschied den Privatbrief vom Kaufmanns- und Kanzleibrief?
11. Seit wann gibt es die Post?
12. Was war der „cursus publicus" im Römischen Weltreich?
13. Wie entwickelte sich das Transportwesen des Briefs von der altägyptischen Botenkette bis heute?
14. Wieviele Briefe werden heute noch von der Deutschen Post jährlich befördert?

– Recherchieren Sie im Verzeichnis Lieferbarer Bücher (VLB), welche Briefsteller heute noch auf dem Markt angeboten werden. Untersuchen Sie ein solches Werk mit Blick auf seine normativen Empfehlungen.
– Welche anderen Brieftransportorganisationen arbeiten an ihrem Wohnort? Vergleichen Sie Leistungen und Preise aller Anbieter.
– Untersuchen Sie, welche Postagenturen es an Ihrem Wohnort oder in Ihrem Stadtteil gibt und welche Rolle sie bei der Briefbeförderung und anderen Postdiensten spielen.
– Befragen Sie sich auf Ihre eigene Mediennutzung: Wieviele Briefe haben Sie im letzten Monat geschrieben, welcher Art? Wieviele Briefe haben Sie bekommen? Wie hat sich die Bedeutung des Briefs in Ihrem Leben verändert, und liegt das eher an einem medienkulturellen oder an einem lebenszyklischen Wandel?

Das Blatt
3.3

Ebenso wie der Brief ein Alltagsmedium ist, dessen Mediencharakter uns oft gar nicht bewußt wird, handelt es sich auch beim Blatt um ein ganz selbstverständliches Alltagsmedium, dessen Bedeutung aber nicht hoch genug eingeschätzt werden kann. Und mit dem Brief teilt es auch seine Doppelnutzung als Schreib- und als Druckmedium. Leider wurde auch das Blatt medienwissenschaftlich bislang nur sehr punktuell untersucht.

Als Schreibmedium ist uns das Blatt, Nachfolger des antiken Ostrakon und der Tontafel, in der Gestalt des Zettels (Notizzettel, Einkaufszettel, Kassenzettel, Strafzettel etc.) wohlvertraut. Meist dominiert hier die Speicherfunktion des Mediums. Das gilt in gewissem Sinn auch für das Notenblatt, das zu Zeiten vor Schallplatte und Tonband die gesamte Musiktradition sicherte. In der Medienwissenschaft wurde das Blatt vor allem in seiner Gestalt des juristischen Vertrags, des öffentlichkeitswirksamen Flugblatts und einer übergreifenden Funktionstheorie thematisiert.

Das Blatt als Schreibmedium

Definition

Blatt

Das Blatt ist ein ein- oder zweiseitig beschriebenes oder bedrucktes Stück Papier zur nichtperiodischen Speicherung oder Verbreitung von Informationen.

3.3.1 | **Der juristische Vertrag und das Flugblatt**

Juristische Bedeutung hatte das Blatt seit dem Mittelalter, als es insbesondere für Verträge und Urkunden verwendet wurde. In Urkunden wurde zum Beispiel ein Titel verliehen oder ein Recht zuerkannt.

Das Blatt als juristischer Vertrag

Bei zweiseitigen Verträgen, etwa bei Eheverträgen oder Staatsverträgen, wurde der Text zweifach auf ein Blatt geschrieben, in der Mitte gekennzeichnet und an dieser Stelle durchgerissen. Jeder Vertragspartner bekam eine Hälfte. Das Durchreißen in der Mitte machte den Vertrag praktisch fälschungssicher.

Das Flugblatt zur Unterhaltung, Erbauung und Information

Flugblätter wurden in großem Maßstab bereits in der frühen Neuzeit auf dem Land als Propagandamittel eingesetzt. Unterhaltungscharakter hatten dabei solche Flugblätter, die über Sensationen und Wunder berichteten. Unterweisen und erbauen sollten Andachts- und Gebetsblätter. Nachrichtenfunktion hatten Flugblätter mit Informationen über politische und kriegerische Ereignisse.

Das Flugblatt zur Agitation und Indoktrination

Eine besondere Bedeutung hatte das Flugblatt zur Zeit von Reformation und Gegenreformation. Es war hier weniger Unterhaltungs- und Informationsmedium als vielmehr Medium der Agitation und Indoktrination. Es handelte sich hier um ein genuines Massenmedium, das sich auch visueller Strategien bediente, um mit Satire, Spott, Schmähung, Pathos und treffsicherer Aggression Parteilichkeit zu erzeugen. Bevorzugte Objekte der Polemik waren natürlich Papst und Klerus bzw. Luther. Allerdings war das Flugblatt eingebunden in ein Multimediensystem, zu dem auch Menschmedien wie der Prediger und Druckmedien wie das Buch und die Flugschrift zählten.

Auch bei späteren gesellschaftlichen Großereignissen – Umwälzungen wie die Revolution 1848, der deutsch-französische Krieg 1870/71, der 1. und der 2. Weltkriegs bis hin zur Studentenrevolte 1968 – kam dem Flugblatt immer wieder eine herausragende Rolle als Protest- und Agitationsmedium zu.

Abb. 7

Flugblatt über die
Neuheit des Postbo-
ten (Mitte 17. Jh.)

Funktionstheorie des Mediums Blatt 3.3.2

Dem Blatt können prinzipiell wohl sieben verschiedene Funktionen
zugeordnet werden:
– Als Individualmedium dient es der *mnemotechnischen Speicherung* persönlicher Informationen (z.B. der private Notizzettel).

- Außerdem wird es für die *interpersonale Informationsübermittelung* verwendet (z.B. „Memo", d.h. Nachricht für eine abwesende Person).
- Bewährt hat es sich als Medium *agitatorischer Werbung* (z.B. im Sinne der Etablierung einer Gegenöffentlichkeit).
- Das gilt auch für *informative Werbung* (z.B. der Ankündigung einere Versammlung).
- Ebenso für *politische Werbung* (z.B. bei Wahlen) und
- für *kommerzielle Werbung* (z.B. Prospekte von Firmen als Zeitungsbeilage).
- Schließlich wird das Blatt auch als *Unterhaltungsmedium* eingesetzt (etwa für Sprüche, die man fotokopiert an die Wand pinnt).

Das Blatt ist einfach herstellbar, leicht zu verbreiten und erlaubt den spontanen Gebrauch als aktuelles Medium. Es kostet nicht viel und kann von jedermann eingesetzt werden. Es ist kaum zu kontrollieren und damit Protestmedium par excellence. Die spezifische Zielorientierung geht mit der Einmaligkeit seines Einsatzes Hand in Hand.

Merksatz

Das Blatt ist heute primär Informations-, Werbe- und Protestmedium und kennzeichnet sich durch eine besonders leichte Nutzbarkeit durch den einzelnen.

Literatur

Johann-Richard Hänsel: Die Geschichte des Theaterzettels und seine Wirkung in der Öffentlichkeit. Diss. Berlin 1962.
Frühe Fallstudie zu einem jahrhundertelangen Gebrauch des Mediums Blatt.

Rolf W. Brednich: Die Liedpublizistik im Flugblatt des 15. bis 17. Jahrhunderts. Baden-Baden 1974.
Die umfangreiche Studie macht die große Bedeutung des Blatts als Speichermedium für Noten und Lieder deutlich.

Jürgen Miermeister und Jochen Staadt (Hrsg.): Provokationen. Die Studenten- und Jugendrevolte in ihren Flugblättern 1965-1971. Darmstadt-Neuwied 1980.
In Einzelbeiträgen wird exemplarisch das Aufbegehren der Jugend in den 60er Jahren in exemplarischen Flugblättern gespiegelt.

Literatur

Michael Schilling: Bildpublizistik der frühen Neuzeit. Aufgaben und Leistungen des illustrierten Flugblatts in Deutschland bis um 1700. Tübingen 1990. *Herausragendes Standardwerk zum Flugblatt und seinen gesellschaftlichen Funktionen vor 1700.*

Lutz Goertz: Reaktionen auf Medienkontakte. Wann und warum wir Kommunikationsangebote annehmen. Eine empirische Untersuchung zur Verteilung von Handzetteln. Opladen 1992. *Versuch einer Synopse zahlreicher Definitionen von Handzettel, Flugblatt, Reklamezettel usw. als Massenmedium und empirische Untersuchung zu den Bedingungen der Akzeptanz und Rezeption.*

Übungs- und Wiederholungsfragen

15. Was ist die wichtigste Funktion des Schreibmediums Blatt?
16. Definieren Sie das Medium Blatt.
17. Inwiefern hatte das Blatt früher große Bedeutung in juristischer Hinsicht?
18. Beschreiben Sie allgemeine Funktionen des Flugblatts in der frühen Neuzeit.
19. Welche Hauptfunktion hatte das Flugblatt zur Zeit der Reformation?
20. Wieviel verschiedene Funktionen können dem Blatt heute zugeordnet werden?
21. Welche Vorteile kann man im Vergleich mit anderen Medien dem gedruckten Blatt zuordnen?

Weiterführende Arbeitsaufgaben

- Erarbeiten Sie sich einen Überblick über die Formen und inhaltlichen Schwerpunkte von Flugblättern zu einem ausgewählten öffentlichen Ereignis.
- Überprüfen Sie Ihr eigenes Medienverhalten: Wann setzen Sie in welcher Häufigkeit und mit welchen Funktionen das Blatt als Schreibmedium ein? Zu welchen Gelegenheiten werden Sie mit Flugblättern welchen Inhalts konfrontiert? Wie gehen Sie mit den diversen Werbebotschaften um?
- Entwerfen Sie selbst einmal ein Flugblatt, vervielfältigen es und verteilen es. Halten Sie sich bei der Gestaltung an die bewährten verbalen, optischen und graphischen Merkmale und achten Sie auf die Effizienz dieser Form öffentlicher Kommunikation.

3.4 | Das Buch

Die Darstellung der verschiedenen Druckmedien folgt der chronologischen Reihenfolge ihrer Entstehung. Nach den traditionellen Schreib- und Druckmedien, dem Brief und dem Blatt folgte das Buch. Auch das Buch war ursprünglich ein Schreibmedium – Erscheinungsweisen wie das Tagebuch oder das Notizbuch halten das heute noch präsent. Allerdings reicht seine Geschichte weniger weit zurück, als manche Historiker meinen. Seit Gutenberg ist das Buch bevorzugt ein Druckmedium, das vielerlei Gestalt angenommen hat und ganz unterschiedliche Funktionen wahrnimmt. Fälschlicherweise werden dem Buch häufig zahlreiche andere Medien zugeschlagen, etwa die Rolle, das Heft, der Kalender oder das Flugblatt, manchmal sogar noch die Zeitschrift. Neuere Erscheinungen wie das sogenannte „Hörbuch" oder das „E-Book" (elektronisches Buch) sind natürlich ebenfalls keine Bücher mehr, sondern Audiokassetten bzw. kleine Computer als digitale Lesegeräte. Kurioserweise gibt es erst neuerdings konzertierte Bemühungen um eine Theorie des Buchs als Medientheorie, und gängige Geschichten des Mediums Buch beschränken sich nach wie auf einzelne Aspekte wie vor allem den Buchhandel. Eine fachkonsensuelle Definition des Buchs als Medium hat die Buchwissenschaft bislang noch nicht vorgelegt.

Probleme der Gegenstandsbestimmung

Die systematische Aufgliederung des Forschungsbereichs Buch unterscheidet sechs verschiedene Instanzen: Autor/in, Verleger/in, Buchhändler/in, Bibliothekar/in, Kritiker/in, Leser/in. Manchmal werden aber auch Papierwirtschaft und Drucktechnik einbezogen und oft werden übergreifende Arbeitsfelder konzipiert, z.B. meint das Autorenwesen auch Journalisten, das Bibliothekswesen generell Information und Dokumentation oder die Leserschaft auch Zeitungs- und Heftchenlektüre. Das liegt nicht nur daran, daß das Teilsystem Buch mit anderen medialen Teilsystemen teils eng verknüpft ist, sondern auch an der Bedeutung des Mediums Buch für die Gesamtgesellschaft, speziell das kulturelle Subsystem. Das Buch hat immer noch, neben dem Theater, das Image des Kulturmediums schlechthin – was sich historisch erklären läßt und was ganz praktisch auch Phänomene wie die feste Preisbindung und den erniedrigten Mehrwertsteuersatz verständlich macht.

Systematische Aufgliederung: sechs Instanzen

Im folgenden sollen zwei Schwerpunkte der Buchwissenschaft kurz dargestellt werden: die Buchgeschichte und der Buchmarkt gemäß den erwähnten sechs Instanzen.

Buchgeschichte

3.4.1

Gemäß dem derzeitigen Informationsstand läßt sich die Geschichte des Mediums Buch in vier Phasen einteilen.

1. Phase: Das Buch entstand um das Jahr 100 nach Beginn unserer Zeitrechnung mit dem „Kodex": einer Lage aufeinandergelegter, zweiseitig beschriebener, mit einem Faden aneinander befestigter, später gebundener und mit einem festen Umschlag versehener Pergamentblätter. Insbesondere die „heiligen Texte" der Christen wurden von Rollen auf Kodices umgeschrieben, auch um sich von den jüdischen und „heidnischen" Kultmedien abzugrenzen. Die Bibel, das „Buch der Bücher", benutzte ursprünglich eigentlich selbst archaische Medien wie z.B. den Propheten und den Sänger (im Alten Testament) sowie den Brief und den Erzähler (im Neuen Testament). In der Buchkultur des Mittelalters mit ihren Skriptorien und Abschriften wird die anfänglich kultisch-religiöse Bedeutung des Buchs besonders deutlich. Das Buch als Schreibmedium war ursprünglich sakral geprägt und zugleich Medium einer Oberschicht mit entsprechender Herrschaftsfunktion.

1. Phase

> **Merksatz**
>
> Die besondere kulturelle Wertschätzung, die dem Buch heute zugeordnet wird, erklärt sich aus seinen kultischen Anfängen bzw. seiner religiösen Bedeutung – das Christentum ist eine Buchreligion.

2. Phase: Von Gutenberg im 15. Jahrhundert bis zum Beginn des 20. Jahrhunderts war das Buch nicht mehr Schreibmedium, sondern Druckmedium, nicht mehr Herrschafts-, sondern allgemeines Kulturmedium. Ein kapitalistischer Buchmarkt entstand, ab 1888 mit einem festen Ladenpreis, und machte das Medium zunächst dem Adel, dann dem gehobenen und dem niederen Bürgertum und schließlich jedermann zugänglich. Wichtige Distributionsinstanzen wie die Leihbibliotheken und die Lesegesellschaften, aber auch die Schule trugen zur Verbreitung bei. Für diesen Entwicklungsabschnitt hat vor allem die Geschichte des deutschen Buchhandels wichtige Aspekte herausgearbeitet (Tauschhandel, Honorarzahlungen an Autoren, Konditionshandel, Urheberrecht, usw.).

2. Phase

3. Phase: Dann entwickelte sich das Buch zum Massenmedium. Wichtige Stationen dabei waren im frühen 20. Jahrhundert das Taschenbuch, die öffentlichen Büchereien, die Buchgemeinschaften, ein ausdifferenzierter Handel und neue Formen wie der Bestseller

3. Phase

bei entsprechend erniedrigten Buchpreisen. Diese Ent-kult-ivierung des Mediums brachte neue Käufer- und Leserschichten. Das Buch war ein Alltagswerkzeug geworden und auch als Schulbuch, Gebetbuch, Kochbuch, Bastelbuch, Bilderbuch, Wörterbuch usw. wohlvertraut.

4. Phase

4. Phase: In der zunehmenden Medienkonkurrenz, spätestens seit den 60er Jahren, verlor das Buch jedoch seine Bedeutung als „kulturelles Leitmedium". Seine Unterhaltungsfunktionen gab es vermehrt an die elektronischen Medien ab, seine Speicherfunktionen dann an die digitalen Medien. Mit immer kleineren Auflagen und immer stärker diversifizierten Titeln muß das Buch immer weniger Käufer bzw. Leser zu immer stärker ansteigenden Preisen bedienen. Das Buch tendiert zum Luxus- und Elitegegenstand, und es ist absehbar, daß es zukünftig, wie schon das traditionelle Theater, von der Gesellschaft stärker wird subventioniert werden müssen.

Merksatz

Eine gewisse Vorherrschaft der Buchkultur dauerte maximal 300 Jahre (von 1600 bis 1900).

3.4.2 | **Buchmarkt**

Der heutige Buchmarkt – mit einem Jahresumsatz von über vier Milliarden Euro – wird von der Buch- bzw. Medienwissenschaft noch sehr ungleichgewichtig behandelt. Das läßt sich hier nur knapp andeuten.

Autor/in

Über das aktuelle *Autorenwesen* – wer schreibt was und wieviel für welchen Verlag, mit welchem Erfolg usw.? – gibt es keine verlässliche Daten. Die Zahl der *Buch*autoren geht wohl zurück. Bücherschreiben ist heute eine überwiegend nebenberufliche Tätigkeit und wenig lukrativ. Auftragsarbeiten dominieren. Immerhin konnten einschlägige Organisationen wie die VG Wort zumindest über die Bibliothekstantieme (Pauschalvergütung für die Buchnutzung in Bibliotheken und das Fotokopieren z.B. in Schulen) die Rechte von Buchautoren, die ansonsten ihre Rechte praktisch komplett an den Verleger abtreten müssen, stärken.

Das *Verlagswesen* befindet sich im Umbruch wie alle Wirtschafts-branchen. Bei den knapp 2.000 deutschen Buchverlagen, die es heute gibt, dominieren einige wenige; die zehn größten produzieren etwa 35% des Gesamtumsatzes. Prägende Momente der Branche sind die vertikale Konzentration, eine zunehmende Internationalisierung und die Tendenz zum Multimedienkonzern. Viele Verleger vor allem literarischer Bücher produzieren am Rande des wirtschaftlichen Ruins und befinden sich kontinuierlich auf der Suche nach Marktnischen. Mit neuen Strategien wie „book on demand", d.h. der Buchherstellung erst ad hoc bei einer Bestellung, versucht man, Lagerkosten und Kapitalbindung zu vermeiden und generell Kosten zu minimieren.

Verleger/in

Der *Buchhandel* muß differenziert gesehen werden. Die „normale" Buchhandlung heißt auch Sortimentsbuchhandlung, weil sie nur eine Auswahl, ein Sortiment aller verfügbaren Bücher auf Lager hat, aber jedes Buch aus dem Katalog (VLB = Verzeichnis lieferbarer Bücher) auch bestellen kann. Zur Zeit gibt es in Deutschland noch rund 4.600 Buchhandlungen, aber auch hier sind die Unterschiede groß: 10% der größten Unternehmen erwirtschaften rund 80% des Gesamtumsatzes. Neuerdings steigt auch der Buchumsatz über das World Wide Web, d.h. den digitalen Buchhandel (z.B. Amazon).

Buchhändler/in

Bücher werden auch über Warenhäuser und sonstige Geschäfte vertrieben. Besondere Bedeutung haben ferner die *Buchgemeinschaften*, die aktuelle Titel zeitversetzt und verbilligt an ihre Mitglieder vermitteln. Diese Buchdirektvermarktung über Buchclubs wird weltweit von Bertelsmann beherrscht; nach Angaben des Konzerns werden hier täglich 1,5 Millionen Bücher verkauft.

Buchgemeinschaften

Die *Bibliotheken* und *Büchereien* bilden das zweite Bein der Buchvermittlung in Deutschland. Die Zahl der Bibliotheken ist inzwischen unter 10.000 gerutscht, die Anschaffungsetats und Personalstellen gehen zurück, ebenso die Zahlen der Entleihungen und der aktiven Entleiher. Die buchzentrierte „Bibliothek" wandelt sich derzeit zu einem umfassenden „Informationszentrum" und „Medienarchiv". Die Bedeutung dieser Integrationsaufgaben wird derzeit gesellschaftlich aber noch kaum anerkannt.

Bibliothekar/in

Die *Buchkritik* hat ihre frühere herausragende Bedeutung als Orientierungs- und Steuerungsinstanz praktisch gänzlich verloren.

Buchkritiker/in

Buchkritik gibt es derzeit bevorzugt nur noch innerhalb wissenschaftlicher Disziplinen als Kritik von Fachbüchern, in den Sortimentsbuchhandlungen als persönliche Beratung zu literarischen Büchern durch belesene Buchhändler/innen und vielleicht noch im Fernsehen als mehr oder weniger intellektuelle Clownerie. Ansonsten werden Bücher nach persönlichen Empfehlungen, nach Bestsellerlisten oder genrespezifisch ausgewählt.

Leser/in   *Buchkauf* und *Buchlektüre* schließlich – das sind durchaus zwei verschiedeneDinge – gehen zurück. Das Sach- und Fachbuch liegt in der Akzeptanz nach wie vor weit vor dem literarischen Buch. In über der Hälfte aller Haushalte gibt es weniger als 100 Bücher oder überhaupt kein Buch. Immer noch lesen Frauen mehr als Männer. Die Zahl der Vielleser geht deutlich zurück (auf ca. 15%), doch diese haben ihre Leseintensität erhöht. Zugleich nimmt aber auch die Neigung insbesondere jugendlicher Buchleser zu, „weniger, schneller, oberflächlicher" zu lesen.

Literatur

Karla Fohrbeck und Andreas J. Wiesand: Der Autorenreport. Reinbek 1972.
Veraltete, aber einzig verfügbare repräsentative Datensammlung zum Phänomen Autor, bezogen nicht nur auf das Buch, sondern auch auf Presse, Rundfunk und Fernsehen.

Severin Corsten, Stephan Füssel und Günther Pflug (Hrsg.): Lexikon des gesamten Buchwesens. Stuttgart 1987ff. (z.Zt. 5 Bände).
Fachwissenschaftliches Standardwerk zu fast allen Aspekten des Mediums Buch.

Peter Vodosek (Hrsg.): Das Buch in Praxis und Wissenschaft. Wiesbaden 1989.
Sammelband mit 44 Beiträgen in großer thematischer Vielfalt u.a. zum Autorenwesen, Verlagswesen, zur Distribution, zu Bibliotheken und zu Rezipienten.

Michael Giesecke: Der Buchdruck in der frühen Neuzeit. Frankfurt/Main 1991.
Wegweisende Quellenstudie zu den Anfängen der Produktion, Distribution und Rezeption des Buchs als Druckmedium.

Reinhard Wittmann: Geschichte des deutschen Buchhandels. Ein Überblick. München 1991, 2., erweit. Aufl. 1999.
Knappe, gut lesbare Überblicksdarstellung des deutschen Buchhandels von Gutenberg bis ins 20. Jahrhundert.

Literatur

Marion Janzin und Joachim Güntner: Das Buch vom Buch. 5000 Jahre Buchgeschichte. Hannover 1995.
*Umfangreiches Standardwerk mit anschaulicher Bebilderung, das als „Buch"
aber auch andere Medien wie Tafel, Rolle, Heft und Kalender vereinnahmt.*

Stiftung Lesen (Hrsg.): Leseverhalten in Deutschland im neuen Jahrtausend. Eine
Studie der Stiftung Lesen. Mainz, Hamburg 2001.
*Nicht unparteiliches Zahlenmaterial zum Buchlesen, zum Lesen allgemein
und zum Lesen von Zeitungen und Zeitschriften sowie am Bildschirm.*

Heinz Bonfadelli und Priska Bucher (Hrsg.): Lesen in der Mediengesellschaft.
Stand und Perspektiven der Forschung. Zürich 2002.
*Sammelband mit 14 Beiträgen zu zahlreichen Aspekten des Lesens allgemein
wie Buchlesen, Zeitunglesen, „Medienlesen", Leseförderung zuhause und in
der Schule, Lesesozialisation und dem geschlechterspezifischen Lesen.*

Börsenverein des Deutschen Buchhandels (Hrsg.): Buch und Buchhandel in Zahlen 2002. Frankfurt/Main 2002.
*Jährliche Publikation mit ausgewählten Daten zum deutschen Verlagswesen
und Buchhandel.*

Werner Faulstich: Theorie des Mediums Buch im digitalen Zeitalter. In: Com-
municatio Socialis (1/2004).

Übungs- und Wiederholungsfragen

22. Beschreiben Sie die Probleme bei der Gegenstandsbestimmung
von „Buch".
23. Wann und in welcher Gestalt entstand das Medium Buch?
24. Nennen Sie die vier Phasen einer übergreifenden Geschichte des
Mediums Buch.
25. Welche sechs Instanzen des Buchmarkts kann man unterscheiden?
26. Wie hoch ist der Jahresumsatz des deutschen Buchmarkts heute?
27. Wie viele Verlage gibt es derzeit in Deutschland, wie viele Buchhandlungen und wie viele Bibliotheken und Büchereien?
28. Beurteilen Sie die Bedeutung der Buchkritik.
29. Wie hoch ist die Zahl der Vielleser und was charakterisiert die
jugendlichen Buchleser heute?

- Untersuchen Sie anhand der einschlägigen Sekundärliteratur die Bedeutung der Skriptorien in den Klöstern des Mittelalters.
- Diskutieren Sie die Vor- und Nachteile des festen Ladenpreises für Bücher.
- Rekonstruieren Sie die Schlüsseldaten einer Geschichte des deutschen Buchhandels.
- Was waren Lesegesellschaften? Wie waren sie organisiert, wer waren ihre Mitglieder? Worin bestand ihre historische Bedeutung?
- Informieren Sie sich über die Entstehung des Buchmarkts und seiner Bedeutung für die „Lesegesellschaft" des 18. Jahrhunderts.
- Erarbeiten Sie einen Überblick über die Buchgemeinschaften heute.
- Vergleichen Sie in groben Zügen die Struktur des deutschen Buchmarkts mit dem amerikanischen Buchmarkt (oder mit dem Buchmarkt eines anderen europäischen Staates).
- Erstellen Sie ein persönliches Buchprofil: Wie viele Bücher besitzen Sie? Wie häufig und wie lange täglich lesen Sie ein Buch? Um welche Art von Buch handelt es sich dabei? Nutzen Sie Buchkritiken? Gehen Sie in die Bibliothek? Usw.
- Erforschen Sie den lokalen Buchmarkt in ihrem Wohnort: Gibt es bekannte Buchautoren? Welche lokalen Verlage gibt es? Welche Buchhandlungen stehen zur Verfügung und wie unterscheiden sie sich voneinander? Gibt es eine Buchkritik in ihrer Lokalpresse? Welche Büchereien existieren bei Ihnen, wie ist das Angebot und wie stark werden sie genutzt? Machen Sie eine kleine Umfrage zum Buchkauf- und vor allem Buchleseverhalten und vergleichen Sie die Ergebnisse mit repräsentativen Zahlenangaben.

3.5 | Das Heft

Das Medium Heft, das bis heute auch noch als Schreibmedium Verwendung findet (Schreibheft, Schulheft), wird oft einfach dem Medium Buch zugeschlagen (z.B. die Romanheftchen) oder auch bei der Zeitschrift verrechnet (z.B. die Mitgliederhefte der Krankenkassen oder die Lurchi-Hefte) – wenn es nicht gänzlich vernachlässigt wird (z.B. die Werbebroschüren, die Bedienungsanleitungen bei techni-

Terminologische Probleme

schen Geräten, das Rätsel- und Bastelheft oder das Pornoheft). Tatsächlich gilt das Heft für die Medienwissenschaft inzwischen als eigenständiges Medium: umfangmäßig gewissermaßen zwischen den Medien Blatt und Buch angesiedelt, aber mit ganz eigenen Inhalten, Funktionen und Formen.

Definition

Heft

Das Heft ist eine kleinformatige Druckschrift geringen Umfangs, geheftet, in der Regel in großen Auflagen hergestellt und über eigene Distributionskanäle verbreitet.

In der Forschung gibt es bislang lediglich zwei Schwerpunkte: die Geschichte des Hefts unter besonderer Betonung der Flugschrift und das Kioskheftchen mit Blick auf Comics und vor allem den Heftchenroman.

Zur Geschichte des Hefts: die Flugschrift

3.5.1

Als Vorläufer des Hefts gelten andere Medien wie der Sänger, der Brief, das Flugblatt, der Kalender und auch das „Volksbüchlein". In dieser Tradition wurden dann später die Hefte von Kolporteuren in ihren Krämerkisten über Land getragen und auf öffentlichen Plätzen, Märkten und an Hintertüren verkauft: Moritaten, Schauermärchen, Rätsel, Beichtanleitungen, Lieder, kleine Briefsteller, Schemaliteratur und Ähnliches, vorzüglich an Dienstpersonal und Kleinbürger. Im 19. Jahrhundert kamen Lieferungsromane („Hintertreppenromane") in Fortsetzungen dazu.

Vorläufer

Entstanden ist das Heft (Broschüre, Büchlein, Pamphlet u.ä.) als eigenständiges Medium im 16. Jahrhundert in Gestalt der Flugschrift. Damit deutete sich ein neuer Typus von Öffentlichkeit an, denn Flugschriften waren an die Allgemeinheit gerichtet, wurden als Waren auf dem Markt gehandelt, die Zensur hatte keinen Zugriff, der Adressat war „privat" angesprochen; die Abhängigkeit von der oralen Tradition wurde damit durchbrochen. Die charakteristische Verknüpfung von allgemeingültigen Zeitbefunden, appellativen Belehrungen und subjektiver Betroffenheit zeigte sich als erstes an den Sendschreiben Martin Luthers, etwa der damaligen reformatori-

Die Flugschrift als Massenmedium

schen Erfolgsschrift „An den christlichen Adel deutscher Nation". Allein im Jahr 1524 sollen mindestens drei Millionen Exemplare von Flugschriften in Deutschland verbreitet worden sein – die (theologisch-religiöse) Flugschrift als Massenmedium (damals gab es ungefähr 13 Millionen Deutsche, von denen weniger als 10% lesen konnten).

Polemische Flugschriften hatten einen weiteren Boom Anfang des 18. Jahrhunderts im Zusammenhang mit der Aufklärung. Sie hatten einen Umfang von meist vier bis 16 Seiten, waren anonym und boten dem einzelnen Bürger Raum für Meinungsäußerungen und Parteinahme. In Auflagen bis zu 1000 Exemplaren fanden sie meist zehnmal so viele Leser – und Hörer, denn sie wurden auch öffentlich vorgelesen. Meist sollten dabei politische Entscheidungsträger beeinflusst werden.

Die Flugschrift als Markt der politischen Meinungsbildung

3.5.2 | Kioskheftchen: Comics und Romane

Kioskheftchen im heutigen Sinn gibt es seit 1905/1906. Die Geschichte der Comics und Heftchenromane war wechselhaft und geprägt von unterschiedlichen Heftformen, Marktstrukturen und ideologischen Einschätzungen. Früher sprach man wertend von „Trivialliteratur", heute wird neutral eher von Schemaliteratur oder, bei Comics, gar von Kunstform gesprochen.

Comic-Hefte und ihre Genres

Comic-Hefte bieten heute eine breite Palette von Genres:
1. die *Funnies*, lustige Geschichten meist um vermenschlichte Tiere wie Micky Maus und Donald Duck, aber auch karikierte Menschentypen wie die Peanuts oder Asterix.
2. die *Abenteuercomics*, häufig mit Superhelden wie Tarzan oder Superman.
3. *Erwachsenencomics*, humoristisch und satirisch, aber auch unter besonderer Verwendung von Gewalt oder Sexualität („Porno-Comics").

Romanhefte nach Männer- und Frauengenres

Romanheftchen sind unterteilt in Männer- und Frauengenres. Bei Männern finden vor allem Westernromane, Science-Fiction-Romane (z.B. Perry Rhodan), Kriminalromane (z.B. Jerry Cotton), Kriegs-, Horror- und Agentenromane Interesse, bei Frauen vor allem Liebesromane (z.B. Julia), Schicksals- und Adelsromane, Arztromane (z.B. Dr. Norden), Mutter- und Kind-Romane sowie Berg- und Heimat-Romane. Gruselromane werden von beiden Geschlechtern gelesen.

Der Markt für Romanheftchen ist seit längerem von starker Konzentration geprägt. Bei den Romanheftchen dominieren die Verlage Bastei (Marktführer mit 16 Reihen und 490.000 Exemplaren wöchentlich), Kelter und Pabel-Moewig. Bei den Comics Ehapa (19 Reihen mit über 117 Millionen Heften jährlich), Bastei und Pabel-Moewig. Bei Rätselheften ist die Produktion etwas breiter gestreut, aber auch hier sind Bastei und Kelter hinter dem Marktführer Burda (sechs Titel mit jährlich 122 Millionen Heften) stark vertreten. Der Markt ist riesig, mit geschätzten Zahl von jährlich mehr als 130 Millionen neuer Romanhefte, mehr als 150 Millionen neuer Comic-Hefte und mehr als 210 Millionen neuer Rätselhefte.

Der Heftchenmarkt

Romanhefte werden nach genau festgelegten Schemata (Handlung, Figuren, Probleme und ihre Lösungen, Normen und Werte) gleichsam vom Fließband bei niedrigster Bezahlungen der Autorinnen und Autoren produziert. Comics werden arbeitsteilig hergestellt. Der Preis wird so kalkuliert, daß der Verlag bereits in die Gewinnzone kommt, wenn nur 40% der Auflage verkauft sind. Bei den Käufern und Lesern dominieren die Frauen (2,6 Millionen pro Woche) vor den Männern (1,1 Mio.). Romanhefte werden in der Regel von mehreren Personen gelesen, Rätselhefte dagegen werden (durch Vollschreiben) quasi verbraucht. Bei den Leserinnen und Lesern dominieren Realschulabschluss (38%) und Hauptschulabschluss (37%), aber es finden sich auch Abitur (6%) und Hochschulabschluss (9%). Die meisten sind zwischen 20 und 39 Jahre alt (44%). Comic-Hefte finden vor allem bei Kindern und Jugendlichen Interesse.

Produktion und Rezeption

Merksatz

Romanhefte haben in der Medienkultur des 20. Jahrhunderts trotz der zunehmenden Konkurrenz durch elektronische Medien wie Film und Fernsehen ihre funktionale Bedeutung beibehalten.

Seit den 80er Jahren werden Comics und Heftchenromane verstärkt auch in großformatigen Alben und als Taschenbücher vertrieben. Dieser Wandel vom Medium Heftchen ins Medium Buch ermöglicht den Vertrieb sowohl über Kioske und Schreibwarengeschäfte als auch über Bahnhofs- und normale Buchhandlungen und ist mit einer kulturellen Aufwertung verbunden.

Literatur

Gerhard Schmidt-Henkel et al. (Hrsg.): Trivialliteratur. Aufsätze. Berlin 1964.
Zahlreiche immer noch aktuelle Beiträge zur Schemaliteratur, speziell zu den verschiedenen Genres der Heftchen-Romane.

Hannes Schwenger: Antisexuelle Propaganda. Sexualpolitik in der Kirche. Reinbek 1969.
Ausnahmestudie zu den Aufklärungsheftchen der Kirchen in den 50er und frühen 60er Jahren.

Hans-Joachim Köhler: Die Flugschriften. Versuch der Präzisierung eines geläufigen Begriffs. In: Horst Rabe et al. (Hrsg.), Festgabe für Ernst Walter Zeeden. Münster 1976, S. 36-61.
Erste Begründung der Flugschrift bzw. des Hefts als eigenständiges Medium.

Annamaria Rucktäschel und Hans Dieter Zimmermann (Hrsg.): Trivialliteratur. München 1976.
Sammelband mit zahlreichen wichtigen Beiträgen u.a. zu Produktion und Rezeption von Heftchen und zu Sprache und Stil im Vergleich zu Hochliteratur.

Rudolf Schenda: Volk ohne Buch. Studien zur Sozialgeschichte der populären Lesestoffe 1770-1910. München 1977.
Ältere Studie mit großem Materialreichtum aus dem genannten Zeitraum, über die Medien Blatt, Heft, Buch und Kalender.

Klaus F. Geiger: Heftchen. In: Werner Faulstich (Hrsg.), Kritische Stichwörter zur Medienwissenschaft. München 1979, S. 165-191.
Erster systematischer Überblick über das Medium unter besonderer Berücksichtigung von Geschichte, Inhalten, Produktion, Distribution und Rezeption.

Heinz J. Galle: Groschenhefte. Die Geschichte der deutschen Trivialliteratur. Frankfurt/Main, berlin 1988.
Knapper historischer Abriss der Geschichte der „Groschenhefte" von der Kaiserzeit bis zur Nachkriegszeit.

Walter Nutz und Volker Schlögell: Die Heftroman-Leserinnen und -Leser in Deutschland. In: Communications, 16. Jg. (1991), H. 2, S. 133-235.
Relative neue empirische Daten zu Heftchen-Rezipienten in der Bundesrepublik Deutschland.

Cordula Günther: „Dann hat der Alltag und die Realität wieder das Vorrecht..." Heftromanleserinnen und -leser in den neuen Bundesländern. In: Hallische Medienarbeiten, Universität Halle-Wittenberg, Jg. 4 (1999), H. 11.
Empirische Befunde aus einem DFG-Projekt auf der Basis qualitativer Interviews als Fallstudien zu den neuen Bundesländern.

Literatur

Ricarda Strobel: Heft/Heftchen. In: Werner Faulstich (Hrsg.), Grundwissen Medien. München 4. Aufl. 2000, S. 239-252.
Überblicksbeitrag zum Medium Heftchen unter besonderer Berücksichtigung auch der Comic-Heftchen.

Werner Faulstich: Medienwandel im Industrie- und Massenzeitalter (1830-1900). Göttingen 2004. Ausführliche Darstellung von Alltagsformen u. a. der Medien Blatt, Heft und Plakat.

Übungs- und Wiederholungsfragen

30. Wie kann man das Heft definieren?
31. Worin bestand die Bedeutung der Flugschrift als Massenmedium im 16. Jahrhundert?
32. Welche Hauptfunktion hatten die Flugschriften im frühen 18. Jahrhundert?
33. Wie hat sich die Bewertung von Comics und Heftchenromanen verändert?
34. Nennen Sie die wichtigsten Gruppen von Comics.
35. Was sind klassische Männer- und Frauengenres bei Heftchenromanen? Nennen Sie Beispiele.
36. Welche Verlage dominieren den Markt – bei den Romanen, bei den Comics, bei den Rätselheften?
37. Wie werden Heftchenromane bzw. Comics hergestellt?
38. Wer vor allem liest Heftchenromane bzw. Comics?

Weiterführende Arbeitsaufgaben

- Entleihen Sie aus einer Bibliothek, evtl. per Fernleihe, je eine Flugschrift des 16. und des 18. Jahrhunderts und vergleichen Sie Inhalt und Form. Welche unterschiedlichen bzw. identischen Funktionen lassen sich daraus ableiten?
- Listen Sie auf, welche „Hefte" Sie kennen und selbst benutzen, vom Schreibheft bis evtl. zum Pornoheft.
- Untersuchen Sie Beispiele von Frauen- und Männerheftromanen nach Handlung, Figuren, Sprache, Bauformen und Ideologien und vergleichen Sie sie miteinander. Welche Funktionen lassen sich daraus ableiten bzw. welchen Bedürfnissen wird damit entsprochen?
- Zeichnen Sie selbst einen Comic nach eigenen Vorstellungen und nutzen Sie dabei das Inventar comicspezifischer Gestaltungsformen.

3.6 | Das Plakat

Das Plakat als Druckmedium eigener Art hatte im Blatt seinen wichtigsten Vorläufer. Seit dem 16. Jahrhundert wurden Flugblätter und amtliche Verordnungen der Obrigkeit, aber auch Werbeanzeigen von Veranstaltern wie Schausteller, Artisten und Quacksalber, später auch von kommerziellen Firmen an öffentlichen Wandflächen angebracht (Anschlagtafeln, Litfaßsäulen, öffentliche Verkehrsmittel usw.). Das Plakat kann nur im Verbund mit dem Medium Wand seine kommunikativen Funktionen entfalten, deshalb gilt es als das erste symbiotische Medium der Geschichte. Es ist auch funktional mit anderen Medien verknüpft, etwa als Theaterplakat und als Filmplakat. Seine wichtigsten Funktionen sind Information und Werbung im „Schnelldialog" (Kurt Koszyk/Karl H. Pruys).

Das erste symbiotische Medium

Definition

Plakat

Das Plakat ist ein gedrucktes Blatt, das an einer öffentlich zugänglichen Wand angebracht ist, im Großformat mit graphischer Gestaltung und mittelfristiger Aktualität.

Plakattechniken und Plakatgeschichte

Die Geschichte des Plakats wird vor allem von den unterschiedlichen Herstellungstechniken bestimmt: Holzschnitt, Kupferstich, Lithografie, Offsetdruck, Siebdruck, Digitaldruck.

Drei Plakattypen

Im Kern besteht das Medium Plakat aus drei voneinander relativ abgegrenzten Teilsystemen. Jedes ist um einen anderen Plakattypus organisiert, der weitgehend von unterschiedlichen Einzelwissenschaften thematisiert wird: das politische Plakat (Geschichtswissenschaft), das Werbeplakat (Wirtschafts- und Kommunikationswissenschaften) und das künstlerische Plakat (Kunstwissenschaft).

3.6.1 | Das politische Plakat

Politische Plakate waren in Deutschland, aufgrund der Zensurgesetze, zunächst nur offizielle Verlautbarungen der Obrigkeit: amtliche Bekanntmachungen, Steckbriefe von gesuchten Verbrechern, Arbeitsregeln für Zünfte, Gesetzesverkündigungen, auch Werbeplakate etwa zur Anwerbung von Soldaten. Die politische Meinungsäu-

Politische Meinungsäußerung von oben und von unten

ßerung „von unten" erlebte während der Französischen Revolution einen ersten Höhepunkt. Im 19. Jahrhundert entwickelte sich eine enge Verbindung zwischen „wilden" Plakaten und der Karikatur als Protest gegen die Herrschenden. Solche Karikaturen wurden auch in Wirtshäusern und Gasthöfen ausgehängt.

Erst im 20. Jahrhundert wurde das Plakat als Medium verstärkt politisch in Dienst genommen, immer noch als Herrschaftsinstrument: in den beiden Weltkriegen (Kriegspropaganda), in der russischen Revolution, im Nationalsozialismus. Nach 1945 bis heute wird das politische Plakat vor allem in der Parteienwahlwerbung eingesetzt und richtet sich dabei primär an Wechselwähler. Zu Wahlzeiten werden deshalb häufig an Straßen und Plätzen besondere Plakatwände und sogenannte „Werbereiter" aufgestellt.

Das Werbeplakat | 3.6.2

Produktwerbung und Firmenwerbung in Plakatform gab es schon   Anfänge der
lange vor Entstehung der Plakat- und Werbeindustrie, bereits im 16.   Plakatgeschichte
Jahrhundert. Insbesondere Gaststätten, Unterhaltungskunst und
Tourismus waren Bereiche, die sich schon früh des Plakats bedienten. Auch heute noch werden Plakate mit dieser eher lokalen Reichweite eingesetzt, allerdings weniger in ökonomischer Hinsicht als vielmehr in kulturellen und sozialen Kontexten (Verbände, Sportveranstaltungen, Konzerte, Volksfeste, Unfallverhütung usw.).

Werbeplakate haben eine eigene Ästhetik herausgebildet. Gemäß   Plakatästhetik
der Notwendigkeit äußerster Sprachverdichtung entwickelte sich
im Zusammenhang mit dem Plakat neben einer speziellen Bildrhetorik insbesondere der Slogan als markante Sprachfigur. Gelegentlich wird die Warenwerbung per Plakat auch eingeteilt in reine Textplakate, reine Bildplakate und Text-Bild-Plakate, die einmal nur das Produkt möglichst verführerisch präsentieren (Gebrauchswert), einmal das Produkt mit einem attraktiven, emotionalisierenden Zusatzwert.

Die kommerziellen Produkte, für die am häufigsten per Pakat geworben wird, sind Markenartikel und stammen nach ihrer quantitativen Rangfolge von der Tabak- und Zigarettenindustrie, den Bier-   Plakatinhalte

Brauereien, den Hersteller von alkoholfreien Getränken, der Lebens-
mittel- und der Autoindustrie. Seit geraumer Zeit wird die Produktwerbung durch Imageplakatwerbung ergänzt.

Plakatindustrie

Das Werbeplakat in Deutschland wird derzeit von rund 100 Pächterfirmen organisiert, die im Auftrag der Werbeindustrie bzw. spezieller Plakat-Agenturen die offiziellen Anschlagstellen (derzeit rund
400.000) bedienen. Zeitblöcke, Plakatformate, Preise etc. sind dabei
pro Anschlagstellentypus reglementiert. Man unterscheidet vor allem die folgenden Anschlagstellentypen: Allgemeinstelle, Ganz-
stelle, Großstelle, Spezialstelle (z.B. City Light Poster oder Wechsel-
Plakat). In dieser „Außenwerbung" wird jährlich ein Umsatz von
rund 760 Millionen Euro gemacht.

Das in Großstädten immer häufiger verwendete City-Light-Poster in
Form überdimensionaler Bildschirme verlässt bereits das Medium
Plakat in Richtung stationäres Fernsehen, ebenso wie Dauerwerbe-
sendungen im Fernsehen stark von „plakativen" Elementen geprägt
werden.

3.6.3 | Das künstlerische Plakat

Der Franzose Jules Chéret gilt Ende des 19. Jahrhunderts als Begrün-
der der Plakatkunst. Dabei geht es um das psychologische Kalkül hinsichtlich Idee, der Farbharmonie, der figurativen Komposition und
des Plakatmotivs bis hin zur Inschrift als interpretativem Schlüssel.
Auch andere Gestaltungstechniken wie vor allem die Fototechnik,
andere Materialien und verschiedene Anwendungsbereiche spielen
eine Rolle. Plakatkunst war Gebrauchskunst und wurde u.a. von
Künstlern wie Henri de Toulouse-Lautrec, Felix Valloton und Vincent
Aubrey Beardsley entworfen.

Plakatgeschichte als Teil
von Kunstgeschichte

Auch neuere Kunstrichtungen experimentierten mit dem Plakat,
womit es zu einem Gegenstand der Kunstgeschichte wurde. Pop-Art
und Jugendkultur der 60er Jahre gaben dem künstlerischen Plakat
weitere Impulse und kreierten das „Poster". In den 90er Jahren ver-
knüpften sich kommerzielles und künstlerisches Werbeplakat wie
etwa in den Plakatserien des Fotografen Oliviero Toscani und sorg-
ten über Tabuverletzungen für Aufsehen.

Kriterien eines guten Plakats sind Einfachheit, Übersichtlichkeit, Verständlichkeit, Überraschungseffekt, Originalität, Suggestion, optische Nah- und Fernwirkung.

Walter von Zur Westen: Reklamekunst aus zwei Jahrtausenden. Berlin 1925.
Veraltetes, aber immer noch häufig zitiertes und kopiertes bahnbrechendes Standardwerk.

Helmut Rademacher: Das deutsche Plakat von den Anfängen bis zur Gegenwart. Dresden 1965.
Versuch einer Gesamtgeschichte des politischen, künstlerischen und Werbeplakats.

Max Gallo: Geschichte der Plakate. Herrsching 1975.
Eine von mehreren Standardgeschichten des Plakats im internationalen Überblick von 1789 bis 1970.

Heinz-Werner Feuchtinger (Hrsg.): Plakatkunst des 19. und 20. Jahrhunderts. Dortmund, Berlin 1977.
Sammelband mit zahlreichen didaktisch aufbereiteten Plakatanalysen für den Kunstunterricht der Sekundarstufe II.

Frank Kämpfer: „Der Rote Keil". Das politische Plakat. Theorie und Geschichte. Berlin 1985.
Eine exemplarische Fallstudie unter vielen, hier über die sowjetische Plakatpropaganda im Jahr 1917 und im Bürgerkrieg.

Alain Weill: Plakatkunst international. Berlin 1985.
Umfangreiches Standardwerk von Cherét bis zum Plakat 1970, unter besonderer Berücksichtigung auch von Rußland, Österreich, Belgien, England, den USA, Italien, Spanien, Japan und China.

Martin Henatsch: Die Entstehung des Plakates. Eine rezeptionsästhetische Untersuchung. Hildesheim u.a. 1994.
Versuch einer historiographisch angelegten Theorie des Plakats aus der Sicht eines „impliziten" Betrachters.

Johannes Kamps: Plakat. Tübingen 1999.
Knappe Darstellung wichtiger Aspekte des Plakats mit Ausführungen zum Plakat als Forschungsgegenstand.

Zentralausschuß der Werbewirtschaft (Hrsg.): Werbung in Deutschland 2002. Bonn 2002.
Jährliche Publikation mit Angaben auch zur Anzahl der Werbeflächen, zu Arten des Plakats und zur kommerziellen Bedeutung des Mediums in Deutschland.

39. Inwiefern kann man das Plakat als ein symbiotisches Medium bezeichnen?
40. Definieren Sie das Plakat.
41. Woran vor allem orientierte sich die Geschichte des Plakats?
42. Welche drei Plakattypen fanden bislang besondere Beachtung?
43. Nennen Sie Stationen der Geschichte des politischen Plakats.
44. Welche Inhalte dominieren beim kommerziellen Werbeplakat?
45. Erläutern Sie Aspekte der Plakatindustrie: Zahl der Pächter, Zahl der Anschlagstellen, Typen von Anschlagstellen.
46. Welche Kriterien gelten für ein gutes Plakat heute?

– Suchen Sie konkrete Beispiele von Plakaten, die mit unterschiedlichen Techniken hergestellt wurden.
– Informieren Sie sich über den derzeitigen Stand der Plakatindustrie mit den neuesten Zahlen.
– Suchen Sie unterschiedliche Anschlagstellen in Ihrer Umgebung, fotografieren Sie die Anschlagstellen und untersuchen Sie ihre situative Verortung, ihre Plakate und deren Inhalte. Beurteilen Sie kritisch ihre potentielle Wirksamkeit.
– Analysieren und interpretieren Sie Plakate unterschiedlicher künstlerischer Richtungen.
– Entwerfen Sie selbst ein Plakat werbend für ein Produkt, appellativ als Einladung zu einem Ereignis oder zur bloßen Vermittlung einer Information. Nutzen Sie dabei die Kriterien eines guten Plakats.

3.7　Die Zeitung

Die Entstehung der Zeitung

Die Zeitung entstand Anfang des 17. Jahrhunderts auf dem Hintergrund gesellschaftlicher Umwälzungen: eines politisch und wirtschaftlich ansteigenden Informationsaustauschbedarfs im Zuge der entstehenden kapitalistischen, bürgerlichen Gesellschaft und eines sprunghaften Bevölkerungswachstums in Europa. Im Sinne von Zeitung = ereignisbezogene Nachricht bündelte sie zentrale Funktionen anderer Medien, die sich überholt hatten und ihrerseits zeitgleich veränderten:

- Das Moment der *Aktualität,* d.h. der Zeitnähe bis hin zur Tagesaktualität, wurde vom Menschmedium Sänger übernommen, der seinen Mediencharakter verlor.
- Das Moment der *Periodizität,* d.h. das Erscheinen in regelmäßigen Abständen, entstammt dem Menschmedium Prediger und dem Schreibmedium Brief. Beide, Sänger wie Prediger, wurden bloße Berufsrollen, während der Brief sich später zum Privatbrief entwickeln sollte
- Das Moment der *Publizität* , d.h. allgemeine Zugänglichkeit, kam zahlreichen Vorläufermedien zu, auch dem Sänger und dem Prediger, vor allem aber dem neuen gedruckten Flugblatt, das auf den Massenmarkt und eine breite Öffentlichkeit abzielte.
- Das Moment der *Universalität* schließlich, d.h. thematische Vielfalt, war im Medium Brief mit seinen zahlreichen Formen vorgeprägt.

Diese klassischen Merkmale der Zeitung (Otto Groth) stehen im Zentrum der meisten Zeitungstheorien.

Definition

Zeitung

Die Zeitung als Druckmedium definiert sich nach den Merkmalen Aktualität, Periodizität, Publizität und Universalität, die sie von früheren Kommunikationsmedien übernommen und gebündelt hat.

Heute spricht man gelegentlich immer noch von der „Presse", obwohl es fundamentale Unterschiede gibt zwischen dem Medium Zeitung und dem Medium Zeitschrift (Kap. 3.8). Auch andere Medien müssen abgegrenzt werden. Bereits die Zeitung als Druckmedium hatte mit dem Bild bzw. dem Medium Foto zu tun, d.h. war nicht nur ein Lese-, sondern auch ein optisches Medium. Heute wird die Zeitung verstärkt auch im Spannungsfeld von Print und Digitalisierung gesehen, d.h. das Textmedium erscheint als multimediales Medium mit direkten Interaktonsmöglichkeiten (Kap. 5). Aber bei der sogenannten „Bildschirm-Zeitung" bzw. „Online-Zeitung", d.h. einer „Zeitungs"ausgabe über das Fernsehen bzw. das World Wide Web oder über ein Intranet, handelt es sich eigentlich nicht mehr um eine Zeitung im klassischen Sinn des Wortes.

Die Zeitung im Unterschied zu anderen Medien

Vier zentrale
Problemfelder

Abgesehen von der Geschichte der Zeitung, von 1605 bis zum Ende des 20. Jahrhunderts, standen und stehen die Frageperspektiven der traditionellen Zeitungsanalyse im Zentrum der Aufmerksamkeit, und dabei vor allem der Grundwiderspruch der Zeitung: zum einen Nachrichtenmedium im Allgemeininteresse (politische Funktion), zum andern Anzeigenmedium im Privatinteresse (kommerzielle Funktion).

Merksatz

Das Grundproblem der Zeitung besteht im Mit- und Gegeneinander publizistischer und wirtschaftlicher Interessen.

3.7.1 | Zeitungsgeschichte

Vom 17. zum
19. Jahrhundert

Die Verbreitung und zunehmende Bedeutung der Zeitung ab dem 17. Jahrhundert machten das Medium zum Forum frühbürgerlicher und dann gesamtgesellschaftlicher Öffentlichkeit. Es entstand die politische Publizistik, die im 19. Jahrhundert insbesondere durch den Kampf gegen die Zensur, also für die Pressefreiheit geprägt war. Zeitungsgeschichte ist über weite Strecken Zensurgeschichte. Informieren, Werben und Meinungsbilden waren die wesentlichen Funktionen der Zeitung. Der Typus des Generalanzeigers verbreitete sich. Die Rechtsverhältnisse spielten dabei eine ausschlaggebende Rolle. Der redaktionelle Journalismus als Berufsbild kam auf. Neue Drucktechniken ließen die Massenpresse entstehen und ein enorm differenziertes, flächendeckendes Netz von Zeitungen unterschiedlichster Arten. Zugleich entstanden Nachrichtenagenturen, neue Vertriebsformen wurden entwickelt. Auch die Presseinhalte wandelten sich.

Das 20. Jahrhundert

Das 20. Jahrhundert sah weitere neue Erscheinungsformen des Zeitungswesens: erste große Straßenverkaufsblätter, eine stärkere Bebilderung, die totalitäre Presselenkung im Sinne einer umfassenden Nazi-Propaganda, in der Nachkriegszeit den Wiederaufbau aus Militär- und Lizenzzeitungen und dann die Entwicklung zu immer stärkerer Konzentration bis hin zu vielfachen Monopolzeitungen speziell im Lokalbereich. Die gesellschaftlichen Auswirkungen des Mediums Zeitung wurden bewußter, zumal im Kontext der Konkurrenz mit den Medien Radio, Fernsehen und schließlich World Wide Web.

Traditionelle Zeitungsanalyse | 3.7.2

In Anlehnung an die ältere Zeitungswissenschaft wird die Zeitung traditionell vor allem in vierfacher Hinsicht erforscht:

1. die Zeitung als *Produkt*, d.h. Arten der Zeitung, der Aufbau einer einzelnen Zeitungsausgabe nach Ressorts, die Zeitungssprache, die verschiedenen Textformen, der Aufbau eines einzelnen Artikels, die Anzeigen usw. — Produktanalyse
2. die *Zeitungsproduktion*, d.h. die Zeitungseigentümer und vor allen der Journalismus in allen Facetten, heute durchaus auch im Ausgriff auf andere Nachrichtenmedien; — Produktionsanalyse
3. die *Organisation* der Zeitung als Betrieb und als Branche, d.h. etwa die Struktur des einzelnen Unternehmens oder auch die Struktur bzw. Konzentration des Zeitungsmarkts insgesamt; — Organisationsanalyse
4. die *Zeitungsrezeption* von Vertrieb und Marketing über Kaufverhalten und Abonnementwesen bis zum Zeitungslesen. — Rezeptionsanalyse

Zugespitzt auf die notwendige Balance von publizistischen und wirtschaftlichen Interessen orientieren sich zahlreiche Arbeiten mehr oder weniger direkt an diesen beiden zentralen Faktoren.

Die politische Bedeutung der Zeitung | 3.7.3

Die Zeitung leistet einen unverzichtbaren Beitrag zum Funktionieren demokratischer Gesellschaften – „politisch" verstanden im weitesten Sinn. Von Anfang an hatte sie, wie erwähnt, neben — Information
den Funktionen des Informierens und Werbens auch Meinungsbildungsfunktion („öffentlichen Meinung"). In demokra- — Werbung
tischen Gemeinwesen übernahm die Zeitung die zweifache öffentliche Aufgabe, Entscheidungen der politischen Entscheidungsträger an das Volk zu vermitteln („Mediatisierung" der Politik) und — „Mediatisierung" und
dabei auch in umgekehrter Richtung als Überprüfungsorgan für die Kontrolle
politisch Herrschenden zu wirken (Kontrolle und Kritik der Politiker).

– Unterhaltung

– Allgemeinbildung und
politische Sozialisation

– Integration

Aber noch mindestens noch drei weitere Funktionen müssen ihr zugesprochen werden: erstens die Unterhaltungsfunktion, die heute freilich zu großen Teilen von den elektronischen Massenmedien übernommen worden ist; zweitens die Bildungsfunktion im Sinne von Allgemeinbildung, welche die Bürger überhaupt erst zu mündigen und entscheidungskompetenten Wählern macht. Deshalb wurde die Zeitung auch als „politische Sozialisationsinstanz" charakterisiert. Drittens hat die Zeitung soziale Integrationsfunktion. Sie trägt wesentlich dazu bei, die immer komplexer und unverständlicher erscheinende Gesellschaft zu strukturieren und als Steuerungs- und Orientierungsinstanz Gruppenkohärenz zu schaffen und dem einzelnen Verhaltenssicherheit zu vermitteln.

3.7.4 | Die kommerzielle Funktion der Zeitung

Anzeigen versus Verkauf

Mit der Zeitung sollen Gewinne erwirtschaftet werden. Da die Leser bzw. Käufer nicht bereit sind, höhere Preise pro Zeitungsausgabe zu zahlen, muß das Anzeigengeschäft den fehlenden Teil der Einnahmen ermöglichen. Bei den Abonnementzeitungen resultieren zwei Drittel der Einnahmen aus den Anzeigen, nur ein Drittel aus dem Verkauf. Jede Reduktion der Werbeeinnahmen führt hier direkt zur existenziellen Bedrohung. Marktzwänge tangieren entsprechend die publizistischen Aufgaben der Zeitung.

Zeitungsangebot

Die aktuelle Struktur des Zeitungsmarkts läßt sich in Zahlen andeuten: rund 350 Tageszeitungen, davon rund 330 lokale und regionale Abonnement-Zeitungen. Zehn Tageszeitungen sind überregional, bei acht handelt es sich um Straßenverkaufszeitungen. Außerdem gibt es 24 Wochenzeitungen und 7 Sonntagszeitungen. Die Gesamtauflage aller deutschen Zeitungen beläuft sich derzeit auf rund 30 Millionen Exemplare.

Zeitungskonzentration

Fast die Hälfte aller täglich verkauften Zeitungen werden aber von nur fünf großen Häusern herausgebracht, führend vor allem der Axel Springer Verlag. Die Konzentration nimmt unaufhörlich zu. Die Pressevielfalt – und mit ihr die Meinungsfreiheit – gerät damit ernsthaft in Gefahr. Zeitungen berichten immer stärker unvollständig und parteiisch.

Zur Kostenminimierung werden, zumindest bei lokalen und regionalen Zeitungen, immer stärker mehr oder weniger ausschließlich die Meldungen der Presseagenturen, PR-Mitteilungen und Vereinsmitteilungen verwendet, für eigene Recherchen bleibt kaum noch Zeit. Rund 15.000 Zeitungsredakteure werden durch mehrere tausend Volontäre und zahllose freie Mitarbeiter verstärkt. Der Redakteur ist häufig nur noch Textverarbeiter am Bildschirm.

Zeitungsarbeit

Rund 46.000 Zusteller sorgen dafür, daß die Zeitung pünktlich täglich im Briefkasten der Abonnenten ankommt. Von der Zeitung werden mittlerweile nur noch deutlich weniger als zwei Drittel aller Bürger erreicht, Tendenz sinkend, und die Nutzungsdauer pro Tag liegt konstant niedrig bei 30 Minuten. Speziell bei jungen Leuten läßt das Interesse am Medium Zeitung überdurchschnittlich nach.

Zeitungsnutzung

Literatur

Otto Groth: Die Zeitung. Ein System der Zeitungskunde (Journalistik). 4 Bände. Mannheim, Berlin, Leipzig 1928-1930.
Veraltetes Standardwerk der früheren Zeitungswissenschaft, historisch von großer Bedeutung.

Heinz-Dietrich Fischer (Hrsg.): Deutsche Zeitungen des 17. bis 20. Jahrhunderts. Pullach 1972.
Kurzdarstellungen wichtiger deutscher Zeitungen der Geschichte.

Manfred Rühl: Die Zeitungsredaktion als organisiertes soziales System. Überarb. u. erw. 2. Aufl. Freiburg 1979.
Darstellung der Zeitungsredaktion aus systemtheoretischer Perspektive.

Peter Brand und Volker Schulze (Hrsg.): Die Zeitung. Medienkundliches Handbuch. Neuausgabe Aachen-Hahn 1990.
Didaktisch aufbereiteter guter Überblick über die meisten wichtigen Aspekte des Mediums Zeitung.

Siegfried Weischenberg: Journalistik. Theorie und Praxis aktueller Medienkommunikation, 2 Bände. Opladen 1992 und 1995.
Grundsätzlicher Versuch zu allen Facetten des Journalismus in allen Medien.

Carolin Herrmann: Im Dienste der örtlichen Lebenswelt. Lokale Presse im ländlichen Raum. Opladen 1993.
Kritische Darstellung der Praxis und der Funktionen der Lokalzeitung.

Jürgen Heinrich: Medienökonomie, Band 1: Mediensystem, Zeitung, Zeitschrift, Anzeigenblatt. Opladen 1994.

Literatur

Systematische Darstellung der Zeitung aus wirtschaftswissenschaftlicher Perspektive.

Brigitte Tolkemitt: Der Hamburgische Correspondent. Zur öffentlichen Verbreitung der Aufklärung in Deutschland. Tübingen 1995.
Exemplarische Fallstudie zur Geschichte einer einzelnen Zeitung.

Heinz Pürer und Johannes Raabe: Medien in Deutschland, Band 1: Presse. München 1994, Neuauflage 1996.
Umfassende historische Darstellung der Medien Zeitung und Zeitschrift von den Anfängen bis zum Pressewesen nach der Wiedervereinigung.

Jürgen Wilke: Grundzüge der Medien- und Kommunikationsgeschichte. Von den Anfängen bis ins 20. Jahrhundert. Köln, Weimar, Wien 2000.
Übergreifende Pressegeschichte, d.h. unter Einbeziehung auch der Zeitschrift, mit besonderer Berücksichtigung politischer und rechtlicher Gesichtspunkte, bis in die Anfänge des 20. Jahrhunderts.

Bundesverband Deutscher Zeitungsverleger e.V. (Hrsg.): Zeitungen 2001. Bonn 2001.
Jährliche Publikation mit den neuesten Daten zum deutschen Zeitungsmarkt.

Übungs- und Wiederholungsfragen

47. Nach welchen vier charakteristischen Merkmalen definiert sich die Zeitung?
48. Worin besteht das Grundproblem des Mediums Zeitung in unserer Gesellschaft?
49. Welche vier Schwerpunkte setzt die traditionelle Zeitungsforschung?
50. Skizzieren Sie die politische Bedeutung der Zeitung anhand von Funktionen.
51. Wie läßt sich kurz der Zeitungsmarkt charakterisieren? Gehen Sie ein auf das Zeitungsangebot, die Zeitungsarbeit und die Zeitungsnutzung.

Weiterführende Arbeitsaufgaben

- Begründen Sie die Pressefreiheit nach der heutigen Gesetzeslage.
- Was besagt der Pressekodex des Deutschen Presserates?
- Beschreiben Sie die Bedeutung der Trennung von Nachricht, Kommentar und Werbung und skizzieren Sie die Problematik an einem konkreten Fall.

– Vergleichen Sie das Angebot einer Nachrichtenagentur mit den ausgewählten Nachrichten einer Zeitung.
– Untersuchen Sie Ihre lokale oder regionale Zeitung nach den Ressortanteilen, dem Verhältnis von redaktionellen Texten und Werbung und der formalen Gestaltung (auch Text-Bild-Verhältnis).
– Vergleichen Sie die Berichterstattung der vier überregionalen Zeitungen Frankfurter Allgemeine Zeitung, Süddeutsche Zeitung, Die Welt, Frankfurter Rundschau an ein und demselben Tag und erarbeiten Sie Ähnlichkeiten und Unterschiede.

Die Zeitschrift | 3.8

Die Zeitschrift, kulturelles Schlüsselmedium der frühen bürgerlichen Gesellschaft, entstand im 18. Jahrhundert: als operatives Medium der literarischen und wissenschaftlichen Kommunikation der europäischen Aufklärung. Wie schon beim Medium Zeitung übernahm auch die neue Zeitschrift traditionelle Funktionen anderer Medien und bündelte sie in charakteristischer Weise in Form von vier Merkmalen:

Die Entstehung der Zeitschrift

– *Themenzentrierung* meint zum einen die Einschränkung der Universalität der Zeitung, zum andern den größeren Umfang, der dem Medium Heft entlehnt ist, nur daß die Zeitschrift gegenüber dem Heft regelmäßig erscheint.
– Das Merkmal der *Temporizität* meint eben diese periodische Kontinuität, gegenüber der Tageszeitung aber zeitlich gestreckt (wöchentlich, monatlich, viertel- oder halbjährlich, jährlich). „Zeit-Schrift" = Verschriftlichung von Zeit, im Sinne von Zeitgeschichte, läßt verständlich erscheinen, daß die Zeitschriften („Journale") von Anfang an nicht als Zeitungen verstanden wurden, sondern dem Buchmarkt zugeordnet und auch in Bibliotheken gesammelt und gebunden wurden, ohne doch jemals den Charakter von Büchern anzunehmen.
– Die *Interessenspezifizierung* grenzt von der Publizität der Zeitung ab. Die Zeitschrift wendet sich in der Regel an eingeschränkte Lesergruppen, die nicht innerhalb sozialer Bezüge an der Zeitschriftenkommunikation beteiligt sind, sondern aufgrund spezifischer Interessensschwerpunkte.

– *Kontextualisierung* schließlich meint die Themenpräsentation in der Zeitschrift stets in fachspezifischen Kontexten und Verweisketten.

Die Zeitschrift übernahm damit Aufgaben, die von den bis dahin entwickelten Medien nicht angemessen bedient werden konnten: insbesondere den Austausch und die kulturelle Orientierung einzelner Gruppen von Bürgern; die Ausbildung eigenständiger Kritik und neuer Bewertungsmaßstäbe; den Informationsaustausch innerhalb der sich sprunghaft entwickelnden Einzelwissenschaften; die Befreiung von staatlicher Zensur; das Aufkommen von Bildungsinteressen breiter Bevölkerungsschichten.

Definition

Zeitschrift

Die Zeitschrift als Druckmedium definiert sich nach den Merkmalen Themenzentrierung, Temporizität, Interessenspezifizierung und Kontextualisierung, die sie in Absetzung von anderen Medien der Zeit zur Bewältigung neuer Aufgaben ausgebildet hat.

Später kamen noch andere Merkmale hinzu, insbesondere die Visualisierung, die vom zeitgenössischen Flugblatt übernommen wurde und letztlich zur heutigen Publikumszeitschrift bzw. „Illustrierten" führte.

Drei zentrale Problemfelder

Die Zeitschrift ist ein Stiefkind der Medienwissenschaft. Neben der Geschichte der Zeitschrift als Medium, oft wieder nur zusammengefaßt mit der Zeitung, liegen die Schwerpunkte der medienwissenschaftlichen Untersuchungen vor allem auf der Typologie und dem Markt (Angebotsstruktur, Vertrieb, Rezeption).

3.8.1 | Die Geschichte der Zeitschrift

Man kann die Geschichte der Zeitschrift in neun Phasen einteilen (Carsten Winter):

1. Phase

1. Phase (1665-1700): Vorläufer und frühe Formen der Zeitschrift, überwiegend universal ausgerichtete wissenschaftliche und politisch-historische Zeitschriften.

2. Phase (1700-1770): Dominanz der moralischen Wochenschriften
und Familienzeitschriften.

3. Phase (1770-1850): Zunehmend kommerzielle Ausdifferenzierung
des Zeitschriftensystems und sich abzeichnende Dominanz der
Unterhaltungszeitschriften.

4. Phase (1850-1880): Herausragende Rolle der politisch-patrioti-
schen Zeitschriften.

5. Phase (1880-1935): Entstehung der Massen-Illustrierten und des
Zeitschriftenwerbemarktes bei weiterer Ausdifferenzierung des
gesamten Mediensystems.

6. Phase (1935-1945): Ideologisch-politische Instrumentalisierung
der Zeitschrift durch die Nationalsozialisten.

7. Phase (um 1945): Totalverbot der publizistischen Betätigung und
Anfänge von Zeitschriften zum Zweck der „Reeducation".

8. Phase (1946-1996): Boom des Mediums bei gleichzeitigen Konzentrationstendenzen und einer starken Diversifikation und Spezia-
lisierung.

9. Phase (seit 1997): Digitalisierungund Konvergenz von Zeitschrif-
tentiteln.

Der Wandel nach Inhalten, Techniken, Produktionsformen, Besitz-
verhältnissen, Vertriebsstrategien, Rezeptions- und Nutzungswei-
sen erklärt sich im einzelnen aus gesellschaftlichen Umwälzungen,
teils aus Entwicklungen und Vorbildern im Ausland und nicht zuletzt aus den Veränderungen der Medienkultur insgesamt; Funkti-
onsverschiebungen erfolgten insbesondere mit dem Aufkommen
der elektronischen und digitalen Medien.

Zeitschriftentypologie 3.8.2

Wissenschaftliche Vorschläge argumentieren hier für eine breite Palette zwischen 13 und 31 verschiedenen Zeitschriftentypen. Die Unterschiede verdeutlichen Differenzen im methodischen Zugriff, aber
auch den Wandel des Zeitschriftenangebots selbst. Besondere Aufmerksamkeit hat die Medienwissenschaft bislang u.a. den folgenden
Zeitschriftentypen gewidmet: Literarische Zeitschrift, Familienzeit-
schrift, Politische Zeitschrift, Frauenzeitschrift, Programmzeit-
schrift, Regenbogenpresse, Kundenzeitschrift, Illustrierte, Modezeitschrift, Jugendzeitschrift.

2. Phase

3. Phase

4. Phase

5. Phase

6. Phase

7. Phase

8. Phase

9. Phase

Sieben
Zeitschriftentypen

Heute orientiert sich die Publizistikwissenschaft meistens an sieben verschiedenen Zeitschriftentypen (Heinz Pürer):

1. *Publikumszeitschriften* (insbesondere die klassische Illustrierte, z.B. „Stern" oder „Spiegel", und die Programm- und Fernsehzeitschrift, z.B. „HörZu"),
2. *Fachzeitschriften* (die alten Gelehrten- und Wissenschaftszeitschriften in großer Bandbreite, z.B. „Publizistik" oder „Medienwissenschaft"),
3. *Special-Interest-Zeitschriften* (zwischen Publikums- und Fachzeitschriften, für den interessierten Laien, z.B. „Tennis-Magazin" oder „PC Praxis"),
4. *Kunden- und Betriebszeitschriften* (z.B. „BM Bayernmotor" oder „SiemensWelt"),
5. *Verbands- und Vereinszeitschriften* (z.B. „ADAC-Motorwelt" oder „Deutsches Ärzteblatt"),
6. *Amtszeitschriften* (kommunale Blätter, z.B. „Der Gemeindebote"),
7. *Alternative Zeitschriften* (z.B. Stadtmagazine).

3.8.3 | Zeitschriftenmarkt

– Angebotsstruktur

Das Medium Zeitschrift ist nach wie vor ein Erfolgsmedium. Insbesondere Publikumszeitschriften (845) und Fachzeitschriften (rund 1.000) legten entweder in der Zahl der Titel oder in den Verkaufsauflagen (ca. 130 Mio. bzw. 18 Mio.) immer wieder zu. Auch Programmzeitschriften sowie Supplements (mit einer Auflage von mehr als 35 Mio.) und Frauenzeitschriften (mehr als 21 Mio.) weisen hohe Verkaufszahlen auf. Dabei wird der Markt für Publikumszeitschriften derzeit vom Angebot her vor allem von den vier Giganten Bauer, Springer, Burda und Gruner+Jahr bestimmt (zusammen über 60%). Kennzeichnend für die meisten Zeitschriften ist ein extrem hoher Werbeanteil, der nicht selten die redaktionellen Teile dominiert.

– Vertrieb

Zeitschriften werden teils über Kioske und Bahnhofsbuchhandlungen vertrieben, teils direkt über Verlagsabonnements und Postbezug der Kunden bzw. Mitglieder, teils indirekt über Lesezirkel und teils auch über Bibliotheken und Büchereien. Bei der Vermarktung der auflagenstarken Publikumszeitschriften werden Grossisten eingeschaltet und die Endverkaufsstellen haben wie bei Tageszeitungen ein Rückgaberecht für nicht verkaufte Exemplare.

Fast jeder und jede liest mehr oder weniger regelmäßig irgendeine – Rezeption
der vielen angebotenen Zeitschriften, und sei es nur als Zweit- oder
Drittleser/in. Allerdings nehmen sporadisches und selektives Lesen
zu (so wie beim Buch, Kap. 3.4.2). Nach Fernsehen, Zeitung und Radio kommt der Zeitschrift immer noch die höchste Verbreitung zu.
Dominante Funktion der Zeitschrift ist die Unterhaltung.

Literatur

Joachim Kirchner: Das deutsche Zeitschriftenwesen. Seine Geschichte und seine
Probleme (2 Teile). Wiesbaden 1958/1962.
*Veraltetes Standardwerk, seinerzeit bahnbrechend und historisch von großer
Bedeutung.*

Heinz-Dietrich Fischer (Hrsg.): Deutsche Zeitschriften des 17. bis 20. Jahrhunderts. Pullach 1973.
Kurzdarstellungen wichtiger deutscher Zeitschriften der Geschichte.

Sabine Hilgenstock: Die Geschichte der BUNTEN (1948-1988). Die Entwicklung
einer illustrierten Wochenschrift mit einer Chronik dieser Zeitschriftengat-
tung. Frankfurt/Main, Bern 1993..
Exemplarische Fallstudie zur Geschichte einer einzelnen Zeitschrift.

Jürgen Heinrich: Medienökonomie, Band 1: Mediensystem, Zeitung, Zeitschrift,
Anzeigenblatt. Opladen 1994.
*Systematische Darstellung der Zeitung aus wirtschaftswissenschaftlicher Per-
spektive.*

Heinz Pürer und Johannes Raabe: Medien in Deutschland, Band 1: Presse. München 1994, Neuauflage 1996.
*Umfassende historische Darstellung der Medien Zeitung und Zeitschrift von
den Anfängen bis zum Pressewesen nach der Wiedervereinigung.*

Jürgen Wilke: Grundzüge der Medien- und Kommunikationsgeschichte. Von den
Anfängen bis ins 20. Jahrhundert. Köln, Weimar, Wien 2000.
*Übergreifende Pressegeschichte, d.h. unter Einbeziehung auch der Zeitung,
mit besonderer Berücksichtigung politischer und rechtlicher Gesichtspunkte,
bis in die Anfänge des 20. Jahrhunderts.*

Andreas Vogel und Christina Holz-Bacha (Hrsg.): Zeitschriften und Zeitschriften-
forschung. Publizistik Sonderheft 3. Wiesbaden 2002.
*Zahlreiche Einzelbeiträge im aktuellen Überblick über den Forschungsstand
und wichtige Ansätze.*

Carsten Winter: Zeitschrift. In: Werner Faulstich (Hrsg.), Grundwissen Medien.
Paderborn 5. Aufl. 2004.
*Knapper Überblick über das Medium mit einem Schwerpunkt auf der Ge-
schichte der Zeitschrift.*

52. Nach welchen vier charakteristischen Merkmalen definiert sich die Zeitschrift?
53. Nennen Sie die sieben verschiedenen Zeitschriftentypen, die heute unterschieden werden.
54. Charakterisieren Sie den Zeitschriftenmarkt, nach Angebot, Vertrieb und Rezeption.

– Untersuchen Sie eine ausgewählte Zeitschrift des 18. oder 19. Jahrhunderts und vergleichen Sie sie inhaltlich, sprachlich-stilistisch, formal und nach ihren impliziten Normen und Werten mit einer thematisch ähnlichen Zeitschrift von heute.
– Vergleichen Sie thematisch vergleichbare Zeitschriftentypen derselben Zeit miteinander und ermitteln Sie Ähnlichkeiten und Unterschiede.
– Welche Alternativen Zeitschriften gibt es in Ihrem Lebensumfeld?
– Erfassen Sie alle Zeitschriftentypen, mit denen Sie in der letzten Woche konfrontiert wurden, und erstellen Sie ein Vergleichsprotokoll über Ihr Nutzungs- und Rezeptionsverhalten.

Der Überblick über die Druckmedien umfaßt zunächst traditionelle Schreib- und Druckmedien, die ihren Mediencharakter bis heute verloren haben. Das betrifft insbesondere die Wand, die Rolle und die früheren Gestaltungsmedien wie Pyramide und Stele, aber auch bereits das Druckmedium Kalender, das immerhin 300 Jahre als Medium auf dem Land fungierte. Abgesehen vom Brief, der in der Hauptsache nach wie vor als Schreibmedium genutzt wird, muß man aber heute sechs verschiedene Druckmedien unterscheiden: (chronologisch gemäß ihrer Entstehung) Blatt, Buch, Heft, Plakat, Zeitung, Zeitschrift. Sie sind von der Medienwissenschaft (inklusive Kommunikationswissenschaft, Publizistikwissenschaft, Buchwissenschaft usw.) unterschiedlich breit und mit je spezifischen Schwerpunkten untersucht worden. Einzelne benannte Definitionen und Gesetzesannahmen sollen den Grad wissenschaftlicher Durchdringung nur andeuten.

Ein Ende der Druckmedien, etwa analog zu den Primärmedien (Kap. 2), ist noch in keiner Weise absehbar, auch nicht längerfristig. Allerdings gibt es übergreifend deutliche Tendenzen, daß einzelne Funktionen der Druckmedien allmählich von den elektronischen und vor allem den digitalen Medien übernommen werden: Der gedruckte Werbebrief, teils auch schon der geschriebene Rundbrief tendieren zur E-Mail. Das gilt auch für die Versendung von Texteinheiten bis zum Umfang eines Hefts (als Appendix zur E-Mail). Aufsätze und ganze Bücher werden gelegentlich schon exklusiv im World Wide Web publiziert. Das Buch begegnet uns als „Hörbuch" auf Kassette oder CD und als „E-Book" in digitaler Version. Mehrere große Zeitungsverlage präsentieren „Online-Zeitungen". Und auch mit elektronischen Programmzeitschriften sowie mit „Online-Zeitschriften", als den besseren Werbevermarktern, wird auf breiter Front experimentiert. Viele Druckmedien gehen mit den beiden anderen Mediengruppen komplementäre oder integrative Verbindungen ein.

In der „Gutenberg-Galaxis" war nicht das Buch dominant, sondern es handelte sich um die Dominanz der Druckmedien insgesamt (gegenüber den vorgängigen Menschmedien): im 16. Jahrhundert vor allem das Flugblatt und der Kalender, im 17. Jahrhundert vor allem die Zeitung, im 18. Jahrhundert vor allem die Zeitschrift, und im 19. Jahrhundert wurde die Druckmedienkultur bereits von den ersten elektronischen Medien ergänzt. Im 21. Jahrhundert sind die Druckmedien gegenüber den elektronischen und digitalen Medien vor allem noch vom Merkmal der Disponibilität geprägt, d.h. der individuell freien Verfügbarkeit nach Ort und Zeit.

Analoge Medien

Traditionelle elektrische Medien | 3.1

Zwischen der frühen optischen Nachrichtenvermittlung (z.B. Feuersignale, Flaggenzeichen, Flügeltelegraf) und dem Medium Telefon (Kap. 4.3) stand, parallel zum Medium Brief, das Medium Telegraf (wörtlich: „Fernschreiber"). Ähnlich wie der Kalender bei den Druckmedien, die Rolle bei den Schreibmedien und der Priester bei den Menschmedien hat der Telegraf heute seinen Mediencharakter verloren. Seine medienhistorische Bedeutung wurde erst in jüngster Zeit durch entsprechende Studien gewürdigt. Aber für Deutschland sind insbesondere die wirtschaftlichen, sozialen und kulturellen Auswirkungen des damaligen Mediums noch nicht zureichend erforscht.

Von der optischen Nachrichtenvermittlung über den Telegrafen bis zum Telefon

Der Telegraf war das erste elektrische Fernmeldemedium. Die Nachrichten wurden mithilfe von Moreseapparaten in Kabel-

Merksatz

Die spezielle Bedeutung des Telegrafen bestand in der Erhöhung der Geschwindigkeit des Nachrichtenflusses, d.h. in der Verschnellerung der raum-übergreifenden Kommunikation.

Der Telegraf als erstes elektrisches Fernmeldemedium

netze eingegeben, durch Relaisstationen verstärkt und weitergereicht und per Reliefschreiber, Farbschreiber, Klopfer und schließlich Fernschreibmaschine an der Empfangsstation fixiert. Die Depesche oder das Telegramm wurden dann ausgedruckt per Boten zugestellt.

Abb. 1

Englische Telegrafistinnen an Morse- und Nadel-Apparaten (1872)

Elektrische Telegrafenleitungen wurden ab 1839 in England, ab 1843 in Preußen und ab 1844 in den USA zunächst entlang den Bahnlinien gelegt, später auch unabhängig von der Bahn von Stadt zu Stadt, von Land zu Land und sogar interkontinental. Anfänglich Staatstelegrafie und besonders im militärischen Bereich erfolgreich eingesetzt, konnte das Medium bald auch von der Allgemeinheit genutzt werden, in Preußen ab 1849, d.h. war als komplexes Kommunikationssystem institutionalisiert. Reichspost- und Telegrafenverwaltung waren als hoheitliche Bereiche weitgehend miteinander verbunden. Die Bezahlung richtete sich nach der Anzahl der Worte bzw. Silben. Schon früh wurden auch normale Postämter Telegrafenstationen; die Post als Dach bot neben dem Brief auch das neue Medium Telegraf an, auch nationalübergreifend. Bereits 1869 ging die Telegrafenverbindung von London nach Kalkutta in Betrieb.

1881 verband ein unterirdisches Reichstelegrafennetz mit einer Länge von 5.400 km alle wichtigen Städte des Deutschen Reichs mit Berlin.

Nutzer waren neben Staatsverwaltung und Militär vor allem die Börse, die Presse, der Handel und die Schifffahrt, die private Nutzung machte nur zehn Prozent aus. Nachrichten nahmen damals verstärkt den Charakter von Waren an, die man sammeln, ordnen und verkaufen konnte – so wie bereits im 17. Jahrhundert bei der Entstehung der Zeitung. Der Berliner Erfinder und Unternehmer Werner Siemens spielte eine wichtige Rolle bei der industriellen Verbreitung des neuen Mediums und begründete darauf den späteren Konzern. Große Telegrafenbüros entstanden – die Vorläufer der heutigen Nachrichtenagenturen. Zu den wirtschaftlichen Auswirkungen gehörte auch, daß das neue Medium für Frauen und Mädchen eine große Zahl neuer Arbeitsplätze bot.

Funktionen

Der Telegraf wurde, speziell als drahtloser Funk seit 1897, noch bis weit ins 20. Jahrhundert hinein genutzt, fand aber im Telefon schon früh einen Nachfolger, der ihn als Fernnachrichtenmedium für die Allgemeinheit weitgehend überflüssig machte. – Gelegentlich werden auch noch andere Dienstleistungen der Post medienhistorisch gewürdigt, etwa Teletex, Bildschirmtext (BTX) oder Videotext (VTX), aber hier handelt es sich nicht um Medien im definierten Sinn.

Literatur

Michael Reuter: Telekommunikation. Aus der Geschichte in die Zukunft. Heidelberg 1990.
Knapper Überblick über die Veränderungen von der frühen optischen Telegrafie zur elektrischen Telegrafie und dann über das Telefon bis zu Hörfunk und Fernsehen.

Josef Reindl: Der Deutsch-Österreichische Telegraphenverein und die Entwicklung des deutschen Telegraphenwesens 1850-1871. Frankfurt/Main u.a. 1993.
Fallstudie zur Entstehung und politsch-administrativen Organisation des Mediums Telegraf als System.

Menahem Blondheim: News over the Wires. The Telegraph and the Flow of Public Information in America, 1844-1897. Cambridge/Mass., London 1994.
Beschreibt das neue Medium als Monopolmedium der amerikanischen Informationskultur und seine Auswirkungen auf die dortige Presseberichterstattung.

Literatur

Klaus Beyrer und Birgit-Susann Mathis (Hrsg.): So weit das Auge reicht. Die Geschichte der optischen Telegrafie. (Ausstellungskatalog) Karlsruhe 1995.
Sammelband mit zahlreichen wichtigen Einzelbeiträgen u.a. zum frühen Telegrafennetz in Frankreich, der Verbreitung des Telegrafen in Deutschland und dem Alltag des Telegrafisten.

Annteresa Lubrano: The Telegraph. How Technology Innovation Caused Social Change. New York, London 1997.
Beschreibt mit Blick auf die Vereinigten Staaten die kommerzielle Organisation des Telegrafensystems, seine politische Bedeutung, seine kulturellen Auswirkungen im Medienalltag und in Sprache und Literatur, seinen Niederschlag im Rechtssystem und die neuen Berufschancen für die untere Mittelschicht .

Tom Standage: Das viktorianische Internet. Die erstaunliche Geschichte des Telegraphen und der Online-Pioniere des 19. Jahrhunderts. St. Gallen, Zürich 1999.
Unwissenschaftliche, aber unterhaltsam geschriebene Geschichte der Telegrafie des 19. Jahrhunderts, verstanden als Vorläufer des Telefons und der heutigen digitalen Netze.

Museum für Kommunikation (Hrsg.): In 28 Minuten von London nach Kalkutta. Aufsätze zur Telegrafiegeschichte. Bern 2000.
Beiträge u.a. über die Ausbreitung der nationalen Netze, die interkontinentalen Telegrafenverbindungen und das Telegramm.

Ken Beauchamp: A History of Telegraphy. Its Technology and Application. London 2001.
Unterschieden nach terrestrischer und kabelloser Telegrafie wird vor allem auf die militärische Bedeutung des Mediums abgehoben.

Werner Faulstich: Medienwandel im Industrie- und Massenzeitalter (1830-1900). Göttingen 2004.
Beschreibt u.a die Entstehung der neuen Medien Telegraf, Foto, Telefon und Film.

Übungs- und Wiederholungsfragen

1. Worin bestand die spezielle Bedeutung des Telegrafen im 19. Jahrhundert?
2. Wo war der Telegraf organisatorisch angesiedelt, spätestens ab wann gab es den Telegrafen als ein komplexes System?
3. Wer waren die wichtigsten Nutzer des Telegrafen?
4. Worin unterschied sich eine Depesche bzw. ein Telegramm von einem Brief?

- Was genau waren die technischen Voraussetzungen des Mediums Telegraf und wie hat sich die Technik im 20. Jahrhundert verändert?
- Untersuchen Sie anhand von Zeitungen und Zeitschriften um 1850, wie das damals neue Medium in Deutschland von der Öffentlichkeit aufgenommen wurde.
- Informieren Sie sich über die Anfänge des heutigen Industriekonzerns Siemens im 19. Jahrhundert und speziell die Rolle, die der Telegraf dabei spielte.
- Erarbeiten Sie thesenhaft anhand der Sekundärliteratur die staatspolitische und die militärische Bedeutung des Telegrafen zusammen.

Das Foto | 4.2

Der Begriff „Photo-graphie" = „Mit Licht schreiben" verweist bereits auf die Besonderheit des Mediums Foto im Rahmen der elektronischen Medien. Ursprünglich und eigentlich handelt es sich beim Foto nämlich um ein Schreib- bzw. ein Druckmedium: Das Bild wurde zunächst auf einer Glasplatte und dann auf Fotopapier quasi gedruckt. Historisch markiert es den Übergang von den Druck- zu den analogen Medien. Es wird hier der dritten Mediengruppe zugerechnet, weil es sich nicht mehr der für die Druckmedien charakteristischen abstrakten Schriftzeichen bedient, sondern optisch funktioniert, und weil man nicht nur für die Bildherstellung, sondern auch für die Fixierung gewissermaßen Technik benutzen muß. Heute, wo man zum Fotografieren meist eine Digitalkamera verwendet, die Bilder am Computer bearbeitet, dann auf CD brennt und schließlich über den Bildschirm ansieht, gilt das sowieso. Das Foto ist medienübergreifend auch hinsichtlich seiner Verwendung in den Druckmedien (z.B. den Publikumszeitschriften) und seiner Bedeutung insbesondere für die visuellen elektronischen Medien Film, Fernsehen und Video. Die derzeit entstehende neue Disziplin Bildwissenschaft hat sich diese Perspektive zentral zueigen gemacht.

Besonderheiten des Mediums Foto

Merksatz

Das Medium Foto ist ein Basismedium für alle optischen analogen und partiell auch digitalen Medien.

Die Medienwissenschaft hat dazu – abgesehen von der besonderen Betonung der Technik, die auf Medienpraxis verweist und hier ausgelassen werden soll – unterschiedliche Schwerpunkte herausgebildet, die sich teilweise überlappen und hier nur der Deutlichkeit halber voneinander unterschieden werden: Fototheorie und Fotoästhetik, Fototypologie und Fotogenres, Fotogeschichte, Fotomarkt.

Vier prinzipiell unterscheidbare Schwerpunkte

4.2.1 | Fototheorie und Fotoästhetik

Fotografie und Malerei

Zahlreiche theoretische Ansätze beziehen sich auf die Entstehung des Fotos im 19. Jahrhundert und diskutieren das neue Medium im Vergleich mit der Malerei und anderen Künsten. Diese Debatte ist im Prinzip wohl bis heute noch nicht abgeschlossen.

> **Merksatz**
>
> Das Grundproblem des Mediums Foto besteht medientheoretisch in der Möglichkeit, Wirklichkeit entweder abbildmäßig darzustellen oder ästhetisch zu gestalten – also in der Alternative zwischen Authentizität und Inszenierung, zwischen Reproduktion und Kunst.

Produktionsästhetik
Wirkungsästhetik

Kulturtheorie

Gesellschaftstheorie

Neuere Beiträge bieten weitere Gesichtspunkte. So wurde beispielsweise aus produktionsästhetischer Sicht das Foto als „neues Sehen" verstanden; mit speziellen Perspektiven und anderen elementaren Gestaltungsmitteln rücke das Foto ganz neue Wirklichkeitsdimensionen in den Blick. Wirkungsorientiert sind auch Überlegungen, nach denen das Foto beunruhigen bzw. faszinieren ebenso wie erschüttern, also Affekte auslösen soll – wie es etwa die Reportagefotografie vertritt, implizit aber auch die pornografische Fotografie mit ihrer Stimulierungsfunktion. Eher kulturbezogen ist die Theorie der Fotografie als Verlust der Echtheit, die Auffassung von der Bilderwelt als Verfälschung von Welt; Massenhaftigkeit, Kommerzialisierung und Trivialisierung seien Merkmale der Fotoindustrie. Stärker politisch ausgerichtet ist die These vom Foto als Waffe in der sozialen Bewegung und im politischen Kampf, wie es etwa die dokumentarische Fotografie propagiert.

Der Schritt von der analogen zur digitalen Fotografie hat wieder verstärkt Debatten um das benannte Grundproblem des Fotos ausgelöst, insofern die neue Technik das Medium fast beliebig manipulierbar mache; das Ende des fotografischen Zeitalters kündige sich an.

Fototypologie und Fotogenres

Von Anfang und bis heute spielen Klassifikationen, Typisierungen, Genres in der wissenschaftlichen Behandlung des Fotos eine wichtige Rolle. Das gilt vor allem für diejenigen Beiträge, die auf Produktanalyse und Bildinterpretation ausgerichtet sind. Sehr häufig werden dabei vier Fotoarten oder Fotogenres besonders hervorgehoben, wie sie auch geschichtlich als erste ausgebildet wurden:

Wichtige Genres

- die *Porträtfotografie*: weil das Foto zunächst auch dem verarmten niederen Adel, dann dem etablierten Bürger und schließlich dem städtischen Kleinbürgertum die Chance bot, die eigene Wichtigkeit ins Bild zu setzen, obwohl es zu einem Ölgemälde finanziell nicht reichte;

– Porträtfotografie

- die *Landschaftsfotografie*: weil die Landschaft, die Heimat, die Natur nur wenig „wackelten" und deshalb die anfänglich längeren Belichtungszeiten tolerierten;

– Landschaftsfotografie

- die *Umwelt- und Ereignisfotografie*: weil sie action-orientiert war und auf Gegenwartsgeschichte rekurrierte – auch Militär, Krieg und Momentfotografie waren hier eingeschlossen;

– Umwelt- und Ereignisfotografie

- und die *Kunstfotografie*: dezidierte Versuche, das neue Medium künstlerisch gestaltend einzusetzen.

– Kunstfotografie

Wie problematisch eine solche Unterscheidung ist, verdeutlicht bereits der Tatbestand, daß dasjenige Genre ausgelassen wird, das vielleicht am stärksten die Entstehung und Entwicklung der neuen Technik zu einem komplexen Medium befördert hat: die *Aktfotografie* (und Pornografie) Aber auch zahlreiche weitere Genres und Subgenres – bis zu 20 wurden genannt – müßten hier erwähnt werden, etwa die Wissenschaftsfotografie, die Werbefotografie, die Medizinische Fotografie oder auch die Unterwasserfotografie.

– Aktfotografie und Pornografie

Neuere Unterscheidungen von genreübergreifenden Fototypen sind stärker theorieorientiert und verstehen sich z.B. als „kameralose Fotografie", als „Fotocollage" und „Fotomontage", als „experimentelle Fotografie", als „Fotografie der Neuen Sachlichkeit", als „subjektive Fotografie", als „generative Fotografie" oder auch als „totale Fotografie" (worunter vor allem eine „Live-Fotografie" verstanden wird).

Neue genreübergreifende Fototypen

4.2.3 | Fotogeschichte

Fotogeschichten sind nicht minder vielfältig: *Annalistische Fotogeschichten* nennen Jahresdaten, die für die Mediengeschichte als wichtig empfunden wurden, zum Beispiel das Jahr 1839, als der Begriff „Photographie" allgemein eingeführt und das Medium in der Öffentlichkeit vorgestellt wurde. *Technikgeschichten* heben ab auf die verschiedenen Entwicklungsstufen, etwa von der Camera Obscura 1430 über die erste Belichtung einer Zinnplatte 1816 bis zum Negativ-Positiv-Verfahren auf Papier 1835 oder gar der Kodak-Box 1888.

Zahlreiche verschiedene Ansätze der Geschichtsschreibung

Andere Ansätzen beziehen sich auf die Fotografen selbst, im Sinne von *Personengeschichten*, und auf ihre Konzepte und Intentionen, im Sinne von *Theoriegeschichten*. Auch institutionen- und organisationspezifische Ansätze gibt es oder Fotogeschichten als Produkt-, Stil- und spezifische Genregeschichten. *Produktgeschichten* leiden aber daran, daß selbstverständlich niemand das Totum aller gemachten Fotos überschauen kann. *Stilgeschichten* als Ausdruck subjektiver Vorlieben oder historisch sich wandelnder Normen sind häufig nicht rational begründbar. Und *Genregeschichten* lassen nicht erkennen, wie das einzelne Genre im Kontext des gesamten Mediums gewichtet werden muß. Vereinzelt wurde auch schon versucht, Fotogeschichte als *Sozial-* oder als *Wahrnehmungsgeschichte* zu konzipieren.

Betrachtet man solche Vorschläge genauer, beispielsweise Geschichten einzelner Fotogenres, so wird deutlich, daß dabei auch andere Aspekte wie Jahresdaten, Personen, Konzepte, einzelne Fotos und zahlreiche weitere Kategorien eine Rolle spielen. Eine integrative Geschichte des Mediums Foto im Sinne einer umfassenden Systemgeschichte liegt noch nicht vor. Die bislang besten Vorarbeiten dazu lieferten die sozial- und funktionengeschichtlichen Beiträge.

4.2.4 | **Fotomarkt**

Der Fotomarkt heute wurde medienwissenschaftlich bislang erstaunlich selten zum Gegenstand von Untersuchungen gemacht. Dabei kann man verschiedene Bereiche unterscheiden:

- Der *Gerätemarkt* ist in der Hand von Markenanbietern wie Agfa, Canon, Leica, Minolta, Nikon, Sony, Toshiba oder Panasonic. Derzeit werden pro Jahr über zweieinhalb Millionen Digitalkameras verkauft und weitere zwei Millionen Kleinbild Sucher-Kameras. Der Umsatz beläuft sich auf über 600 Millionen Euro. Man schätzt, daß die Deutschen rund 40 Millionen Kameras besitzen, davon erst fünf Millionen digitale Fotokameras.

  Gerätemarkt

- Der *Fotohandel* ist ebenfalls weitgehend zentralisiert und monopolisiert. Jährlich werden über 170 Millionen Filme verkauft, und rund 6 Milliarden Fotos werden pro Jahr in den kommerziellen Entwicklungslabors belichtet. Aber der Markt ist noch größer, schließt auch Fotozeitschriften und Fachpublikationen etwa für Hobbyfotografen und für freiberufliche Fotojournalisten ein, ferner Papier und Chemikalien für Selbstentwickler und jüngst auch spezielle Software für die Bearbeitung von Fotos am Computer.

  Fotohandel

- Die *Berufsfotografen* (Pressefotografen, Bildjournalisten, Inhaber eigener Fotoateliers, Werbefotografen usw.) sowie Fotolaboranten, Fototechniker etc. sind organisiert in Standesvertretungen. Der Verband Deutscher Amateurfotografen-Vereine beispielsweise vertritt die Interessen von circa 500 Fotoclubs und circa 10.000 Mitgliedern.

  Berufsfotografen

- Über all diejenigen Menschen, die nur ab und zu privat fotografieren und dann, etwa bei besonderen Anlässen, Fotoalben hervorsuchen oder Dia-Abende genießen, die also das Medium Foto nur gelegentlich in ihrer Freizeit nutzen, ist praktisch nichts bekannt. Fotografieren als Freizeittätigkeit kommt in den üblichen Umfragen nicht vor, und auch empirisch fundierte Funktionstheorien fehlen.

  Hobbyknipser

Literatur

Wolfgang Baier: Quellendarstellungen zur Geschichte der Fotografie. 3., unveränd. Nachauflage Leipzig 1966.
Standardwerk mit breiter Darstellung der unterschiedlichsten älteren Quellen.

Ellen Maas: Das Photoalbum 1858-1918. Eine Dokumentation zur Kultur- und Sozialgeschichte. Ausstellungskatalog. München 1975.
Historiographische Darstellung des Fotoalbums (als Buch und Speichermedium) für private Fotos unter Betonung spezieller Motive in der Familienchronik.

Wolfgang Kemp: Theorie der Fotografie, 3 Bde. München 1979ff.
Zusammenstellung von Kerntexten der Fototheorie seit den Anfängen.

Literatur

Timm Starl: Knipser. Die Bildgeschichte der privaten Fotografie in Deutschland und Österreich von 1880 bis 1980. München, Berlin 1985.
Fotogeschichte bevorzugt anhand der Fotos privater Hobbyfotografen und Amateure, mit besonderem Blick u.a. auf Sportbilder, Reise- und Urlaubsbilder, private Kriegsfotos, Heimatbilder aus der NS-Zeit, Familienbilder und die Funktionen der Knipserfotografie.

Ludwig Hoerner: Das Photographische Gewerbe in Deutschland, 1839-1914. Düsseldorf 1989.
Herausragende Darstellung der Entstehung und Entwicklung des frühen Fotomarkts.

Thomas Wiegand: Ferdinand Tellgmann. Gewerbsmäßiges Portraitieren in Malerei und Fotografie um 1850. Kassel 1994.
Exemplarisch für Darstellungen einzelner Fotografen und Fotoateliers.

Michael Köhler und Gisela Barche (Hrsg.): Das Aktfoto. Ansichten vom Körper im fotografischen Zeitalter. Ästhetik, Geschichte, Ideologie. München 1985, erweit. u. verbess. Aufl. 1996.
Exemplarisch für die Darstellung der Fotogeschichte als Geschichte eines einzelnen Genres.

Jens Jäger: Gesellschaft und Photographie. Formen und Funktionen der Photographie in Deutschland und England 1839-1860. Opladen 1996.
Analyse wichtiger Formen und Funktionen der Fotografie in den Anfängen im internationalen Vergleich.

Michael Frizot (Hrsg.): Neue Geschichte der Fotografie. Köln 1998.
Jüngste, reich bebilderte Gesamtdarstellung in 41 Beiträgen und mit zusätzlichen Dossiers.

Herta Wolf (Hrsg.): Paradigma Fotografie. Fotokritik am Ende des fotografischen Zeitalters., Bd. 1. Frankfurt/Main 2002. Bd. 2 2003.
Neueste Zusammenstellung von Beiträgen zu Theorie und Geschichte der Fotografie aus 40 Jahren.

Weiterführende Arbeitsaufgaben

5. Welche medienwissenschaftlichen Schwerpunkte lassen sich beim Foto prinzipiell unterscheiden?
6. Wie lautet das theoretische Grundproblem des Mediums Foto.
7. Benennen Sie drei verschiedene Ansätze der Fototheorie.
8. Nennen Sie die fünf wichtigsten Fotogenres.
9. Worin besteht die Problematik bei der Unterscheidung von Fototypen oder -gruppen?
10. Nennen Sie verschiedene Ansätze der Fotogeschichtsschreibung.

- Wählen Sie ein Fotogenre Ihrer Wahl und recherchieren Sie über Subgenres, herausragende Vertreter, historische Schwerpunkte und Funktionen.
- Versuchen Sie, das Grundproblem des Mediums Foto zu lösen.
- Vergleichen Sie zwei verschiedene Fototheorien anhand der Quellentexte und beurteilen Sie den Gewinn zum besseren Verständnis des Mediums.
- Untersuchen Sie in Ihrem gesellschaftlichen Umwelt: Wo kann man Kameras kaufen und wo Filme entwickeln lassen? Welche Fotoateliers gibt es? Welche Berufsfotografen arbeiten in der Nähe? Welche Fotoclubs oder Foto-Arbeitsgemeinschaften gibt es und welche Fotokurse werden wo angeboten?
- Leihen Sie sich eine Kamera und fotografieren Sie selbst alternative Motive mit unterschiedlichen Zielsetzungen (z.B. als Wirklichkeitsbeweis und als Stimmungsbild).

Das Telefon | 4.3

Das Telegrafensystem (Kap. 4.1) wurde, speziell in Deutschland, zunehmend durch Telefonverbindungen erweitert. Die Firma Siemens meldete 1877 ihre Version des 1876 von Graham Bell erfundenen Telefons zum Patent an. 1878 ging in den USA die erste öffentliche Fernsprechanlage in Betrieb, und 1880 hatten dort bereits 50.000 Teilnehmer einen eigenen Fernsprechanschluss. Hierzulande konsolidierte das Telefon zunächst nur das Staatsmonopol beim Telegrafen. Zwar gab es Münzfernsprecher (ab 1900), Fernsprechhäuschen (ab 1928) und Ansagedienste (ab 1950), aber eine Weiterentwicklung der Telefontechnik zum eigenständigen Medium wurde dadurch lange blockiert. Erst ab den 60er Jahren des 20. Jahrhunderts expandierte das Telefonsystem sprunghaft und wurde auch in Deutschland zum alltäglichen, unverzichtbaren Medium der Individualkommunikation, geschäftlich wie privat. Die Entwicklung der digitalen Übertragungstechnik brachte dann, spätestens seit den 90er Jahren, das Mobiltelefon („Handy"), das neben gesprochener Sprache auch wieder schriftliche Kommunikation (SMS = short message service) mit sich brachte.

Die Medienwissenschaft hat das Telefon erst spät als Untersuchungsgegenstand entdeckt. Abgesehen von der Geschichte des Telefons, speziell seiner Technikgeschichte, und ersten Untersuchungen zum Niederschlag des neuen Mediums in kulturellen Teilbereichen wie Literatur und Film dominieren Beiträge vor allem zur sozialen Bedeutung, zum Markt und speziell zu Nutzungsformen des Telefons.

4.3.1 | Die soziale Bedeutung

Das Telefon ist zu werten als Rückgewinnung von Mündlichkeit – Ausdruck für den tendenziellen Niedergang der Schriftkultur.

Definition

Telefon

Das Telefon ist ein Medium interpersonaler auditiver Fernkommunikation, gekennzeichnet durch eine extreme Flüchtigkeit („Diffusionsmedium").

Wie das Live-Gespräch, von Angesicht zu Angesicht, läßt sich auch das Telefongespräch nicht festhalten, es sei denn durch ein anderes (Speicher-)Medium (Kap. 4.4). Die Telefonkommunikation ist aber durch eine Reihe charakteristischer Merkmale sowohl vom Face-to-face-Gespräch als auch vom Brief unterschieden. Sie ist eher kurzgefasst, weil sie nach Zeiteinheiten Geld kostet. Sie erfordert eine andere Sprach- bzw. Sprechkompetenz und andere Rituale. In Konkurrenz mit dem Gespräch und dem Brief setzt sich das Telefon dominant – wenn es klingelt, unterbricht man das Gespräch oder die Brieflektüre und hebt den Hörer ab. Die stimmlich-orale Kommunikation ohne Blickkontakt ist eine deutliche Einschränkung, die aber kompensiert wird durch die Möglichkeit, das Gespräch schneller und ohne Gesichtsverlust zu beenden. Usw. Man folgt also anderen Regeln. Dafür hat man Begriffe wie „Telefonrahmen" (Joachim R. Höflich) oder „Telefonieren als Kunst" (Jürgen Bräunlein) eingeführt; das meint eine gewisse Standardisierung und Ästhetisierung im Gebrauch.

Merksatz

Das Telefon als Medium interpersonaler Kommunikation in technischer Distanz ist geprägt von einer Zunahme an gebremster, aber kontrollierbarer sozialer Nähe.

Das Telefon wird deshalb in besonderem Maße von Alleinlebenden, von Singles genutzt. Technische Kontrollen sind denn auch kaum notwendig. Der Anrufbeantworter etwa war schon Mitte der 60er Jahre verfügbar, wurde aber lange Zeit kaum angenommen und dient auch heute primär nicht als Filter, sondern der Nachrichtenaufzeichnung bei Abwesenheit. (Eine ähnliche Verzögerung gilt heute noch für das Bildtelefon.)

Mit der Einführung des mobilen Telefons (2002: 71% der 14 – 64-jährigen) hat die soziale Bedeutung des Telefons einen erneuten Wandel vollzogen. Auf Strassen und Plätzen und in öffentlichen Räumen werden überall ungebremst Privatgespräche geführt, auch das Büro wurde quasi öffentlich. Inzwischen werden schon wieder „handyfreie" Räume eingerichtet, um die öffentliche Zurschaustellung von rein Privatem und die damit gegebenen Belästungen aller anderen Anwesenden einzudämmen. Die Nichterreichbarkeit als Neuetablierung eines Privatbereichs wird hier tendenziell wieder zum Statusausweis.

Der Telefonmarkt 4.3.2

Der Telefonmarkt, kurz vor der Jahrtausendwende dereguliert und kommerzialisiert, ist ein Wachstumsmarkt, global wie national. Die Kosten sinken, die technischen Angebote nehmen zu und die Menschen geben immer mehr Geld für Telekommunikation aus. Auf dem deutschen Markt sind zur Zeit knapp 2000 Unternehmen für Übertragungswege, Datenübermittlungsdienste, Datenmehrwertdienste, Sprachtelefondienste usw. tätig, zum Teil mit Investitionen in Milliardenhöhe. Das impliziert auch „Call Center", wie sie für bestimmte Formen des Direktmarketing nötig sind.

Das Telefon ist ein gesellschaftlich absolut dominantes Medium. In Deutschland gibt es im Festnetz derzeit rund 53 Millionen Telefonanschlüsse (davon 31,4 Mio. analog). Die Telefonkommunikation entfällt überwiegend auf Ortsgespräche (29%), Ferngespräche (23%) und Verbindungen ins Internet (22%). Hinzu kommen über 60 Millionen Mobilfunktelefonierer. Hier dominieren Pre-Paid-Karten, wobei diese Tarife für Kinder und Jugendliche besonders geeignet sind.

4.3.3 | Nutzungsformen des Telefons

Die zivilgesellschaftliche und privatwirtschaftliche Nutzung des Telefons begann in Deutschland erst nach dem 2. Weltkrieg. Man kann verschiedene Nutzungsformen unterscheiden: kommerzielle, private und soziale Funktionen.

Kommerzielle Nutzung   Der kommerzielle Bereich umfaßt zunächst einmal die gesamte Bürokommunikation einschließlich Konferenzschaltungen, ohne die alles Wirtschaftsleben heute zusammenbrechen würde. Das Telefon als Geschäftsmedium umfaßt aber auch noch zahlreiche Sonderfälle wie insbesondere: Telefonumfragen, Telefonmarketing, Telefon-PR, Telebanking, Telefongewinnspiele, TED-Abstimmungen usw.

Private Nutzung   Das Telefon als Privatmedium wird nicht nur im interpersonalen persönlichen Kontakt genutzt, sondern auch als Medium im allgemein gesellschaftlichen Leben (z.B. Bestellung von Kinokarten, telefonisches Wecken, Kontakte mit Behörden). Besondere Bedeutung haben zwei Nutzungsformen: die Telefonseelsorge und der Telefonsex.

– Telefonseelsorge   Die Telefonseelsorge wird pro Jahr mehr als acht Millionen mal angeklingelt, über 1,5 Millionen Anrufe finden tatsächlich statt. Über 6.000 Frauen (80%) und Männer (20%) bieten sich hier, oft rund um die Uhr, ehrenamtlich als Gesprächsparter/innen und Zuhörer/innen an. Die psychologische Bedeutung dieser Institution kann kaum überschätzt werden. Das gilt aber auch für den Telefonsex.

– Telefonsex   Telefonsex wird inzwischen derart häufig genutzt, daß es sich für private Fernsehanbieter offenbar lohnt, spätabends entsprechende Beiprogramme für die entsprechende Nummern-Werbung zu senden. Telefonsex ist die Inszenierung sexueller Spiele entweder vom Tonband oder live gemäß den Wünschen und Phantasien der (meist männlichen) Anrufer. Die Gespräche sind in der Regel 4 bis 10 Minuten lang. Vier von fünf Anrufern leben in einer festen Partnerschaft, sie sind meist jünger als 30 Jahre und schätzen die Anonymität (live) und die Situation des Belauschens (Band).

Soziale Nutzung   Die soziale Nutzung betrifft ganz unterschiedliche Bevölkerungsgruppen, insbesondere Alleinstehende und ältere Menschen, die über das Telefon den Kontakt zur Außenwelt, zu Mitmenschen halten wollen. Weniger *was* gesprochen wird, ist hier ausschlaggebend, sondern *daß* gesprochen wird. Primär soziale Funktion hat das Telefon aber auch für junge Leute, selbst wenn diese sich täglich auch persönlich sehen und miteinander sprechen. Speziell das Handy wurde für Kinder und Jugendliche zum sozialen Regulativ und alltäglichen Austausch-, Gestaltungs- und interaktiven Spielemedium. Bereits mehr als ein Viertel aller 14-17jährigen verfügen über ein eigenes mobiles Telefon, mit dem sie sich nicht zuletzt von der Erwachsenenwelt abgrenzen. Der wichtigste psychische „Gewinn" auch hier: Kontaktaufnahme, Beziehungspflege, soziale Integration, Rückversicherung.

Literatur

Renate Genth und Joseph Hoppe: Telephon! Der Draht, an dem wir hängen. Berlin 1986.
Ältere Darstellung verschiedener Aspekte des Telefons, u.a. Telefon-Sucht, Telefon und Militär, das Telefon in Literatur und Film, das „Fräulein vom Amt" als Beruf und das Telefonieren als „Ende der Briefkultur".

Forschungsgruppe Telefonkommunikation (Hrsg.): Telefon und Gesellschaft, 3 Bde. Berlin 1989/90.
Bahnbrechender Ansatz für die weitere wissenschaftliche Erforschung des Mediums in Deutschland.

Hessische Vereinigung für Volkskunde, Jörg Becker (Hrsg.): Telefonieren. Marburg 1989.
Sammelband mit zahlreichen wichtigen Beiträgen u.a. zur Telefontechnik, zur Industrie- und Sozialgeschichte des Telefons im 19. Jh., zum Beruf der Telefonistin, zur Soziologie der Telefonkommunikation und zu Tele-Sex.

Ingo Habenicht: Telefonseelsorge als Form intentionaler Seelsorge. Geschichte, Phänomenologie und Theologie. Hamburg 1994.
Exemplarische Studie zur Telefonseelsorge als spezieller Nutzungsform.

Sabine Mooren: Telefonsex. Erotisches Hörspiel oder Partnerersatz? Hannover 1995.
Exemplarische Studie zum Telefonsex als spezieller Nutzungsform.

Jürgen Bräunlein und Bernd Flessner (Hrsg.): Der sprechende Knochen. Perspektiven von Telefonkulturen. Würzburg 2000.
Sammelband mit teils wichtigen Beiträgen u.a. über Bildtelefon, Telefon-Design, und die Telefonsituation als Kommunikationsrahmen.

Margret Baumann und Helmut Gold (Hrsg.): Mensch Telefon. Aspekte telefonischer Kommunikation. Heidelberg 2000 (Katalog).
Sammelband mit wichtigen Beiträgen zu verschiedenen Aspekten des Mediums und seiner Nutzung.

Matthias Karmasin: Telefon/Handy. In: Werner Faulstich (Hrsg.), Grundwissen Medien. Paderborn 5. Aufl. 2004.
Knapper Überblick über das Medium mit besonderer Betonung der historischen Entwicklung und der Werttheorie des Telefons.

11. Definieren Sie das Telefon.
12. Was meint „Telefonrahmen"?
13. Charakterisieren Sie die soziale Bedeutung des Telefons, beim Festnetz und insbesondere beim mobilen Telefon.
14. Inwiefern ist das Telefon ein gesellschaftlich dominantes Medium?
15. Nennen Sie die drei wichtigsten Nutzungsformen des Telefons.

– Vergleichen Sie die Geschichte des Telefons in Deutschland mit der Geschichte des Mediums in den USA.
– Warum hat die Medienwissenschaft das Telefon als Untersuchungsgegenstand erst so spät entdeckt?
– Nennen Sie literarische Werke und Spielfilme, in denen das Telefon eine dramaturgisch wichtige Rolle spielt.
– Protokollieren Sie Ihre eigene Mediennutzung: Wann telefonieren Sie mit wem wie lange und wozu? Haben Sie ein Handy? Welchen psychologischen Nutzen ziehen Sie persönlich daraus?
– Rufen Sie einmal eine Telefonsex-Nummer an (wenn Sie über 21 Jahre als sind).

4.4 | Tonträger (Schallplatte, Kassette, CD)

Tonträger sind eigentlich eine Gruppe durchaus unterschiedlicher Speichertechniken, aber es hat sich eingebürgert, sie zusammen als ein Medium zu behandeln. Die Geschichtsschreibung hält sich entsprechend weitgehend an die Technikentwicklung: 1877 die mecha-

Technikgeschichte   nischen Anfänge bei Thomas Alva Edison auf Walze, 1887 das Grammophonpatent von Emil Berliner mit der flachen Scheibe, ab 1925 die elektrische Tonaufzeichnung auf Schelllack-Platte, ab 1935 das Tonband, ab 1948 die LP und die Single auf Vinyl, ab 1957 die Stereoaufnahme, ab 1965 die Musikkassette, ab 1983 die Compact Disc (CD). Das Medium Tonträger hat als Speichermedium zugleich große Bedeutung für die anderen elektronischen und teils auch digitalen Medien; das Radio als Musikkanal zum Beispiel wäre ohne Tonträger heute gar nicht mehr denkbar.

Das Medium Tonträger wurde von der Publizistikwissenschaft, der Musikwissenschaft, der Medienpädagogik und der Kulturwissenschaft gleichermaßen vernachlässigt. Im Grunde gibt es nur zwei Schwerpunkte bisheriger medienwissenschaftlicher Beiträge: die kulturelle Bedeutung des Mediums Tonträger (nur rudimentär ausgeprägt) und seine wirtschaftliche Bedeutung (umfassend).

Die kulturelle Bedeutung der Tonträger | 4.4.1

Die Schallplatte hat im 20. Jahrhundert das Schreib- und Druckmedium Blatt (Notenblatt) weitestgehend abgelöst. Das war kulturell ein ebenso großer Umschwung wie seinerzeit der Wandel vom Aoiden und Rhapsoden der altgriechischen Hochkultur und der mittelalterlichen Minnesänger und Spielleute, also von Menschmedien, zum reformatorischen Flugblatt, Gesangbuch und Notenheft: von der oralen zur literalen Kultur. Im Kern wandelte sich die literal fundierte Aufführungsmusik mit dem elektronischen Tonträgermedium zur technisch fundierten Konservenmusik.

Von der Aufführungsmusik zur Konservenmusik

Mit der kulturellen Bedeutung der Tonträger ist also mehr gemeint als der simple Tatbestand, daß hier ein neues Medium unzählige Künstler und Musikschaffende – Komponisten, Texter, Interpreten, Musiker, die Beschäftigten der Konzertagenturen, die DJs der Radio- und Fernsehstationen, die gesamte Disco- und Tanzkultur – gleichsam ins Brot setzt und fundiert. Gemeint ist vielmehr zunächst einmal die Demokratisierung der Musikkultur: daß einem Massenpublikum damit erstmals ein breiter Zugang zu Musikprodukten eröffnet wird; und ihre gesellschaftliche Etablierung: daß Musik überall verfügbar ist und dabei auch zur sozialen Orientierung und Identitätsstiftung, zum Gemeinschaftsgefühl beiträgt.

Bedeutung für die Gesellschaft

Sodann und vor allem aber liegt die kulturelle Bedeutung der Tonträger in ihrem Einfluss auf die Musikkultur selbst: zum Beispiel daß Musikprodukte sich in enormer Differenziertheit entfalten können und daß musikalische Sub- und Randkulturen in nie gekanntem Ausmaß möglich werden; daß Musik als Ereignis jederzeit reproduzierbar ist; daß Musiktra-

Bedeutung für die Musikkultur

Merksatz

Die technische Vermittlung hat sich auch beim Medium Tonträger tief in den Charakter des Vermittelten eingegraben und die gesamte Musikkultur verändert.

ditionen nicht mehr verlorengehen; oder auch daß sich der Erwartungshorizont gegenüber Live-Musik an der Perfektion der gespeicherten Aufnahmen orientiert.

4.4.2 | Der Tonträgermarkt

Das Volumen des Tonträgermarkts beträgt zur Zeit rund 2,4 Milliarden Euro. Die Tendenz ist rückläufig, vor allem aufgrund der Musikangebote im World Wide Web, die vom Konsumenten kostenlos heruntergeladen werden. Den Anbieter- und Distributionsbereich charakterisieren vor allem Konzentration und Globalisierung, den Konsumentenbereich Piraterie und private Vervielfältigung.

Produzenten — Bei den Anbietern handelt es sich primär um die weltweit größten Medienkonzerne. Die vier größten Unternehmen im Tonträgermarkt in Deutschland (Bertelsmann Music Group, EMI Electrola, Sony und Warner) bedienen mehr als 80% des Marktes.

Händler — In Deutschland gibt es derzeit nur noch weniger als 9.000 Verkaufsstellen. Auch hier prägen Konzentrationstendenzen. Die zehn größten Händler haben einen Umsatzanteil von über 50%. Der Facheinzelhandel weist nur noch einen Anteil von etwas über 20% auf. Im Herstellerbereich arbeiten rund 12.000 Beschäftigte, im Groß- und Einzelhandel rund 22.000.

Produkte — Die Tonträgerprodukte – fast nur Musik – sind aktualitätenorientiert und haben kurze Produktzyklen. Hits oder Bestseller dominieren. Im Repertoire stehen Pop (43%) und Rock (16%) an erster Stelle vor Dance (8%), Klassik (7,5%), Schlager (7%) und anderen. Im Angebot sind insgesamt rund 50.000 Einzeltitel.

Käufer — Verkauft wurden Anfang des dritten Jahrtausends rund 240 Millionen Tonträger pro Jahr, 182 Millionen weitere wurden kopiert und noch einmal 33 Millionen aus dem WWW heruntergeladen. Nur wenige Konsumenten sind bereit, für Online-Software zusätzlich zu zahlen. Man unterscheidet in der Branche zwischen Nichtkäufern (53%), Extensivkäufern mit 1-3 Stück jährlich (30%), Durchschnittskäufern mit 4-9 Stück (12%) und Intensivkäufern (5%).

Radiohören steht an der Spitze der Freizeitbeschäftigungen (203 Minuten täglich); es heißt: Musikhören = Tonträgernutzen. Private Sender verwenden Tonträgermusik zu 100%, die öffentlich-rechtlichen zu mehr als 90%. Das Radio organisiert nur die Programme der Tonträger. Hinzu kommt das vor allem bei jungen Leuten beliebte Platten/CD-Hören (21 Minuten täglich, die 14-19jährigen 51 Min.). **Nutzer**

Merksatz

Das Medium Tonträger ist nach Zeitanteilen das mit Abstand wichtigste Medium in der gesamten Medienkultur heute und dominiert auch Radio und Fernsehen, die als seine Multiplikatoren fungieren.

Literatur

Kurt Blaukopf: Massenmedium Schallplatte. Die Stellung des Tonträgers in der Kultursoziologie und Kulturstatistik. Wiesbaden 1977.
Ältere Studie von historischem Wert.

Streitobjekt Schallplatte. Ein Kulturträger im Spiegel der Meinungen. Hamburg 1978.
Veralteter Beitrag, aber ebenfalls historisch interessant.

Werner Zeppenfeld: Tonträger in der Bundesrepublik Deutschland. Anatomie eines medialen Massenmarktes. Bochum 1978.
Erste große Studie zum deutschen Tonträger-Markt, mit Schwerpunkt auf der Konzentration im Anbieterbereich und dem Promotion-Potential für Tonträger.

Hans Hirsch: Schallplatten zwischen Kunst und Kommerz. Fakten, Tendenzen und Überlegungen zur Produktion und Verbreitung von Tonträgern. Wilhelmshaven 1987.
Sammlung einzelner exemplarischer Beiträge u.a. zur Beziehung zwischen Künstler und Produzent, zur Repertoiregestaltung, zu Möglichkeiten und Grenzen der Aufnahmetechnik, zur Bedeutung der CD.

Peter Zombik: Schallplatte = Tonträger + Kulturträger. Zehn (radikal einseitige) Thesen zur kulturellen Bedeutung der Schallplatte. In: Werner Faulstich (Hrsg.), Medien und Kultur. Sonderheft LiLi 16. Göttingen 1991, 149-153.
Pointierter Beitrag zur kulturellen Dimension der Tonträger speziell für Musik.

Rolf Moser und Andreas Scheuermann (Hrsg.): Handbuch der Musikwirtschaft. Starnberg, München 1992.
Standardwerk mit wichtigen Beiträgen u.a. zum volkswirtschaftlichen Stellenwert der Musikindustrie, zur Struktur des deutschen Musikmarkts, zur Tonträgerindustrie und zum Tonträgerhandel.

Literatur

Werner Faulstich: Musik und Medium. Eine historiographische Skizze von den Anfängen bis heute. In: Ders., Medienkulturen. München 2000, S. 189-200.
Skizziert die Abhängigkeit der Musik vom jeweiligen Medium seit den Anfängen der Kulturgeschichte und konstatiert einen engen Zusammenhang der Funktionsgeschichte der Musik mit der Funktionsgeschichte der Medien.

Phonographische Wirtschaft: Jahrbuch 2002. Starnberg 2002.
Jahrbuch mit den stets aktuellen Zahlen der Tonträgerindustrie.

Thomas Jaspersen: Tonträger (Schallplatte, Kassette, CD). In: Werner Faulstich (Hrsg.), Grundwissen Medien. Paderborn 5. Aufl. 2004.
Knappe Darstellung des Mediums mit dem Akzent auf Technik und Wirtschaft.

Übungs- und Wiederholungsfragen

16. Wie hat sich die Vermittlung von Musik im Wandel von den Primär- über die Druck- bis zu den elektronischen Medien verändert?
17. Nennen Sie einige Auswirkungen der tonträgerfundierten Musikkultur auf die heutige Gesellschaft.
18. Welche Bedeutung hat das Medium Tonträger für die Musikkultur selbst?
19. Charakterisieren Sie den heutigen Tonträgermarkt: nach Produzenten, Händlern, Musikrepertoire und Käufern.

Weiterführende Arbeitsaufgaben

- Informieren Sie sich über die kulturelle Bedeutung der Schelllackplatte in den 20er und 30er Jahren.
- Welche Rolle spielte die Single und ihre Abspielstationen Jukebox und Kofferradio für die Ausbreitung des Rock´n´ Roll?
- Rekonstruieren Sie den Weg vom musikalischen Konzept bis zum Tonträger auf MTV oder VIVA.
- Untersuchen Sie in Ihrem lokalen Lebensumfeld die Möglichkeiten, Tonträger zu kaufen, zu kopieren oder sich sonstwie zu beschaffen.
- Beschreiben Sie Ihr eigenes Kauf- und Nutzungsverhalten gegenüber dem Medium Tonträger. Berücksichtigen Sie dabei auch Multiplikationsinstanzen wie Radio und Fernsehen.
- Unterscheiden und charakterisieren Sie unterschiedliche Musikkulturen und ihre Nutzung von Tonträgern.

Der Film | 4.5

Dem Foto folgte der Film als das zweite elektronische optische Medium. Man darf jedoch das Medium Film, auch wenn es sich technisch dabei um eine Aneinanderreihung einzelner Bilder handelt, nicht als eine Weiterentwicklung etwa des Mediums Foto verstehen. Die Rede von „laufenden Bildern" ist nur eine bildhafte Umschreibung, die in die Irre führt, weil der Film weitgehend unabhängig vom Foto entstanden ist, seine eigentliche Bedeutung auch nicht in der Abfolge von Einzelbildern entfaltet, sondern vielmehr im Bilderfluss als Erlebnis, und weil es sich beim Film nicht um ein optisches, sondern (nach den Menschmedien) um das erste audiovisuelle Medium handelt.

Mediengeschichte ist denn hier auch nur zum geringsten Teil die Geschichte einzelner technischer Zäsuren: 1891 das Patent auf den Kinetograph von Thomas Alva Edison und W.K. Laurie Dickson, 1895 die erste Filmvorführung der Gebrüder Lumière mit dem Cinématographe in Paris gegen Eintrittsgeld, 1927 der erste Tonfilm (The Jazz Singer"), 1935 der erste Farbfilm („Becky Sharp"), 1990 („Terminator 2") und 1993 („Jurassic Park") die ersten dramaturgisch überzeugenden Computeranimationen. *Technikgeschichte*

Die Filmwissenschaft als Teildisziplin der Medienwissenschaft hat vor allem drei Schwerpunktbereiche ausgebildet, die sich teils überlappen: erstens Filmtheorie, Filmästhetik, Filmkunst, zweitens Filmgenres und Filmgeschichte, drittens Markt: Produzenten, Verleih, Kinos, Zuschauer. Die Verbreitung des Films auch z.B. über das Fernsehen (Kap. 4.7) sowie über Video (Kap. 4.8) und DVD ist bekannt. *Drei Schwerpunktbereiche*

Filmtheorie, Filmästhetik, Filmkunst | 4.5.1

Das Medium Film vereinigt die unterschiedlichsten Arten von Film: Dokumentarfilm, Werbefilm, Reise- und Urlaubsfilm, PR-Film, Lehrfilm, Nachrichtenfilm, Kinderfilm usw., aber primär versteht man darunter den

Merksatz

Es kennzeichnet den Spielfilm, daß hier mit den Gestaltungs- und Ausdrucksfomen des Mediums Film gleichsam „gespielt" wird und damit seiner Ästhetik besondere Bedeutung zukommt.

Spielfilm, d.h. Fiktion. Nonfiction-Filme werden eher selten behandelt.

Zahlreiche Filmtheorien von Béla Balázs und Rudolf Arnheim über André Bazin und Siegfried Kracauer bis zu Walter Dadek und David Bordwell/Kristin Thompson (und viele andere) beschreiben vielfältig die Aufgaben und Funktionen des Films: als Kunst, als Ästhetik, als Funktion. Das läßt sich exemplarisch gleich dreifach verdeutlichen: an übergreifenden Konzepten, an einzelnen film-ästhetischen Richtungen und analytisch am singulären Film. Dabei gelten je unterschiedliche Schlüsselkategorien.

Filmtheorie übergreifend

– Übergreifende Konzepte schreiben dem Film beispielsweise Objektivität und Alltagsbezug vor. Eine wichtige Schlüsselkategorie hier ist die *Wirklichkeit*: Realität soll im Film etwa durch Abbildung ihrer Natürlichkeit aufgedeckt werden. Oder die physische Realität soll dadurch errettet werden, daß dem Film prinzipiell dokumentarische Aufgaben zugesprochen werden.

Filmkunst anhand einzelner Richtungen

– Einzelne filmästhetische Richtungen wie z.B. der „Russische Revolutionsfilm" der 20er Jahre setzen sich vom bürgerlichen Kino ab und zielen auf die Vermittlung politischer Einsichten in gesellschaftliche Zusammenhänge. In diesem Fall gilt insbesondere die *Montage* als Schlüsselkategorie der Ästhetik. Es geht dabei um neue filmische Ausdrucksformen und gesellschaftskritische Inhalte. Ähnlich verhält es sich beispielsweise auch mit der „Nouvelle Vague" in Frankreich und dem „Autorenfilm" in Deutschland Ende der 50er Jahre, wo jeder Film die individuelle Handschrift seines Regisseurs tragen sollte. Noch die „Dogma-Filme" der 90er Jahre in Dänemark folgen diesem Grundzug zur *Parteilichkeit*.

Filmästhetik analytisch

– Filmästhetik am einzelnen Film dagegen wird durch Filmanalyse und Filminterpretation sichtbar. Der Spielfilm als Erlebnis wird mit Traumarbeit gleichgesetzt – *Latenz* steht hier im Zentrum. So wie wir nachts träumen und Verdrängtes gleichsam aufarbeiten und bewältigen, fungiert die Filmrezeption, der Filmgenuss, die Filmspannung als gesellschaftlich bzw. medienspezifisch angebotene Aufarbeitung und Bewältigung individueller Ängste und Sehnsüchte. Der „Sinn" des Films wird hier nicht mehr normativ vorgeschrieben, sondern analytisch für jeden einzelnen Fall erst ermittelt. Insofern ist Filmanalyse stets auch ein Stück Selbstanalyse bzw. Filmtheorie ein Stück Ichkonzeption.

Filmgenres und Filmgeschichte

Filmgeschichte wird aus vielfacher Hinsicht geschrieben: zum Beispiel als Geschichte der Filmproduktion und Filmindustrie, insbesondere als Geschichte der Studios; dann als Produktgeschichte, d.h.
als chronologische Abfolge einzelner Filme; als Geschichte von Er-
folgsfilmen und von Filmstars; und insbesondere als Geschichte von
Filmemachern, von Filmregisseuren und Filmstilen. So beschreibt
beispielsweise Jerzy Toeplitz in seiner umfangreichen Geschichte
des Films (1895-1945) für die Zeitspanne zwischen 1918 und 1928
u.a. die folgenden Abschnitte: Der Kampf um den Realismus im so-
wjetischen Film; Der deutsche Expressionismus; Der französische
Film auf dem falschen Wege des Ästhetizismus; Der amerikanische
Film im Jazz-Zeitalter; Charlie Chaplin, die Persönlichkeit des Films;
Die Fabrik Hollywood produziert; Der deutsche Film im Zeichen der
Neuen Sachlichkeit; Drei Wege des französischen Films, usw. Sehr
viele wissenschaftlichen Studien widmen sich den großen Regisseuren wie Fritz Lang, René Clair, Luis Bunuel, John Ford, Alfred Hitch-
cock, Vittorio de Sica, Ingmar Bergman, Francis Ford Coppola, Rainer Werner Faßbinder oder Steven Spielberg (um nur einige
beliebige Namen herauszugreifen).

Filmgeschichte als Stilgeschichte

Filmgeschichte als Geschichte von Regisseuren

> **Definition**
> **Filmgenres**
>
> **Filmgenres sind spezifische Erzählmuster mit bestimmten Konventionen im Sinne kultureller Schemata, die unseren Erwartungs- und Wahrnehmungshorizont prägen.**

Die Unterscheidung von Filmgenres differiert nach Zeitpunkt und
Kulturraum. Man kann aber mindestens zehn wichtige Genres unterscheiden: 1. Western, 2. Kriminalfilm, 3. Melodrama, 4. Science
fiction-Film, 5. Abenteuerfilm, 6. Horrorfilm, 7. Thriller, 8. Komödie,
9. Musikfilm, 10. Erotik/Pornofilm. Hinzu kommen kleinere Film-
gruppen wie der Katastrophenfilm, der Kriegsfilm, der Frauenfilm,
der Fantasyfilm, der Gefängnisfilm, der Heimatfilm, der Märchen-
film, der Problemfilm oder die „Literaturverfilmung". Viele Genres
lassen sich ihrerseits noch einmal in Subgenres untergliedern, z.B.
der Abenteuerfilm in den Antik- oder Sandalenfilm, den Ritterfilm,
den Piratenfilm, den Mantel & Degen-Film und den Kolonialfilm;
oder der Horrorfilm in den Vampirfilm, den Mumienfilm, den Fran-
kensteinfilm, den Werwolffilm, den Monsterfilm, den Hexen- und

Filmgeschichte als Genregeschichte

Teufelsfilm, den Zombie- und Splatterfilm und den Psycho-Horror-film.

4.5.3 | Markt: Produzenten, Verleih, Kinos, Zuschauer

Produktion
: Der internationale Filmmarkt wird immer noch klar von Hollywood und den amerikanischen Produzenten beherrscht. Der Anteil deutscher Filme auf dem hiesigen Markt ist dürftig. Wichtige Produzenten sind u.a. Senator Film, Constantin Film, Producers AG und Das Werk AG. Auch große Medienunternehmen wie die RTL Group und der frühere Kirch-Konzern haben bei der Filmproduktion eine Rolle gespielt – Kino- und Fernsehfilmproduktion sind teils miteinander verflochten. Die Produktionskosten pro Film belaufen sich durchschnittlich auf 3-4 Millionen Euro (USA: 50 Mio. Dollar). Die Filmproduktion ist stark angewiesen auf verschiedene Filmförderungsquellen des Bundes und der Länder sowie auf das Film/Fernsehabkommen, demgemäß die Fernsehanstalten die Produktion von Kinofilmen mit Millionenbeträgen unterstützen.

Verleih
: Der Filmverleih steht zwischen den Produzenten und den Kinos. Auch hier dominieren die Tochterfirmen der amerikanischen großen Verleihgesellschaften (United International Pictures, Buena Vista, Warner Brothers etc.) – mit einem Marktanteil von über 80%. In Deutschland bringen rund 50 Verleihfirmen jährlich 3-400 Filme in die Kinos.

Kinos und Leinwände
: In Deutschland gibt es derzeit neben ca. 40 Autokinos rund 4.600 ortsfeste Leinwände, darunter weit über 1.000 in Multiplexkinos. Sie befinden sich in rund 1.900 Kinobetrieben, davon rund 140 Multiplexe. Fast die Hälfte des Branchenumsatzes wird in den Multiplexen erzielt. Neben den kommerziellen Kinos gibt es auch Alternativen wie Kommunale Kinos, die stärker der Filmkultur (Experimentalfilme, Randgruppenfilme, Filmreihen, Retrospektiven etc.) verpflichtet sind.

Kinobesucher
: Nur gut ein Drittel der Deutschen geht überhaupt ins Kino. Jährlich sind dabei rund 150 Millionen Kinobesuche zu verzeichnen. Am häufigsten gehen die 20-24jährigen ins Kino, gefolgt von den 16-19jährigen. Aufgrund der absehbaren demographischen Veränderungen

(„Überalterung der Gesellschaft"), aber auch aus Gründen der Konkurrenz mit anderen, speziell den digitalen Medien sind hier bereits mittelfristig große Probleme absehbar.

Literatur

Jerzy Toeplitz: Geschichte des Films (1895-1945). (Poln. Orig. 1972) Frankfurt/Main o.J.
Älteres Standardwerk als Beispiel für Gesamtdarstellungen der Filmgeschichte.

Thomas Schatz: Hollywood Genres. Formulars, Filmmaking, and the Studio System. New York 1981.
Exemplarische Darstellung von Filmgenres, insbes. Western, Gangsterfilm, Detektivfilm, Komödie, Musical und Melodrama.

Dieter Prokop: Soziologie des Films (1970). Erweit. Ausg. Frankfurt/Main 1982.
Älteres Standardwerk zum Strukturwandel der amerikanischen Filmwirtschaft und des internationalen Filmmarkts.

Ricarda Strobel (Hrsg.): Film- und Kinokultur in Lüneburg. Bardowick 1993.
Exemplarische Untersuchungen zur Geschichte lokaler Kinos als Distributionsinstanz von den Anfängen des Films bis heute.

Werner Faulstich und Helmut Korte (Hrsg.): Fischer Filmgeschichte (1895-1995), 5 Bde. Frankfurt/Main 1990-95.
Darstellung von 100 Jahren Filmgeschichte anhand von Analysen und Interpretationen einzelner Spielfilme.

Georg Seeßlen: Copland. Geschichte und Mythologie des Polizeifilms. Marburg 1999.
Beispiel für eine genregeschichtliche Filmforschung, die so unterschiedliche Namen in Zusammenhang bringt wie Kommissar Maigret, Dirty Harry, Comissario Mastroianni, Bruce Lee, Bud Spencer, Bullit, Coogan, Inspektor Lavardine, Nikita oder Clarice Starling.

Stephen Lowry und Helmut Korte: Der Filmstar. Stuttgart, Weimar 2000.
Fallstudien zu Heinz Rühmann, Brigitte Bardot, Romy Schneider, James Dean, Götz George und Hanna Schygulla sowie Grundsätzliches zum Starbegriff und zum Starsystem im historischen Wandel.

Carolin Beer: Die Kinogeher. Eine Untersuchung des Kinopublikums in Deutschland. Berlin 2000.
Seltenes Beispiel für eine rezipientenorientierte empirische Fallstudie.

Franz-Josef Albersmeier (Hrsg.): Texte zur Theorie des Films (orig. 1979). 4. Aufl. Stuttgart 2001.
Zusammenstellung der wichtigsten Filmtheorien in ausgewählten Originaltextabschnitten.

Werner Faulstich: Grundkurs Filmanalyse. München 2002.
Einführung in die Analyse und Interpretation von Spielfilmen für Anfänger, an zahlreichen Fallbeispielen.

20. Nennen Sie einige Eckdaten der Filmgeschichte als Technikgeschichte.
21. Welche Filmart steht in der Filmwissenschaft im Vordergrund?
22. Was kennzeichnet den Spielfilm gegenüber anderen Filmarten?
23. Welche Ansätze der Filmgeschichtsschreibung gibt es?
24. Was heißt Filmgenre?
25. Nennen Sie die 10 wichtigsten Genres.
26. Skizzieren Sie den deutschen Filmmarkt nach Produktion, Verleih, Kinos und Besuchern.

– Ermitteln Sie weitere Schwerpunktbereiche der Filmwissenschaft
neben den hier genannten.
– Erarbeiten Sie ausführlich die Hauptthesen eines der genannten
Filmtheoretikers.
– Was heißt Montage bei Eisenstein?
– Durch welche Filmästhetik kennzeichnen sich die dänischen Dog-
mafilme im einzelnen? Nehmen Sie Bezug auf entsprechende Er-
klärungen und Manifeste.
– Beschreiben Sie ausführlich und unter Rekurs auf Filmbeispiele,
durch welche Erzählmuster und stofflich-motivliche, figürliche,
stilistische, ideologische Konventionen sich ein Genre Ihrer Wahl
definiert.
– Beschreiben Sie das Filmangebot in Ihrem Wohnort oder Stadtteil. Wo wird welche Art von Film mit welchen Absichten und mit
welchem Zuspruch angeboten?
– Protokollieren Sie Ihre eigene Filmrezeption in den letzten sechs
Monaten (unter Einschluß auch des Fernsehens und der Videotheken). Wieviel Filme haben Sie gesehen, wo, mit wem, warum,
welcher Art?

4.6 | Der Hörfunk

Der Hörfunk ist das erste elektronische auditive Massenmedium
der Geschichte und schreibt damit im Prinzip Vorläufermedien wie

die Menschmedien Sänger und Prediger und die Druckmedien Flugblatt und Zeitung fort. Er geriet anfänglich weniger als rein orales Medium in den Blick als vielmehr als massenorientierter „Rund-Funk" an ein disperses Publikum (Kap. 1.2). Eine Radiowissenschaft (vergleichbar der Filmwissenschaft) gibt es nicht, aber auch hier wurden verschiedene medienwissenschaftliche Schwerpunktbereiche ausgebildet, insbesondere die folgenden vier: Radiotheorie, Radiogeschichte, Radiomarkt, Hörspiel.

Hörfunk als „Rund-Funk"

Radiotheorie

4.6.1

Radiotheorien waren anfänglich, vergleichbar den Filmtheorien (Kap. 4.5.1), von den künstlerischen Möglichkeiten des neuen Mediums – Rundfunk als Hörkunst (Rudolf Arnheim) – beeindruckt. Zugleich wurde der Rundfunk aber auch als ein Kommunikationsapparat begriffen, der von seinen technischen Möglichkeiten her den bislang passiven Hörer selber zum aktiven Sender machen konnte (Bertolt Brecht); in späteren Vorstellungen vom Hörfunk als Medium einer potentiellen Gegenöffentlichkeit wurde das präsent gehalten.

Das Radio als

– Hörkunst

– Kommunikations-
apparat

Wie bereits bei den Filmtheorien (und später auch bei den Fernsehtheorien, Kap. 4.7.1) akzentuieren viele Radiotheorien das spezifische Leistungsvermögen des neuen Mediums. Dabei wurden ganz unterschiedliche Akzente gesetzt: So galt das Radio *normativ*, aus nationalsozialistischer Sicht, als Führungsmittel (Gerd Eckert), *enzyklopädisch* als Arsenal funkspezifischer Elemente und Gestaltungsformen (Eugen Kurt Fischer), *philosophisch* als Schallspiel unter Einbeziehung auch von Sprache und Tönen (Friedrich Knilli), *analytisch* als Live-Medium, geprägt u.a. von Illusion und Angst (Werner Faulstich), und schließlich ganz *praktisch* als Handlungsanweisung und didaktisches Instrument zum Selbermachen.

– Führungsmittel

– Schallspiel

– komplexes System mit
spezifischen Leistungen

Merksatz

Angesichts der heutigen Radioprogramme im World Wide Web (Kap. 5.3), wo tatsächlich jeder User auch sein eigenes Radioprogramm gestalten könnte, wird deutlich, daß die Zeit der Radiotheorien als Einzeltheorien inzwischen vorbei ist. Das Radio ist heute, im Kontext aller Medien, bevorzugt „Musikdusche".

> Im Live-Charakter und der Einsinnigkeit des Hörfunks gründet sein Verführungs- ebenso wie sein Betäubungspotential.

4.6.2 | Radiogeschichte

Ähnlich wie beim Medium Film gibt es auch hier zahlreiche verschiedene Ansätze einer Radiogeschichte. Hervorzuheben wäre die Organisations- und Institutionengeschichte sowie die Programmgeschichte.

Organisations- und
Institutionengeschichte

Die *Organisations- und Institutionengeschichte* des Hörfunks als einem öffentlichen Medium begann in Deutschland 1923 als staatlicher Unterhaltungshörfunk. Zwei Jahre später gab es neun Sendegesellschaften auf Länderebene. 1934 waren alle Regionalsender zu Reichssendern nazifiziert und der Hörfunk wurde zum wirkungsvollen politischen Propagandainstrument des totalitären Regimes.

Nach 1945 wurde die deutsche Radiolandschaft gemäß den rundfunkpolitischen Vorgaben der Alliierten neu gestaltet. 1948 setzte sich das britische öffentlich-rechtliche Organisationsmodell durch. Zahlreiche gebührenfinanzierte Einländeranstalten entstanden (plus einige überregionale Sender wie Deutsche Welle und Deutschlandfunk) und wurden Mitglieder der 1950 gegründeten Dachorganisation ARD. Die ARD-Anstalten strahlten schließlich mehr als 50 landesweite regionale Hörfunkprogramme aus. In den 80er Jahren, mit der Einführung des dualen Rundfunksystems, vermehrte sich das Programmangebot durch mehrere 100 werbefinanzierte Privatsender, die von Landesmedienanstalten lizensiert und überwacht werden. Ab den 90er Jahren schließlich wurden gemeinnützige Modelle eines nichtkommerziellen Lokalfunks eingeführt (offene Kanäle, Uni-Radios usw.).

Programmgeschichte

Radiogeschichte als *Programmgeschichte* versucht diese Veränderungen sendungsbezogen nachzuzeichnen. Die enorme Materialfülle wirft freilich Selektions- und Dokumentationsprobleme vielfältigster Art auf. Exemplarisch annähernd gelungen ist das bislang erst für die Programmgeschichte der Weimarer Republik (1923-1933), die nicht nur analysiert und strukturiert, sondern auch mit medieninternen Einflußfaktoren und allgemein gesellschaftlichen Prozessen der Zeit in Beziehung gesetzt werden konnte. Als Freizeitmedium besetzte das Radio damals unterhaltungsorientiert zunächst die arbeitsfreie Zeit (Abend, Vorabend, dann zielgruppenspezifisch den Nachmittag, dann den frühen Morgen vor der Arbeit).

Auf den besten Sendeplätzen wurde vor allem Musik gesendet (40-50%), in zunehmenden Maße mit Schallplattenkonserven bestritten, ergänzt durch reine Wortsendungen (30-40%) und gemischte Sendungen. Wortsendungen bestanden aus Nachrichten, Sportsendungen, Reportagen und belehrend-bildenden Vorträgen. Auch Werbe-, Service- und Zielgruppensendungen (z.B. für Landwirte, Frauen, Kinder, Lehrer) gab es bereits. Künstlerische Sendungen (E-Musik, Literaturlesungen, Hörspiele) gingen schon 1932 auf rund 10% des Programmangebots zurück.

Radiomarkt | 4.6.3

Ähnlich wie die Zeitung ist auch das Medium Radio heute von der Dualität von publizistischen und wirtschaftlichen Interessen geprägt. Das zeigt sich insbesondere in der Konkurrenz der öffentlich-rechtlichen und privaten Sender.

Der Markt heute wird von drei Anbietergruppen unterschiedlicher Bedeutung versorgt: Sender
- knapp 60 öffentlich-rechtliche, gebührenfinanzierte Hörfunkprogramme, insbesondere im Hessischen Rundfunk (8), im Norddeutschen Rundfunk (8), im Mitteldeutschen Rundfunk (7) und im Südwestrundfunk (7);
- knapp 200 private, werbefinanzierte Hörfunkprogramme, vor allem in Bayern (58), Nordrhein-Westfalen (51), Berlin-Brandenburg (21), Baden-Württemberg (20) und Sachsen (17);
- und knapp 70 nichtkommerzielle lokale Hörfunkprogramme (nach dem Vorbild der früheren Freien Radios), Offene Kanäle und Hochschulradios.

Der deutsche Radiomarkt ist auf Anbieterseite derzeit ein bunter Teppich von etwa 330 Sendern, von denen viele auch über Satellit oder Kabel bundesweit zu empfangen sind.

Die Programme unterscheiden sich nur begrenzt. Einzelne Sender   Programme
bieten Minderheitenprogramme mit anspruchsvollen Sendungen, hohem Wortanteil und komplexer Musik. Die überwältigende Zahl aber sind musikdominierte Tagesbegleitprogramme, die auf die breite Masse zielen. Mit meist deutlich weniger als einem Drittel

Wortanteil bringen sie Nachrichten, Wetter, Verkehrsinformationen und Service. Über 100 Sender sind derzeit vom Formatprinzip beherrscht, d.h. die Abfolge des Programms, die Musikfarben, der Moderationsstil und die Moderatoren, bestimmte Gewinnspiele und Ähnliches sind vorgegeben und werden stündlich wiederholt. Damit soll bei den jeweiligen Publikumssegmenten, die angesprochen werden, Hörerbindung erzeugt werden. Moderationsstile sind z.B. sachlich-neutral, offensiv-dynmisch oder aggressiv. Sogenannte Musikfarben und Stilformate sind z.B. Adult Contemporary (AC), d.h. eine Mischung aus Oldies, Hits, Kurznachrichten und Alltagsservice für die Mehrheit der Erwachsenen; Contemporary Hit Radio (CHR), d.h. 60-80% Tophits der letzten Woche, ergänzt durch Newcomer, speziell für 14-24jährige; oder Middle of the Road (MOR), d.h. gefällige Musik für die ganze Familie, mit ausführlicheren Wortbeiträgen.

Hörer Das Radio dominiert in seiner Reichweite und Nutzung alle anderen Medien, aber es ist ein Begleitmedium, ein Nebenbeimedium, das man als „Geräuschdusche" den ganzen Tag lang abnudeln läßt: speziell beim Essen, bei der Arbeit, beim Autofahren, besonders zur Entspannung (89%) und um Stille totzuschlagen bzw. Einsamkeit zu kompensieren (87%). Vom Radio erreicht werden täglich 85% aller Hörerinnen und Hörer ab 14 Jahren, die Nutzungsdauer beträgt durchschnittlich 206 Minuten am Tag, bei Vielhörern fünf Stunden täglich und mehr.

4.6.4 | Hörspiel

Ebenso wie der Spielfilm mit den medienspezifischen Möglichkeiten seines Mediums spielt, nutzt auch das Hörspiel die Gestaltungs- und Ausdrucksformen des Mediums Radio in ästhetischer Absicht. Insbesondere die (germanistische) Literaturwissenschaft, die auch „Literatur" in anderen Medien als nur dem Buch behandelt, hat sich diesem Gegenstandsbereich mit den ihr eigenen ästhetischen Fragestellungen speziell unter historischem Blickwinkel gewidmet.

Anfänglich gab es Sendespiele und funkspezifische Bearbeitungen von Theaterstücken. Die ersten Kunstformen speziell für das Radio – man sprach auch vom „akustischen Film" – wurden 1924 geschrie-

ben und live gesendet. 1929 bis 1932 gab es eine erste Blütezeit des
deutschen Hörspiels, u.a. mit Bertolt Brecht, Alfred Döblin und Hermann Kasack. Neben den literarischen Hörspielen gab es auch Zeit-
hörspiele und später Kriegs-, Nachkriegs- und Arbeitslosenhörspiele.
Um 1935 war die zweite Blütezeit, insbesondere mit Günter Eich,
Fred von Hoerschelmann, Paul Alverdes, Kurt Eggers und anderen.
Nach 1945 gab es einen dritten Höhepunkt mit Hörspielen u.a. von
Axel Eggebrecht, Wolfgang Borchert, Eich, Ilse Aichinger, Alfred An-
dersch, Ingeborg Bachmann, Friedrich Dürrenmatt und vielen anderen. Aufgrund der guten Bezahlung arbeiteten fast alle deutschen
Schriftsteller in den 50er und frühen 60er Jahren auch für den Hör-
funk.

1929-1932

um 1935

nach 1945

Mit dem Boom des Fernsehers ab den 60er Jahren wandelte sich das
Hörspiel wieder zum Nischenphänomen. Das „neue Hörspiel" war
eher akustisches Klangspiel, radiophone Lautmalerei, elitäres Expe-
riment. Hörspiele in den 70er Jahren entdeckten den O(riginal)-Ton
als Schlüsselkategorie, ab den 80er Jahren ergänzt durch Kurzhör-
spiele, Romanadaptionen und Ton-Collagen unter Einbeziehung
elektronischer Musik und digital erzeugter Geräusche. Heute hat das
Hörspiel als Literaturart im Hörfunkprogramm keine nennenswerte
Bedeutung mehr.

60er Jahre

70er und 80er Jahre

Literatur

Kurt E. Fischer: Der Rundfunk. Wesen und Wirkung. Suttgart 1949.
*Älterer Versuch einer Theorie des Hörfunks als Rund-Funk für die Massen,
mit ausführlicher Darstellung der „funkeigenen Formen".*

Kurt E. Fischer: Das Hörspiel: Form und Funktion. Stuttgart 1964.
Enzyklopädisches Standardwerk zum Hörspiel als Kunstform.

Stephan B. Würffel: Das deutsche Hörspiel. Stuttgart 1978.
Standardwerk einer germanistischen Medienwissenschaft.

Hans Bausch (Hrsg.): Rundfunk in Deutschland, 5 Bde. München 1980.
*Standardwerk zur Rundfunk- vor allem als Institutionengeschichte, unter
Einbeziehung auch des Fernsehens.*

Werner Faulstich: Radiotheorie. Eine Studie zum Hörspiel ´The War of the
Worlds´ (1938) von Orson Welles. Tübingen 1981.
*Radiotheorie mit Bezugnahme auf das „Panikhörspiel", unter Betonung der
fünf Schlüsselkategorien Live, Auditivität, Illusion, Angst, Reihe.*

Literatur

Peter Dahl: Radio. Sozialgeschichte des Rundfunks für Sender und Empfänger. Reinbek 1983.
Veranschaulichende Geschichte des Radios von den Anfängen bis zur Nachkriegszeit, mit besonderem Blick auf seine sozialen Auswirkungen.

Otfried Jarren und Peter Widlok (Hrsg.): Lokalradio für die Bundesrepublik Deutschland. Berlin 1985.
Exemplarischer Sammelband zu Geschichte, Voraussetzungen, Modellen und Chancen des Lokalfunks als Ergänzung zum länderübergreifenden und nationalen Hörfunk.

Klaus Goldhammer: Formatradio in Deutschland. Konzepte, Techniken und Hintergründe der Programmgestaltung von Hörfunkstationen. Berlin 1995.
Klassische Studie zu den standardisierten, an speziellen Bedürfnissen von Hörergruppen orientierten Radioprogrammen bzw. Musikformen und ihren Funktionen.

Christof Barth und Christian Schröter (Hrsg.): Radioperspektiven – Strukturen und Programme. Baden-Baden 1997.
Sammelband mit vielen wichtigen Beiträgen zur neueren Entwicklung des Hörfunks und seiner Programmangebote.

Joachim-Felix Leonhard (Hrsg.): Programmgeschichte des Hörfunks in der Weimarer Republik, 2 Bde. München 1997.
Exemplarischer Ansatz für eine umfassende Erarbeitung einer Radioprogrammgeschichte.

Übungs- und Wiederholungsfragen

27. In welche medienhistorische Tradition muß der Hörfunk eingeordnet werden?
28. Unterscheiden Sie verschiedene Radiotheorien voneinander.
29. Welche drei Anbietergruppen konkurrieren auf dem heutigen Radiomarkt?
30. Wieviel Sender gibt es zur Zeit in Deutschland?
31. Was versteht man unter Formatradio?
32. Nennen Sie verschiedene Moderationsstile und verschiedene Formate.
33. Charakterisieren Sie die Radionutzung: Wie und wann wird Radio gehört, wie lange täglich im Durchschnitt und was sind die wichtigsten Funktionen?

– Skizzieren Sie eine der Radiotheorien Ihrer Wahl und diskutieren Sie deren Brauchbarkeit zum Verständnis des Mediums heute.

– Informieren Sie sich über den Einsatz des Hörfunks als Propagandainstrument in der Zeit des Nationalsozialismus: organisations- und programmspezifisch.

– Wählen Sie je einen Sender aus den drei Anbietergruppen, schneiden Sie punktuell deren Programme mit und vergleichen Sie Ähnlichkeiten und Unterschiede.

– Welche Radiosender hören Sie, wann, wie lange und zu welchem Zweck? Erstellen Sie ein persönliches Radionutzungsprofil und beachten Sie dabei Ihren Gebrauch anderer Medien.

Das Fernsehen | 4.7

Aus rechtlichen und institutionengeschichtlichen Gründen gehört neben dem Hörfunk auch das Fernsehen zum „Rund-Funk", aber es handelt sich dabei um ein völlig anderes Medium. Seit über 40 Jahren bis heute gilt das Fernsehen aufgrund seiner prägenden Dominanz als das gesellschaftliche Leitmedium. Das hängt auch damit zusammen, daß das Fernsehen mit anderen Medien – etwa mit den Programmzeitschriften (Kap. 3.8.3) – im Produktverbund besonders eng verknüpft ist. Entsprechend umfangreich und multiperspektivisch wird es von der Medienwissenschaft behandelt. Als die vielleicht wichtigsten Schwerpunktbereiche können hier die folgenden vier unterschieden werden: Fernsehtheorie, Fernsehgeschichte, Fernsehprogramm, Fernsehmarkt.

Vier Schwerpunktbereiche

Fernsehtheorie | 4.7.1

Fernsehtheorien im weiteren Sinn umfassen alle Stellungnahmen und Diskussionen zur Bedeutung des Fernsehens in Öffentlichkeit und Gesellschaft. Fernsehtheorien wurden oft als Medientheorien diskutiert, Fernsehkritik galt meist als Medienkritik, und Fernsehkultur wurde häufig allgemein als Medienkultur verstanden. Man kann die relativ vielen Theorien in zwei Gruppen einteilen: ältere und neuere Fernsehtheorien.

Fernsehtheorien als Medientheorien

Ältere Fernsehtheorien orientieren sich an den frühen Formen des neuen Mediums, auch im Vergleich mit anderen Medien der Zeit. Es gibt dabei drei unterschiedlich wertende Ansatze: Zunächst gerieten die neuen ästhetischen und dramaturgischen Möglichkeiten des Fernsehens in den Blick, im Unterschied zu Film, Theater und Radio. Fernsehtheorie war *Kunsttheorie* (z.B. Gerhard Eckert). Aus Machersicht wurde Fernsehen aber auch als Medium für das Sehen, als Horizonterweiterung in Sinne einer 5. Wand verstanden (z.B. Werner Rings). Fernsehtheorie war hier eine enzyklopädische *Produktionsanleitung*, die das Arsenal der Gestaltungselemente entfaltete. Ausnehmend kritisch schließlich erschien das Fernsehen auch als Massenbetrug der Kulturindustrie, als Anti-Aufklärung und Apokalypse der Hochkultur, als Instrument des Staatskapitalismus zur Sicherung und Legitimierung der Kapitalherrschaft (z.B. Horst Holzer). Diese Fernsehtheorie war *Kultur- und Gesellschaftskritik.*

Neuere Fernsehtheorien wurden vor allem aus kultur- und publizistikwissenschaftlicher Perspektive vorgelegt. Kulturwissenschaftliche Fernsehtheorien finden sich in großer Bandbreite. Demnach beeinflußt Fernsehen beispielsweise die kulturelle Identität durch die Ausbildung neuer Rollen, durch die Vermischung von Männlichkeit und Weiblichkeit, durch die Eliminierung der Grenze zwischen Kindheit und Erwachsensein und dadurch, daß es zur Veränderung von Autoritäten führt. Die Theorie des Fernsehens ist hier *Theorie sozialer Wandlungsprozesse*. Fernsehen gilt sodann aber auch selbst als ein Teil von Kultur, als Gestaltungsfaktor kultureller Wirklichkeit. Damit wird dem traditionellen Gegensatz von Hochkultur und Trivialkultur das Konzept der Popularkultur zugeordnet. Die Forderung nach mehr Kultur erscheint dabei als Forderung nach mehr Fernsehen. Zumindest wird das Fernsehen als Erzählmaschine in eine jahrhundertelange narrativen Tradition der Volkskultur eingeordnet. Fernsehtheorie verzichtet damit auf normative Implikationen und wird zu einer *deskriptiven Darstellungsästhetik*. Oder angelsächsische Beiträge konzipierten das Fernsehen als *kulturelles Forum*: als Bühne oder Marktplatz für den Austauch von Meinungen, Wertvorstellungen und Bildern, mit Akteuren und Zuschauern. Das schließt auch die sogenannte Bardenfunktion ein, also den Unterhaltungscharakter des Fernsehens.

Publizistikwissenschaftlich wird das Fernsehen meist den sogenannten Massenmedien zugerechnet und allgemeiner unter dem Ge-

---

Sidenotes (margin):

Ältere Fernsehtheorien

– Kunsttheorie

– Produktionsanleitung

– Kultur- und Gesellschaftskritik

Neuere Fernsehtheorien

– Theorie sozialer Wandlungsprozesse

– deskriptive Darstellungsästhetik
– kulturelles Forum

sichtspunkt von Medienöffentlichkeit thematisiert (Kap. 7.2). Im engeren Sinn von *Fernsehöffentlichkeit* gilt das Fernsehen nicht mehr als wichtiger Integrationsfaktor wie von den 60er bis in die 80er Jahre, sondern ist heute geprägt von Fragmentierung, Individualisierung und Selbstbezug. Das heißt: Die Angebotsvielfalt von rund 30 Programmen rund um die Uhr hat die fernsehgenerierte Öffentlichkeit sektoriert. Das geht mit einer verstärkt selektiven Nutzung und der wohlbekannten Zapping-Mentalität konform. Und immer weniger werden authentische Sachverhalte vermittelt, dagegen immer stärker Scheinöffentlichkeiten inszeniert, d.h. Wirklichkeit wird „bearbeitet": vor allem dynamisiert, personalisiert und polarisiert.

Merksatz

> Die Geschichte der Fernsehtheorien läßt eine historische Abfolge gemäß dem Wandel der Bedeutungen von „Kultur" und „Medium" erkennen: vom „Feind" der wahren Kultur (normativ) über ein Kommunikationsmittel unter vielen (instrumentell) bis zum wichtigen Vermittler insbesondere im politischen und kulturellen Teilsystem der Gesellschaft (funktional).

Fernsehgeschichte | 4.7.2

Es gibt ganz verschiedene Arten von Fernsehgeschichte: Manche orientieren sich, aus *juristischer* Sicht, an den verschiedenen Fernsehurteilen, und demnach kann man fünf Phasen unterscheiden, die durch verfassungsrechtliche Grundsatzdebatten geprägt sind: 1952-1963: Monopol von NWDR bzw. ARD, 1963-1983: Konkurrenz von ARD und ZDF, 1984-1991: Duales Rundfunksystem, d.h. Nebeneinander von öffentlich-rechtlichen und privaten Sendern, 1991-1997: Ausdehnung auf die neuen Bundesländer, 1997 bis heute: Übergang zum Marktanteilssystem beim Privatfernsehen (d.h. maximal 30% Marktanteil pro Senderfamilie) und Fortschreibung der Bestandsgarantie von ARD und ZDF.

Rechtsgeschichte von Fernsehurteilen

Andere Fernsehgeschichten verstehen sich als *Sozialgeschichten* und konzentrieren sich auf den Einfluss des Fernsehens im Lebens-

Sozialgeschichte

alltag. Demnach werden jahrzehntemäßig Schwerpunkte gesetzt:
In den 50er Jahren war das Fernsehen ein neues Möbelstück und zugleich das Fenster zur Welt.

In den 60er Jahren wurde es, in scharfer Konkurrenz zum Kino, zum Pantoffelkino.

In den 70er Jahren fungierte es immer stärker als Unterhaltungsdroge im Wohnzimmer, zunehmend kritisch betrachtet.

In den 80er Jahren, mit dem Vormittagsprogramm und der Vermehrung der Sender und Programme, strukturierte das Fernsehen in vielen Familien bereits den gesamten Alltag, auch für Kinder, und wurde zum Warenhaus für viele verschiedene Teilpublika.

Dann kamen kontinuierlich neue Medien hinzu: Video, Spielzeuge wie Nintendo und Gameboy, aber auch der Computer und das World Wide Web, die mit dem Fernsehen konkurrierten und in Form von unterschiedlichen Lebensstilen immer stärker Freizeit in Anspruch nahmen.

Systemgeschichte Am anspruchsvollsten und entsprechend komplex wurde Fernsehgeschichte als *Systemgeschichte* geschrieben, bei der diese und viele weitere Ansätze wie vor allem Technik-, Institutionen-, Organisations-, Programm- und Rezeptionsgeschichte integrativ zusammengefaßt werden (Knut Hickethier). Fernsehgeschichte zeigt sich hier als Kernstück einer kompletten Medienkulturgeschichte der deutschen Nachkriegszeit. Dabei werden zumeist acht Phasen unterschieden:

1884-1933: Vorgeschichte (technische Vorläufererfindungen, Versuchsbetrieb der Post),

1933-1945: Frühgeschichte (Information, Unterhaltung und Propaganda durch die Nationalsozialisten; kollektive Rezeption in öffentlichen Fernsehstuben),

1948-1954: Neubeginn (das NWDR-Fernsehen),

1954-1962: Industrialisierung der Fernsehproduktion in der Bundesrepublik Deutschland (ARD, Programmgenres),

1963-1973: Fernsehen als kulturelles Forum (zwischen Lebenshilfe und politischer Aufklärung),

1973-1983: Trend zur Unterhaltung in allen Genres,

1984-1991: Kommerzialisierung,

seit 1991: Wandel vom analogen zum digitalen Fernsehen.

Zahlreiche Einzelgeschichten als Basis Natürlich verbergen sich hinter solchen Stichworten differenzierte Veränderungsprozesse, die sowohl die Produktionen und die Programme als auch die gesellschaftlichen Funktionen des Fernsehens betreffen. Zahlreiche Einzelstudien etwa zur Geschichte der Unterhaltungselektronik, zur Geschichte einzelner Sender, zur Geschichte von Sendungen, zur Geschichte von Genres, zur Geschichte von Fernsehstars oder auch zur Geschichte der Fernsehkritik und der Fernsehzuschauer zeichnen hier ein hochkomplexes buntes Bild.

Fernsehprogramm

4.7.3

Sieht man einmal vom Werbeprogramm ab (Kap. 4.7.4), so kann man die Gesamtheit aller Sendungen der Fernsehsender, die in der Regel strukturiert nach Programmschemata ausgestrahlt werden, in drei große Gruppen von Fernsehgenres einteilen: erstens Informations- und Dokumentarsendungen, zweitens fiktionale Sendungen und drittens Unterhaltungssendungen und Zielgruppenprogramme. Gleichwohl gilt aber das Grundprinzip des Programmkontinuums, das die Produktion wie auch die Rezeption des Fernsehens prägt – gleichsam als eine einzige Serie zahlloser, meist periodisch wiederkehrender Typen von Einzelsendungen, ein riesiges Magazin, aus dem sich jeder nach Belieben bedient. Lediglich manche Spartenprogramme, die etwa nur Spielfilme oder nur Sportsendungen oder nur Musiksendungen ausstrahlen, weichen von diesem Prinzip etwas ab.

Drei Gruppen von Fernsehgenres

Programmkontinuum als Grundprinzip

Informations- und Dokumentarsendungen sind vor allem Nachrichtensendungen und Magazinsendungen. Hinzu kommen Dokumentarfilme und Reportagen, Wissenschaftsprogramme sowie Lehr- und Bildungsfernsehen. Nachrichtensendungen sind die Klassiker wie die Tagesschau, aber auch erweiterte Nachrichtensendungen wie die Tagesthemen oder längere Nachrichtensendungen bei aktuellen Ereignissen bis hin zu Nachrichtenkanälen als Spartenprogramme.

Informations- und Dokumentarsendungen

– Nachrichtensendungen

Die Fernsehmagazine sind stark nach Typen ausdifferenziert: Neben den Politischen Magazinen gibt es vor allem Kulturmagazine (über Malerei, Theater, klas-

Merksatz

Die Fernsehnachrichtensendungen, die einen zuverlässigen und aktuellen Überblick über die Ereignisse des Tages bieten wollen, sind stark von einer nationalen Perspektive und von Bebilderungszwängen bestimmt. Sie stellen einen wichtigen Faktor der sogenannten Fernsehöffentlichkeit und sogar der öffentlichen Meinung dar.

– Magazinsendungen

sische Musik, Literatur usw.), Sportmagazine, Gesundheitsmagazine, Wirtschaftsmagazin, Frauenmagazin und Erotikmagazine sowie zahlreiche Regionalmagazine und explizite Unterhaltungs- und Feierabendmagazine. Magazinsendungen sind in der Regel vom Prinzip des Additiven bestimmt und stark formalisiert: Relativ zusammenhanglos werden einzelne Kurzbeiträge aneinandergereiht, von der Moderation nur lose verknüpft. Sie spiegeln damit die zugrundeliegende Unterhaltungs- und Konsumstruktur des Mediums.

Fiktionale Sendungen

– Serien

Als fiktionale Sendungen gelten Fernsehserien, Kino-Spielfilme, Literaturverfilmungen und Fernsehspiele sowie Theatersendungen. Am wichtigsten sind die Serien und die Spielfilme. Auch bei den Serien gibt es ein hohes Maß an Ausdifferenzierung nach Typen: Familien- und Alltagsserien, Krimiserien der unterschiedlichsten Art, Western- und Science Fiction-Serien, Heimatserien, Arzt- und Krankenhausserien usw. Endlosserien im Fernsehen sind meist kommerziell bestimmt, ästhetisch anspruchslos und für den schnellen Verbrauch bestimmt. Sie lassen sich charakterisieren durch alltagsnahe Themen, typisierte Handlungsstränge, die miteinander verflochten sind, ein festes Figureninventar, die prinzipielle Unabgeschlossenheit der Handlung, wiederkehrende Problemkreise meist infantiler Art, nicht zuletzt durch einen Trost- und Traumcharakter, der von den Heftchenromanen her bekannt ist (Kap. 3.5.2).

– Spielfilme

Spielfilme als Medienangebot des Fernsehens (neben den Distributionswegen Kino und Video) haben eine Entwicklung durchlaufen: vom Spielfilm als Not- und Übergangslösung, angesichts einer zu geringen Zahl an Live- und Eigenprogrammen, über ein regelmäßiges Angebot zu festen Programmterminen bis zu Retrospektiven der Filmtradition und Filmkultur (Klassiker der Filmgeschichte, künstlerisch wertvolle Filme, Kurzfilme etc.) und schließlich einem breiten Filmangebot als Teil der Fernsehunterhaltung. Das impliziert aber auch Coproduktionen von Spielfilmen für Kino und Fernsehen gleichermaßen.

Unterhaltungs- und
Zielgruppenprogramme

– Unterhaltungs-
sendungen

Unterhaltungssendungen und Zielgruppenprogramme schließlich meinen vor allem Shows und Sportsendungen. Hinzugerechnet werden hier noch Kabarettsendungen, Ratgebersendungen, kirchlich-religiöse Sendungen und vor allem das Kinderfernsehen. Bei den Unterhaltungssendungen unterscheidet man in Quiz und Gameshow,

Talkshow und Musikshow. Jeweils haben sich im Lauf der Programmgeschichte wieder ganz verschiedene Varianten herausgebildet. Die Sportsendungen spielen, speziell für die Fußballvereine der Bundesliga, längst eine zentrale Rolle für Spielbetrieb und Gagen der Stars, sind aber auch bei Großereignissen wie den Olypischen Spielen oder bei den den Formel 1-Autorennen von existentieller Bedeutung. Und auch hier haben sich jeweils Spartenkanäle entwickelt (z.B. MTV für Musikunterhaltung und Eurosport).

– Sportsendungen

Übergreifende Charakteristika des Fernsehprogramms relativieren solche Unterscheidungen. So gilt insbesondere eine zunehmende Vermischung gerade von informativen und unterhaltenden Programmen („Infotainment", zusammengesetzt aus „information" und „entertainment"); der Unterhaltungsanspruch ans Medium Fernsehen ist umfassend und tangiert sogar reine Bildungssendungen („Edutainment", zusammengesetzt aus „education" und „entertainment"). Typisch ist auch der hohe Anteil von Programmübernahmen insbesondere aus dem Ausland; der Anteil internationaler Programmkonzepte oder Sendungen beläuft sich in Deutschland auf bis zu drei Viertel des gesamten Fernsehprogramms. Nicht zuletzt gilt eine starke Abhängigkeit von den Werbesendungen und Wirtschaftsinteressen der Sender. In weiten Teilen ist das Fernsehprogramm nichts weiter als ein Umfeld für die eigentlich zentralen Werbeprogramme.

Infotainment

Edutainment

Fernsehmarkt

4.7.4

Der Fernsehmarkt im Sinne der ökonomischen Dimension des Fernsehens umfaßt zahlreiche Faktoren und Bereiche, von denen – abgesehen vom bereits dargestellten Programmmarkt (Kap. 4.7.3) – drei als die wichtigsten gelten: die einzelnen Sender und Senderfamilien (Anbietermarkt), die Werbeprogramme (Werbemarkt) sowie die Zuschauer oder Konsumenten (Publikumsmarkt). Andere Märkte wie der Spielfilmmarkt, der Sportrechtemarkt oder der Kabel- und Verteiltechnikmarkt dürfen dabei aber nicht übersehen werden.

Es gibt zur Zeit 15 öffentlich-rechtliche Sender, 16 private Sender und 9 regionale Ballungsraumsender, außerdem über 10 ausländische Sender in fremden Sprachen, die zumeist paneuropäisch aus-

Der Anbietermarkt

gelegt sind. Nicht alle können überall empfangen werden, aber rund 25 Sender erreichen über Antenne (100%), Kabel (53%), oder Satellit (38%) im Prinzip 70% aller 36,5 Millionen Fernsehhaushalte.

– Die Öffentlich-Rechtlichen

Strukturell sind die öffentlich-rechtlichen Sender geprägt von der Arbeitsgemeinschaft der öffentlich-rechtlichen Rundfunkanstalten Deutschlands (ARD), in der die regionalen Sender auf nationaler Ebene zusammenarbeiten, dem Zweiten Deutschen Fernsehen (ZDF) und den länderspezifischen Dritten Programmen. Die gebührenfinanzierten öffentlich-rechtlichen Sender mit ihren weiteren Anbietern wie 3Sat, Arte, KiKa und Phoenix sind für die Grundversorgung der Bürger mit Information, Bildung und Unterhaltung zuständig. Der Werbeanteil am Etat beträgt derzeit bei der ARD rund 5%, beim ZDF rund 12%.

– Die Privaten

Die privaten Fernsehveranstalter sind geprägt von zwei „Senderfamilien": Bertelsmann (mit RTL, Super RTL, RTL2 und VOX) und Kirch/Springer (SAT.1, PRO7, KABEL1, DFS, Premiere), die sich derzeit gerade in Auflösung und Neuorientierung befinden. Charakteristisch ist aber die Zugehörigkeit der privaten Sender zu großen multimedialen Konzernen. Eine Besonderheit stellt der werbefreie Pay-TV-Sender Premiere mit zahlreichen Spartenkanälen dar, eine zweite Besonderheit der reine Werbe- und Teleshopping-Kanal HOT. Bei den Werbeumsätzen dominiert RTL vor SAT.1 und PRO7; die anderen folgen in großem Abstand (die jährlichen Zahlen schwanken). Der Eindruck der Zuschauer, die Programme der privaten Sender könnten „umsonst" genutzt werden, beruht natürlich auf einem Irrtum, denn die Werbekosten werden von den Verbrauchern, d.h. den Zuschauern selbst, über die Produkte, bezahlt.

Der Werbemarkt

Der Werbemarkt in Deutschland umfaßt insgesamt (2002) rund 17 Milliarden Euro, davon entfallen auf den Fernsehwerbemarkt rund 7,5 Milliarden Euro. Dafür werden jährlich rund 2,5 Millionen Spots ausgestrahlt, in einer Länge von durchschnittlich 24 Sekunden. Pro Jahr werden in allen Medien insgesamt knapp 50.000 Produkte beworben, davon im Fernsehen knapp 5.000. Der Fernsehwerbemarkt wird dominiert von RTL (29%), SAT.1 (20%) und PRO7 (20%); ARD (3,0%) und ZDF (2,6%) spielen da kaum eine Rolle. Der wichtigste Produktbereich im Fernsehen sind Lebensmittel. Zu den größten Werbekunden rechnen Ferrero, Maggi, Kraft sowie Procter & Gamble, Unilever und Henkel.

Fernsehwerbung wird, abgesehen von den Programmtrailern (die auf andere Programme werbend verweisen), unterschieden in Wirtschaftswerbung im engeren Sinn (Spotwerbung, Teleshopping, Dauerwerbesendung), Sponsoring (speziell Sendungs- oder Programmsponsoring), Product Placement und andere. Tatsächlich handelt es sich hier nur um unterschiedliche Strategien ein und derselben Werbung. Jährlich werden im Fernsehen über 10.000 Werbestunden ausgestrahlt. Man schätzt das Werbezeitenangebot auf rund 15% der täglichen Sendezeit. Fernsehwerbung stellt in der Regel nur einen Anteil im Medienmix einer Werbekampagne, steht aber häufig an der Spitze.

Der allergrößte Teil der Fernsehforschung wird von der Werbeindustrie finanziert und bezieht sich auf Einschaltquoten und das Seh- und Nutzungsverhalten des Publikums.

Der Publikumsmarkt

Merksatz

Das Fernsehen erreicht täglich etwa drei Viertel aller Erwachsenen ab 14 Jahren. ARD, ZDF und RTL liefern sich hier immer wieder Kopf-an-Kopf-Rennen um den ersten Platz. Der Zeitaufwand für das Fernsehen erhöht sich seit Jahren, von täglich 113 Minuten im Wochendurchschnitt (1970) auf mittlerweile 196 Minuten (2002). Am Wochenende und im Winter liegen die Zahlen aber noch höher. Solche Durchschnittszahlen verzerren auch deshalb das Bild, weil es das Phänomen der Vielseher gibt (täglich mehr als zweieinhalb Stunden). Bereits 1995 waren das 42% der deutschen Bevölkerung ab 14 Jahren; durchschnittlich betrug der Fernsehkonsum in dieser Gruppe täglich 3 Stunden 48 Minuten.

> Beim kommerziellen Fernsehen ist der Publikumsmarkt (speziell die Altersgruppen zwischen 14 und 49) Gradmesser des Werbemarkts, der wiederum den Programmmarkt bestimmt.

Literatur

Hans Bausch (Hrsg.): Rundfunk in Deutschland, 5 Bde. München 1980.
Standardwerk zur Rundfunk- vor allem als Institutionengeschichte, unter Einbeziehung auch des Hörfunks.

Joshua Meyrowitz: Die Fernsehgesellschaft. Wirklichkeit und Identität im Medienzeitalter. Weinheim, Basel 1987.
Wichtiger Beitrag zur sozialgeschichtlichen Wirkung des Fernsehens, u.a. zur Vermischung von Männlichkeit und Weiblichkeit.

Helmut Kreuzer und Christian W. Thomson (Hrsg.): Geschichte des Fernsehens in der Bundesrepublik Deutschland, 5 Bde. München 1994.

Literatur

Umfangreiches Standardwerk zur Institutionengeschichte, Programmgeschichte und Geschichte der Handlungsrollen des bundesdeutschen Fernsehens.

ARD und ZDF (Hrsg.): Was Sie über Rundfunk wissen sollten. Berlin 1997.
Guter systematischer Überblick über das öffentlich-rechtliche Fernsehen in Deutschland.

Knut Hickethier (unter Mitarbeit von Peter Hoff): Geschichte des deutschen Fernsehens. Stuttgart, Weimar 1998.
Integrativer Gesamtentwurf einer Geschichte des west- und ostdeutschen Fernsehens von den Anfängen bis in die 90er Jahre als Systemgeschichte.

Ricarda Strobel und Werner Faulstich (unter Mitarbeit von Uwe Breitenborn und Susanne Schult): Die deutschen Fernsehstars, 4 Bde. Göttingen 1998.
Fernsehgeschichte als Geschichte seiner Stars, von Peter Frankenfeld, Hans-Joachim Kulenkampff und Heinz Quermann über Caterina Valente, Peter Alexander und Carolin Reiber bis zu Hans Rosenthal, Rudi Carrell und Thomas Gottschalk.

Eric Karstens und Jörg Schütte: Firma Fernsehen: Wie TV-Sender arbeiten. Alles über Politik, Recht, Organisation, Markt, Werbung, Programm und Produktion. Reinbek 1999.
Knappe Einführung in Rahmenbedingungen und Schlüsselbereiche des Mediums.

Jürgen Heinrich: Medienökonomie, Bd. 2: Hörfunk und Fernsehen. Opladen 1999.
Wirtschaftswissenschaftliche Sicht auf das Fernsehen als Markt, mit besonderer Betonung u.a. der Programmproduktion, der Konzentration, der Finanzierung, der Makroökomik, der Mikroökonomik und der Werbung.

Werner Faulstich: Einzelmedientheorien am Beispiel von Fernsehtheorien: „Medienkultur". In: Ders., Einführung in die Medienwissenschaft. München 2003 (UTB), S. 44-52.
Umfassender kurzer Überblick über sechs verschiedene Typen von Fernsehtheorien und ihren Zusammenhang mit Kultur- und Medientheorien.

Arbeitsgemeinschaft der Landesmedienanstalten (Hrsg.): Programmbericht zur Lage und Entwicklung des Fernsehens in Deutschland 2002/03. Konstanz 2003.
Alle zwei Jahre vorgelegter Bericht über das öffentlich-rechtliche und das private deutsche Fernsehen.

34. Welche Schwerpunktbereiche kann man beim Medium Fernsehen unterscheiden?
35. Nennen Sie mindestens je eine ältere und eine neuere Fernsehtheorie.
36. Welche Merkmale charakterisieren die heutige Fernsehöffentlichkeit?
37. Unterscheiden Sie verschiedene Abschnitte der Fernsehgeschichte aus juristischer Sicht.
38. Wie wird die Fernsehgeschichte sozialgeschichtlich charakterisiert?
39. Nennen Sie die acht Phasen einer Fernsehgeschichte als Systemgeschichte.
40. Welche drei Gruppen von Fernsehgenres gibt es?
41. Was heisst „Infotainment", „Edutainment" und „Vielseher"?
42. Charakterisieren Sie den Anbietermarkt beim Fernsehen.

– Skizzieren Sie eine der Fernsehtheorien Ihrer Wahl anhand der Quellen und diskutieren Sie deren Brauchbarkeit zum Verständnis des Mediums.
– Informieren Sie sich anhand der Sekundärliteratur ausführlich über eine spezielle Entwicklungsphase des Mediums Fernsehen und diagnostizieren Sie seine damaligen gesellschaftlichen Funktionen.
– Analysieren Sie eine Nachrichtensendung, z.B. die Tagesschau, nach Nachrichtenthemen, Darstellungsformen und der Dramaturgie, d.h. der Reihenfolge ihrer Darbietung (vom Aufhänger bis zum Wetter).
– Vergleichen Sie die Nachrichtensendungen verschiedener Sender desselben Tages im Hinblick auf Ähnlichkeiten und Unterschiede.
– Protokollieren Sie Ihr eigenes Fernsehverhalten und die Fernsehnutzung in Ihrer Familie über eine ganze Woche einschließlich Wochenende. Wie gehen Sie dabei mit der Fernsehwerbung um?
– Welcher Fernsehstar (oder Moderator oder Fernsehschauspieler oder Nachrichtensprecher usw.) gefällt Ihnen persönlich besonders? Finden Sie die Gründe dafür heraus.

4.8 | Video

Zwei Hauptfunktionen

Das zuletzt entstandene elektronische Medium Video hatte anfangs ausschließlich die Funktion der Bild- und Programmspeicherung. Darin besteht auch heute noch seine größte Bedeutung (wobei nach der Bildplatte die DVD, trotz anderer Technik und prinzipiell vergleichbar der CD beim Medium Tonträger, diese Funktion mehr und mehr übernimmt). Entsprechend hat sich der Videomarkt herausgebildet. Zweite wichtige Funktion war seine Eignung und Nutzung als Gestaltungsmittel. Diese Bedeutung kommt ihm heute freilich fast nur noch im Verbund mit anderen Medien, insbesondere dem Fernsehen, zu. Beide Funktionen: Speichern und Gestalten, haben inzwischen die unterschiedlichsten Formen und Verwendungskontexte gefunden.

4.8.1 | Video als Speichermedium

Private Nutzung

Ursprünglich diente Video zur Speicherung von audiovisuellem Material unabhängig vom Zeitpunkt seines Entstehens. Diese Funktion hat es auch heute noch, wenn wir Videokassetten dazu nutzen, Fernsehprogramme aufzuzeichnen – sei es für unser privates Archiv, sei es nur, um sie zeitversetzt zu sehen.

Öffentliche Nutzung

In immer neuen gesellschaftlichen Bereichen ist Video als Kontroll- und Überwachungsmedium eingesetzt: Verkehrsüberwachung bei der Polizei oder in U-Bahnnetzen, Krankenüberwachung in Kliniken, Kunden- und Personalüberwachung in Kaufhäusern, Banken und Retaurants, Schutz sensibler Bereiche wie militärische Anlagen und Flughäfen, Vermittlung von Kompetenzen im Bildungssektor oder bei praktischem Körpereinsatz. Manche Städte wie z.B. London haben hunderte von Videokameras strategisch platziert, etwa um gesuchte Straftäter unter den Passanten zu ermitteln, um Straftaten zu reduzieren oder um von Autofahrern anhand der Nummernschilder Durchfahrgebühren zu erheben.

Der Videomarkt

Mit der Verbreitung des Videorecorders in den meisten Haushalten und der Expansion des Videosoftwaremarktes, d.h. der Verfügbarkeit von immer mehr Spielfilmen und Kinderfilmen auf Video, etablierten sich Videotheken für Leihvideos und Verkaufsstellen, ins-

besondere in Elektrofachgeschäften, Kaufhäusern und Verbraucher-
märkten, zunehmend auch im Versandhandel, für Kaufvideos. Rechnet man hier die DVDs hinzu, hat der Umsatz von 1,15 Milliarden
Euro im Jahr 2001 sogar das damalige Kinoeinspielergebnis von 987
Millionen Euro übertroffen. In diesem Jahr wurden nicht weniger
als rund 31 Millionen Kaufkassetten und rund 19 Millionen DVDs
verkauft. Zu diesen 50 Millionen Einheiten sind noch diejenigen Videokassetten zu rechnen, die über rund 4.500 Videotheken tagtäglich ausgeliehen wurden. Hier werden insgesamt etwa 17.000 Titel
angeboten, bevorzugt Pornos, Horror- und Gewaltfilme, aber auch
Komödien, Thriller und Actionfilme.

Videoentleiher sind nach demographischen Merkmalen vor allem Bezieher mittlerer Einkommen, die 20-39jährigen, Männer,
Angestellte, häufig mit dem Bil-
dungsabschluss Abitur oder
Hochschulstudium (knapp 50%).

Merksatz

Knapp 8% der Bevölkerung sehen sich mehrmals in der Woche Videokassetten an. Gleichwohl sind die Kauf- und Ausleihzahlen enorm,
insbesondere bei der Gruppe der Intensivnut-
zer.

Video als Gestaltungsmedium | 4.8.2

Schon rasch nach seiner Erfindung hat sich Video auch als Gestaltungsmittel ausgewiesen, z.B. die klassische Fernsehproduktion – nämlich
als Produktion von Zelluloidfilmen – verändert: Fernsehfilme werden
auf Videoband aufgezeichnet und erfahren damit zugleich auch eine
ganz neue Ästhetik (z.B. durch den gleichzeitigen Einsatz mehrer Kameras und dem Live-Schnitt am Mischpult). Ähnlich ist es heute jedermann möglich, mit modernen Videokameras (Camcorder) eigene Ur- Private Videos
laubs- oder Freizeitfilme herzustellen und ästhetisch zu gestalten.

In der zweiten Hälfte der 70er und in den 80er Jahren wurde Video
vor allem in unabhängigen Medienzentren, Videoläden oder Me-
dienwerkstätten als pädagogisches oder politisches Gestaltungsmit- Politische Videos
tel eingesetzt. Selbstproduzierte Filme von Laien etwa zu sozialen
und politischen Themen dienten der Etablierung alternativer Teil-
und Gegenöffentlichkeiten. Noch heute gibt es alternative Videofil-
mer in dieser Tradition, die aber professioneller arbeiten und eher
dokumentarische Interessen verfolgen.

Musikvideos

Dominant beim Video als Gestaltungsmittel ist heute der Musikvideo-Clip. Er dient vor allem der Vermarktung von Popsongs und wird in entsprechenden Fernsehsendungen bzw. Musikspartensendern eingesetzt. Man kann dabei verschiedene Typen unterscheiden (Holger Springsklee): Performance-Clips mit dem Bühnenauftritt, Narrative Clips mit einer erzählten Handlung, Seminarrative Clips als Vermischung von Performance und Erzählung, und reine Arts-Clips ohne Stars und Stories. Zur Videoclip-Ästhetik gehören vor allem eine schnelle Schnittfolge, verrätselnde Montagen und ungewöhnliche Bilder.

Kunstvideos

Schließlich gibt es noch Video als Kunst. Bei sogenannten Video-Installationen, Video-Performances, Video-Skulpturen oder Multimedia-Aktionen unter Einsatz auch von Video wird das Medium von Künstlern kreativ als elektronisches Werkzeug eingesetzt. Dabei ging und geht es häufig um die Problematik von Realität und Irrealität, um Selbsterfahrungsprozesse und um Video als genuine Kunstsprache. Über Festivals, Kunstausstellungen, Museen, Galerien und Fernsehsendungen hat sich die Videokunst (im Verbund mit anderen Techniken heute tendenziell Medienkunst) als spezielle Teilöffentlichkeit etabliert.

Literatur

Klaus-G. Loest: Die Videokassette – ein neues Medium etabliert sich. Wiesbaden 1984.
Historisch wichtiger Beitrag zur Einschätzung von Video als Medium.

Medienzentren und Videogruppen in der BRD (Hrsg.): Das andere Video. Zehn Jahre politische Videoarbeit. Hamburg 1984.
Klassische Bilanz zum Spezialfall von Video als Medium für alternative politische Gestaltung von unten.

Siegfried Zielinski: Zur Geschichte des Videorecorders. Berlin 1986.
Älteres, immer noch nicht veraltetes Standardwerk mit Akzenten auf Technik und den USA.

Veruschka Bódy und Peter Weibel (Hrsg.): Clip, Klapp, Bum. Von der visuellen Musik zum Musikvideo.Köln 1986.
Sammelband mit interessanten Einzelbeiträgen zum Spezialfall des Musikvideo.

Wulf Herzogenrath und Edith Decker (Hrsg.): Video-Skulptur retrospektiv und aktuell, 1963-1989. Köln 1989.
Standardwerk zum Spezialfall von Videokunst.

Literatur

Siegfried Zielinski: VIDEO-Apparat. Medium/ Kunst/ Kultur. Ein internationaler Reader. Frankfurt/Main 1992.
Überblick über verschiedene Nutzungs- und Funktionsbereiche des Mediums.

Klaus Neumann-Braun (Hrsg.): VIVA MTV! Popmusik im Fernsehen. Frankfurt/Main 1999.
Aktueller Sammelband als Ergänzung zu Bódy/Weibel 1986: der Videoclip als „Kunst für die Massen".

Bundesverband audiovisuelle Medien (Hrsg.): Broschüre zum Videomarkt 2001.
Beispiel für mehrere Jahrespublikationen der Videobranche mit jeweils neuesten Zahlen.

Walter Uka: Video. In: Werner Faulstich (Hrsg.), Grundwissen Medien. 5. Aufl. Paderborn 2004.
Knapper Gesamtüberblick über das Medium Video mit besonderer Berücksichtigung der drei Bereich Amateur, Semiprofessionell und Professionell.

Übungs- und Wiederholungsfragen

43. Welche zwei Hauptfunktionen hat das Medium Video?
44. Nennen Sie Beispiel für die öffentliche Nutzung von Video.
45. Wieviel Videos/DVDs werden derzeit auf dem deutschen Videomarkt jährlich verkauft?
46. Wieviel Videotheken gibt es, welches sind ihre wichtigsten Genreangebote und wieviele Videoentleiher gibt es?
47. Nennen Sie die vier Arten von Gestaltungsvideos.

Weiterführende Arbeitsaufgaben

– Untersuchen Sie Umfang und Arten des Videoangebots in lokalen Verkaufsstellen wie Kaufhaus, Elektrofachgeschäft und Verbrauchermarkt.
– Besuchen Sie ihre örtliche Videothek und charakterisieren Sie das dortige Angebot nach Genres.
– Sehen Sie selbst Videos – wie oft, welche, zu welchem Zweck?
– Drehen Sie selbst einmal einen kleinen Videofilm über ein Thema Ihrer Wahl.
– Zeichnen Sie einige verschiedene Musikvideos (per Videorecorder) auf und untersuchen Sie deren Machart und Stilistik.
– Vergleichen Sie ein politisches und ein Kunstvideo Ihrer Wahl miteinander im Hinblick auf Inhalte und Formen.

Zusammenfassung

Der Überblick über die analogen Medien hat mit dem Telegrafen bereits ein Medium auch dieser Gruppe benannt, das seinen Mediencharakter bereits seit längerem wieder verloren hat. Nach der Anzahl gibt es hier bereits mehr Einzelmedien als bei den Druckmedien; in ihrer chronologischen Abfolge sind das: Foto (1839), Telefon (1861), Tonträger (1877), Film (1895), Hörfunk (1923), Fernsehen (1952) und Video (1956). Im Sinne gesellschaftlicher Dominanz sind die elektronischen Medien in vielerlei Hinsicht heute bedeutend wichtiger als die Printmedien. Zugleich aber haben sie einen Teil ihrer Aufgaben bereits an die digitalen Medien abgegeben.

Ähnlich wie die Druckmedien unterscheiden sich auch die analogen Medien voneinander – sowohl was ihre quantitative Verbreitung angeht als auch hinsichtlich ihrer Funktionen, ihrer Märkte und ihrer kulturellen Bedeutung. Die Medienwissenschaft hat dazu aber doch weitgehend vergleichbare oder ähnliche Schwerpunkte ausgebildet, insbesondere Markt und Theorie. Leitmedium ist immer noch das Fernsehen, vergleichbar dem früheren Leitmedium Buch. Individualmedien stehen neben Massenmedien, auditive neben visuellen und audiovisuellen Medien. Im Neben- und Miteinander mit dem Primärmedium Theater (1) und den Schreib- und Druckmedien (7) stellen die analogen Medien (7) eine erhebliche Bereicherung der Medienkultur dar. Ihre historische Dominanz liegt klar im 20. Jahrhundert. Ebenso klar zeichnet sich ab, daß sie im 21. Jahrhundert ihre führende Rolle an die digitalen Medien abgeben werden.

Digitale Medien | 5

Die vierte Gruppe von Medien ist derzeit in lebhaftem Wandel begriffen; die Sachverhalte ändern sich kontinuierlich und mit ihnen auch die Bezeichnungen. Entsprechend unterschiedlich sind die wissenschaftlichen Positionen gegenüber diesen Umwälzungen. Viele Medienwissenschaftler sprechen derzeit immer noch vom „Internet" als einem Medium; das schien längere Zeit ein brauchbarer Name für die neu entstehenden digitalen Netze – gleichsam ein Sammelbegriff für verschiedene „Dienstleistungen" oder „Kommunikationspraxen". Heute ist die Entwicklung weiter vorangeschritten und es erscheint sinnvoll, „das" Netz auszudifferenzieren nach unterschiedlichen Einzelmedien. So wie sich hinter dem „Rundfunk" mittlerweile so unterschiedliche Einzelmedien wie Hörfunk und Fernsehen verbergen, und so wie die „Post" lange Zeit so unterschiedliche Medien wie Brief, Telegraf und Telefon vereinte, werden auch im Internet längst Einzelmedien gebündelt: Anfänglich trat vor allem das World Wide Web hervor, dann davon abgetrennt auch Intranet/Extranet, noch später E-Mail und in jüngster Zeit auch das Medium Chat.

Ob sich weitere Dienstleistungen oder Kommunikationspraxen wie z.B. Newsnet oder Usenet, die MUDs, E-Commerce oder E-Learning

Vom „Internet"...

...über Dienste...

...zu Einzelmedien

zu komplexen Einzelsystemen weiterentwickeln, bleibt ebenso abzuwarten wie die zukünftige Bedeutung von Online-Zeitungen und –Zeitschriften, von Online-Radio und von Web-TV. Es herrscht momentan weitgehend Übereinstimmung darüber, daß diese Dienste noch nicht als eigenständige Medien bezeichnet werden können (schon mangels gesellschaftlicher Dominanz). Nach dem derzeitigen Entwicklungs- und Diskussionsstand muß die Zahl der Netzmedien also mit vier, die Zahl der digitalen Medien einschließlich Computer und Multimedia mit sechs angegeben werden. Es sollte aber bewußt bleiben, daß es hier unterschiedliche Standpunkte gibt und daß bereits in relativ kurzer Zeit weitere Verschiebungen absehbar sind. (Die Literaturempfehlungen erfolgen deshalb übergreifend pro Einzelmedium und noch nicht ausdifferenziert nach wissenschaftlichen Schwerpunkten.)

Derzeit sechs digitale Einzelmedien

5.1 | Computer

Erst seit den 80er Jahren des 20. Jahrhunderts hat der Computer – in Gestalt vor allem des Personal Computer (PC) für jedermann – die westlichen Gesellschaften markant beeinflusst. Eigentlich eine simple Rechenmaschine, konnte sich die neue Technik vor allem aufgrund dreier charakteristischer Merkmale durchsetzen:

Vier charakteristische Merkmale:
– Schnelligkeit
– Speicherfähigkeit
– Anwendbarkeit

- eine enorme Schnelligkeit bei der Erfassung, Verarbeitung und Übermittlung von Daten aller Art,
- eine fast unbegrenzte Speicherfähigkeit auf engstem Raum,
- eine universelle Anwendbarkeit.

– Zugangscharakter

Heute kommt die Eignung des Computers hinzu, für zahlreiche andere, neue Medien Basisfunktion zu übernehmen; so bietet er insbesondere den Zugang zu allen digitalen Netzen. Computer-Kompetenz gehört inzwischen zu den Grundfertigkeiten, ohne die man im wirtschaftlichen, politischen und kulturellen System nicht mehr erfolgreich operieren kann.

Zwei im Alltag dominante Funktionen:
– Speichern
– Spielen

Man kann den Computer als bloßes technisches Instrument ansehen, das heutzutage überall, auch in Wirtschaft und Verwaltung, in Wissenschaft, Politik und Kultur, wie selbstverständlich eingesetzt ist. Man kann ihn aber auch umfassend als Medium, als ein komplexes System mit spezifischem Leistungsvermögen, verstehen.

Beides hängt eng zusammen und läßt sich anhand der Software verdeutlichen. Von den zahlreichen
Schwerpunktbereichen der
Computerforschung werden
hier drei hervorgehoben: Computergeschichte, Computermarkt, Computerprogramme.

> **Merksatz**
>
> Beim Computer als Medium treten im privaten Alltag zwei Funktionen hervor: seine Speicherfunktion und seine Spielfunktion.

Die Geschichte des Computers | 5.1.1

Die Geschichte des Computers ist ganz gut erforscht, allerdings in aller Regel beschränkt auf Technikgeschichte. Abgesehen von frühen Rechenmaschinen bereits im alten Ägypten, der Entwicklung des dualen Zahlensystems durch Gottfried Wilhelm von Leibniz 1679, den funktionsfähigen Rechenmaschinen des 18. und 19. Jahrhunderts, schließlich den Lochkarten-Rechenmaschinen und großen Militär-Rechnern in den USA vor und während des 2. Weltkriegs, unterscheidet man heute fünf Computergenerationen: *(Technikgeschichte)*

- Computer der ersten Generation *(1946-1955)*: die Turing-Maschine und der erste kommerzielle Computer Univac I von IBM bei General Electric. *(1946-1955)*
- Computer der zweiten Generation *(1955-1964)*: Austausch der Elektronenröhren durch Transistoren, industrielle Serienfertigung von elektronischen Rechenanlagen in den USA. *(1955-1964)*
- Computer der dritten Generation *(1964-1968)*: Miniaturisierung der Schaltelemente auf Karten und Siliziumplättchen, Zunahme der zivilen Nutzung der immer kleiner werdenden Geräte. *(1964-1968)*
- Computer der vierten Generation *(1968-1977)*: alle Schaltkreise auf einem Chip, der Cray 1 wird der schnellste Computer der Welt. *(1968-1977)*
- Computer der fünften Generationa *(ab 1977 bis heute)*: Gründung von Apple, Entwicklung von Spielkonsolen und der Siegeszug des PC in kontinuierlicher technische Verbesserung, ewa durch neue Mikroprozessoren. *(1977-heute)*

Andere Computergeschichten sind stärker personenorientiert (z.B. an Erfindern und genialen Machern), orientieren sich an den Computersprachen (z.B. Algol, Basic oder Fortran), zielen im Sinne von Unternehmensgeschichten auf einzelne Firmen (z.B. die IBM-Story oder die Apple-Story) oder beschreiben die Geschichte von Programmen (z.B. von Textverarbeitungsprogrammen wie Word). Eine Com- *(Andere historiographische Ansätze)* putergeschichte als umfassende Systemgeschichte fehlt noch und wäre sicherlich auch nur als ein komplexer Teil einer internationalen Wirtschafts-, Kultur- und Gesellschaftsgeschichte vorstellbar.

5.1.2 | Der Computermarkt

Industrie Der Computermarkt ist ein Weltmarkt, dominiert von amerikanischen Unternehmen, insbesondere Hewlett-Packard nach der Fusion mit Compaq, Dell sowie IBM. Jährlich werden über 130 Millionen PCs verkauft, ohne die Großrechner von Militär und Industrie. Deutschland ist mit rund einem Fünftel der in der EU verkauften Einheiten wichtigster Absatzmarkt für PC in Europa. Führend sind hier derzeit Fujitsu-Siemens (20%), Hewlett-Packard/ Compaq (16%), IBM (10%) und Vobis (7%), nach anderen Berechnungen Medion/Aldi (22%). Peripherie-Geräte (ca. 30% Umsatzanteil) wie Drucker, Scanner, Brenner, Lautsprecher, Mikrophon, Joystick usw. – neben den PC (ca. 70%) – sowie die große Bandbreite an Computerzeitschriften vergrößern noch den Markt. In Deutschland gibt es fast 50.000 mittelständische Firmen im Wirtschaftszweig Datenverarbeitung und Datenbanken, davon rund 400 Anbieter mit mehr als 10 Millionen Euro Umsatz.

Werbung Die Werbung für Computer-Hardware, -Software und -Service beträgt jährlich ca. 400 Millionen Euro, dominiert derzeit von Media Markt und Saturn. Die Software-Werbung wird von Microsoft angeführt (über 20 Millionen Euro).

Handel Der deutsche Consumer Electronics Markt beläuft sich auf rund 20 Milliarden Euro, davon je ca. 40% für Informationstechnologie und Unterhaltungselektronik sowie 5% allein für Videospiele. Das frühere Monopol von Computerhändlern (heute 19%) wurde seit langem gebrochen durch große Medienverbrauchermärkte (Media Markt/ Saturn, 16%) und Lebensmitteldiscounter (Aldi, 10%).

Käufer Anfang 2003 waren 67% aller deutschen Haushalte mit einem PC ausgestattet. Nach Angaben des Statistischen Bundesamtes nutzen rund 45 Millionen Menschen den PC (45% täglich). Die User nutzen den Computer privat vor allem für Textverarbeitung (93%), Spiele (59%), Tabellenkalkulation (47%) und private Datenbanken (35%). An

der Spitze der Anforderungen an den PC steht eine hohe Speicher-
kapazität.

Computerprogramme

Das Unternehmen Microsoft von Bill Gates dominiert weltweit den
Softwaremarkt. Man unterteilt den Markt in die drei Bereiche Business, Privat und Sonstige (Erziehung, Staat etc.).

Bei den Programmen im Privatbereich dominieren neben Textverarbeitung (Word) und Spielen die Schwerpunkte Finanzbuchhaltung, Datenbank-Verwaltung, Office und Grafik. Lernprogramme
finden zunehmendes Interesse speziell im schulischen bzw. pädago-
gischen Bereich. Auch Sicherheitssysteme zum Schutz der Daten auf
der heimischen Festplatte bzw. gegen Computerviren aus dem
WWW (Kap. 5.3) haben steigende Bedeutung (z.B. „Norton Antivi-
rus").

Die Bandbreite der Computerspiele ist enorm und reicht von traditionellen Spielen wie Schach und Mensch-ärgere-dich-nicht über
Quiz- und Glücksspiele, Rollenspiele, Abenteuerspiele und komplexe Strategiespiele bis zu Simulationsspielen (z.B. Flugsimulation)
sowie Sport-, Action- und Kampfspielen. Meistens erlauben die Spiele verschiedene Schwierigkeitsgrade und bieten die Möglichkeit, sowohl allein als auch mit bzw. gegen andere zu spielen. Die Spiele für
den Consumermarkt orientieren sich an Top-Ten-Hitparaden.
Mund-zu-Mund-Propaganda und Computerzeitschriften sind die
wichtigsten Distributionsfaktoren. Bestseller waren oder sind z.B.
„Zork", „Doom", „Die Simps", „Stronghold", „Star Wars", „Command
& Conquer", „Sim City" und viele andere.

Literatur

Jack B. Rochester und John Gantz: Der nackte Computer. Für Laien und Fach-
leute, Kritiker und Enthusiasten. Köln 1984.
*Populäre amerikanische Darstellung über alle damals wichtigen Bedeutungs-
dimensionen des „neuen" Mediums.*

Klaus Haefner: Denkzeuge. Was leistet der Computer? Was muß der Mensch
selbst tun? Basel 1987.
*Wichtiger älterer Beitrag zur Debatte um künstliche Intelligenz und die nur
relative Bedeutung des Computers als Werkzeug.*

Literatur

Werner Rammert (Hrsg.): Computerwelten – Alltagswelten. Wie verändert der Computer die soziale Wirklichkeit? Opladen 1990.
Sammelband mit zahlreichen wichtigen Beiträgen zu den unterschiedlichsten gesellschaftlichen Auswirkungen des Computers.

Jürgen Fritz (Hrsg.): Warum Computerspiele faszinieren. Empirische Annäherungen an Nutzung und Wirkung von Bildschirmspielen. Weinheim, München 1995.
Älterer Sammelband mit immer noch anregenden Einzelbeiträgen zur Reflexion und empirischen Erforschung von Computerspielen aus psychologischer Sicht.

Uwe Rutenfranz: Wissenschaft im Informationszeitalter. Zur Bedeutung des Mediums Computer für das Kommunikationssystem Wissenschaft. Opladen 1997.
Umfassende Darstellung der Bedeutung des Computers im Wissenschaftssystem aus kommunikationswissenschaftlicher Sicht, mit einer empirischen Untersuchung zur wissenschaftlichen Computernutzung in ihrer ganzen Breite.

Hartmut Winkler: Docuverse. Zur Medientheorie des Computers. München 1997.
Einer der nicht unproblematischen Versuche zu einer Computertheorie als Medientheorie.

Astrid Deuber-Mankowsky: Lara Croft. Modell, Medium, Cyberheldin. Das virtuelle Geschlecht und seine metaphysischen Tücken. Frankfurt/Main 2001.
Exemplarer Beitrag zu einem der bekannteren Computerspiele im Ego-Shooter-Modus aus Sicht der Gender Studies.

Karin Guminski: Kunst am Computer. Ästhetik, Bildtheorie und Praxis des Computerbildes. Berlin 2002.
Beispiel für die Darstellung von Computerkunst als einen Schwerpunkt des Mediums.

Konrad Lischka: Spielplatz Computer. Kultur, Geschichte und Ästhetik des Computerspiels. Hannover 2002.
Neuere Zusammenfassung des Diskussionsstandes um Computerspiele als einen Schwerpunkt des Mediums.

Übungs- und Wiederholungsfragen

1. Nennen Sie die vier charakteristischen Merkmale des Computers heute.
2. Welches sind die zwei im Alltag dominanten Funktionen des Computers?
3. Unterscheiden Sie verschiedene Arten, Computergeschichte zu schreiben.

4. Skizzieren Sie den Computermarkt nach Herstellern, Handel und Käufern.
5. Beschreiben Sie die wichtigsten Anwendungsbereiche des Computers anhand von Software-Programmen.

Weiterführende Arbeitsaufgaben

– Wo kann man in ihrem Wohnort Computer und Software kaufen. Unterscheiden Sie nach Größe und Schwerpunkten. Testen Sie die Händler, indem Sie vergleichbare Angebote zu einem Produkt einholen oder lassen Sie sich zu denselben Problemen beraten.
– Referieren Sie die Geschichte von IBM im Vergleich mit Apple.
– Wie nutzen Sie ihren eigenen Computer (zeitlich, programmlich usw.)?

Multimedia | 5.2

Noch am ehesten bei Multimedia ist absehbar, daß sein ursprünglicher Mediencharakter hinfällig wird. Multimedia war zunächst eine Sammelbezeichnung zur Benennung aller „neuen", d.h. digitalen Medien, speziell der Online-Medien. Diese Bündelung wurde in den 90er Jahren des letzten Jahrhunderts, als „Dienste" sich allmählich zu Einzelmedien weiterentwickelten, zunehmend aufgelöst – Wandel durch Ausdifferenzierung.

Definition

Multimedia

Im Kern heißt Multimedia Medienintegration, d.h. Multimedia ist mehr als die Summe bloß addierter oder kombinierter Einzelmedien.

Dieses Merkmal gilt aber inzwischen für eine ganze Reihe von digitalen Medien, insbesondere das World Wide Web (Kap. 5.3), und zum Teil auch bereits für neue Verknüpfungen mit ursprünglich elektronischen Medien wie z.B. dem Telefon/Handy (Kap. 4.3), d.h. Multimedia tendiert zu einer medienübergreifenden Qualität vieler Einzelmedien.

Daß Multimedia hier trotzdem noch gesondert vorgestellt wird, hat seinen Grund darin, daß damit verschiedene Besonderheiten, die auch andernorts immer wieder auftauchen, einzelmedienübergreifend thematisiert werden können (so wie auch der Computer Basisfunktion hat für die derzeitigen vier Netzmedien). Das sind insbesondere „Hypertext", „Interaktivität", „Anwendungsvielfalt" und „Funktionenkonvergenz".

Multimedia legt Hypertexte nahe

Auch Multimedia selbst basiert, wie die Online-Medien, auf dem Computer. Insofern auf dieser Grundlage Vernetzungen von Medien untereinander hergestellt werden, wird potentiell ein Hypertext hergestellt. Ein solcher Text oder ein solches Produkt ist nicht mehr eindimensional strukturiert, sondern multidimensional. Hypertext heißt: Textteile sind nicht mehr ausschließlich neben- oder nacheinander angeordnet (linear-hierarchisch), wie etwa bei den Printmedien oder auch bei Film und Fernsehen, sondern parallel oder hintereinander (räumlich-vernetzt). Der Weg ist nicht mehr vorgegeben wie für den Leser und Zuschauer, sondern der Nutzer (User) entscheidet selbst, wo er ins Netz einsteigt, welche Reihenfolge er wählt und in welchem Raum auf welcher Ebene er sich aufhält. Sogenannte „Links" erlauben es, von Textteil zu Textteil zu gehen und dabei auch von dem Pfad, den eine Navigation vorschlägt, abzuweichen und in eine über- oder untergeordnete Dimension zu „springen". Man nennt das „browsen" oder „surfen".

Multimedia fordert Interaktion.

Interaktivität heißt, daß zwischen dem User und dem Computer, aber auch zwischen zwei und mehr Usern ein Informationsfluss in beiden Richtungen abläuft. Bei einem multimedialen Lernprogramm beispielsweise kann der Computer gegebene Antworten kommentieren, den User etwa loben, aber auch die Fragen entsprechend umformulieren. Damit kommt Dynamik ins Spiel. Interaktivität besagt, daß es sich hier um ein Pull-Medium handelt, nicht um ein Push-Medium, d.h. der User muß selbst aktiv werden und sich beteiligen, sonst „passiert" nichts mehr. (Beim Fernsehen ist das bekanntlich anders; man kann vor dem Bildschirm einschlafen, ohne daß dann der Programmfluss „anhält".) Es ist deshalb kein Zufall, daß sich Multimedia insbesondere als Gestaltungsmedium verbreitet hat.

Multimedia betrifft viele Anwendungsbereiche.

Die bei Multimedia gegebene Anwendungsvielfalt umfaßt die unterschiedlichsten Bereiche (Beispiele): bestimmte Verkehrs- und Ver-

braucherinformationen, Videokonferenzen, manche Spiele, Selbst-
lernen, virtuelle Universität, Informations-Portale, Online-Banking,
E-Marketing, electronic Malls, Tourismus-Buchungssysteme, Telear-
beit, Electronic Publishing usw.

Schon der multifunktionale Charakter von Multimedia bedeutet, **Multimedia bedeutet**
daß die Nutzung gegenüber jedem Einzelmedium einen kommu- **Multifunktionalität und**
nikativ-informationellen Mehrwert anbietet. Zum Beispiel werden **befördert Funktio-**
verschiedene Kommunikationsmodi verwendet, d.h. es werden **nenkonvergenz.**
mehrere Sinne angesprochen. Optisches impliziert etwa Bilder,
Grafiken, Schrift; Orales Geräusche, Sprechen, Musik; Taktiles Ta-
statur, Joystick, Maus oder TouchScreen. Die zunehmende Funktionenkonvergenz meint, daß heute noch getrennte Einzelmedien
immer stärker „zusammenwachsen" (z.B. können schon heute mit
dem Handy Fotos gemacht und gleich auch an andere verschickt
werden).

Literatur

Paul Klimsa: Multimedia. Anwendungen, Tools und Techniken. Reinbek 1995.
Allgemeiner Überblick über Technik, Praxis und Anwendungsbereiche von
Multimedia, verstanden als umfassende Medienintegration.

Allen und Hamilton Booz (Hrsg.): Zukunft Multimedia. Grundlagen, Märkte und
Perspektiven in Deutschland. 4., aktualisierte Aufl. Frankfurt/Main 1997.
Älteres, immer noch anregendes Standardwerk.

Peter Ludes und Andreas Werner (Hrsg.): Multimedia-Kommunikation. Theorien,
Trends und Praxis. Opladen 1997.
Sammelband mit neueren theoretischen Reflexionen zum Mediencharakter
und zu praktischen Anwendungsfeldern.

Frank Gärtner und Frank Steidle: Zukünftiger Multimedia-Einsatz im Museums-
und Ausstellungsbereich. Stuttgart 1998.
Knappe Darstellung eines zukunftsträchtigen geeigneten Anwendungsbe-
reichs.

Andreas Holzinger: Basiswissen Multimedia, 3 Bde. Würzburg 2000.
Standardwerk mit detaillierten Informationen in Modulform, über technolo-
gische (Bd. 1), kognitive (Bd. 2) und entwicklungstechnische Grundlagen mul-
timedialer Informationssysteme (Bd. 3).

Martin Lang und Günter Pätzold: Multimedia in der Aus- und Weiterbildung.
Grundlagen und Fallstudien zum netzbasierten Lernen. Köln 2002.
Praxisorientierter Überblick über Multimedia in der Aus- und Weiterbildung
aus pädagogischer Sicht.

Literatur

Norbert Lang: Multimedia. In: Werner Faulstich (Hrsg.), Grundwissen Medien. Paderborn 2004 (UTB).
Knapper Überblick über Geschichte, Funktionszusammenhänge, Kategorien und Anwendungsbereiche unter Einbeziehung des Hypermedia-Konzepts.

Übungs- und Wiederholungsfragen

6. Was heißt Multimedia im Kern?
7. Welche Funktionen übernimmt Multimedia?

Weiterführende Arbeitsaufgaben

– Diskutieren Sie kritisch, ob es sich bei Multimedia überhaupt noch um ein spezifisches Einzelmedium handelt.
– Analysieren Sie ausgewählte Multimedia-Projekte in Kunst, Wissenschaft und Werbung und vergleichen Sie kritisch den Zusammenhang von Struktur und Funktion.
– Enwickeln Sie selbst ein Multimedia-Konzept zur Präsentation eines Vortrags.

5.3 | World Wide Web

Überblick   Das WWW war anfangs ein Dienst des Internet, mit dem Militärs, Techniker und Wissenschaftler Informationen austauschten. Von Privatleuten und einer breiten Öffentlichkeit genutzt wurde es erst ab 1993, nachdem Tim Berners-Lee mit Robert Cailliau die entsprechende Software entwickelt hatte, diese kostenlos allen Interessenten zur Verfügung gestellt wurde und Browser die Organisation übernahmen. Marktbeherrschende Browser sind heute Explorer von Microsoft und Navigator von Netscape. Browser verteilen Informationen und Dokumente, die von Servern bereitgehalten werden. Die Anzahl der registrierten Server dürfte weltweit 30 Millionen bereits überschritten haben. Server oder Hosts ihrerseits bündeln die Dokumente von Websites. Von den Websites bzw. Homepages gibt es bereits mehrere hundert Millionen. Das WWW ist im Kern ein de-

zentrales öffentliches Netzwerk einzelner Computer mit individuellen Websites. Es wird heute oft (fälschlicherweise) als Synonym für
das Internet benutzt. Man schätzt, daß im WWW nur etwa 10% aller Netzinformationen für alle zugänglich sind. Der überwiegende
Teil der Netzinformationen („Deep Web" oder „Inivisible Web") ist
– charakteristisch für das Medium Intranet/ Extranet (Kap. 5.4) – paß-
wortgeschützt und wird auch durch Suchmaschinen nicht erfaßt.

Die theoretische Reflexion des WWW wurde anfänglich stark behin-   Theorieansätze
dert von utopischen Visionen, Mythen und irrationalen Konzepten
um das Internet wie „Cyberspace", „virtuelle Welt" oder „digitales
Zeitalter". Das spezifische Leistungsvermögen des Einzelmediums
World Wide Web läßt sich heute nüchtern und präzise mit Kategorien umschreiben wie Medienformenintegration (vgl. Multimedia,
Kap. 5.2); Netzwerkstruktur mit unterschiedlichen Ebenen, Links
und Navigationswegen; Interaktivität als mögliche Nutzung; (zumindest prinzipiell) Globalität; aber auch Unüberschaubarkeit des
Angebots, Kontrollierbarkeit des Users, Suggestion von Totalität
und weitere gravierende Nachteile.

Zu einem relativ großen Anteil (51% aller WWW-Nutzer) wird das   Nutzungsformen
Netz mehr oder weniger zufällig und ziellos zum Spazierengehen   und Dienste
genutzt („Surfen"), d.h. dient Neugierigen und Abenteuerlustigen
zum Zeitvertreib. Hinzu kommt das Bedürfnis nach aktuellen Kurz-
informationen etwa zur politischen Lage im Krisenfall oder auch zu
den neuesten Sportresultaten (25%) . Zusätzliche Dienste, die häufiger in Anspruch genommen werden, sind ferner
– Home-Banking (31%), d.h. die Verwaltung der eigenen Konten sowie Börsenaktivitäten,
– Online-Zeitungen und -Zeitschriften (34%), die zur Kurzinforma-
  tion gelesen werden,
– Dateien (34%), insbesondere Musikstücke, die für den eigenen
  Konsum, oft zum Brennen auf Rohlingen, heruntergeladen werden.

Abgesehen von der technischen Seite des WWW, die hier nicht weiter behandelt werden soll, und zahlreichen Beiträgen zur historischen Entwicklung des Netzwerks muß man heute allen voran fünf
verschiedene Schwerpunkte wissenschaftlicher Bemühungen her-   Fünf Schwerpunkt-
vorheben: erstens die Bedeutung des WWW für das Verständnis von   bereiche

Öffentlichkeit; zweitens die wichtigste Funktion des WWW, nämlich Recherche und Information; drittens die zunehmende Bedeutung für E-Commerce; viertens die Funktion, über das WWW Online-Spiele zu spielen; und schließlich fünftens die Problematik des Mißbrauchs, speziell von Hackern, Dieben, Kriminellen und Zensoren.

5.3.1 | WWW und die Veränderung von Öffentlichkeit

Nicht nur Medienwissenschaftler, speziell Publizistikwissenschaftler, sondern auch Soziologen, Psychologen, Politologen und Kulturwissenschaftler diskutierten als eine Schlüsselfrage die folgende Alternative: Bedeutet das WWW das Ende von Öffentlichkeit, weil diese sich in der Beliebigkeit eines globalen Kommunikationsraums, der nicht mehr überschaubar ist und alles relativiert, ebenso verflüchtigt wie in die unüberschaubaren Ausdifferenzierung zahlloser Teilöffentlichkeiten mit je verschieden reglementiertem Zugang begrenzter Teilnehmergruppen? Oder markiert das WWW, genau umgekehrt, die Ausbildung einer alternativen Art von Öffentlichkeit, die sich mit den bislang verbreiteten Konzepten (Kap. 1.3) nicht mehr fassen läßt und vielmehr ganz neue Kommunikations- und Handlungsmöglichkeiten eröffnet – mit dem „Publikum" nunmehr als Vielzahl von Akteuren in der dominanten Rolle; mit bislang unterdrückten „Randgruppen" nunmehr im Sinne oppositioneller oder neuer Gegenöffentlichkeiten; mit den „Wahl-Bürgern" nunmehr erstmals in der kontinuierlichen Abstimmung einer Direkt- oder Basisdemokratie? In jedem Fall gilt:

Entweder das Ende von Öffentlichkeit überhaupt...

...oder der Anfang einer ganz neuen Öffentlichkeit

Merksatz

Das WWW bedeutet eine Entgrenzung sowohl des Interaktionsraums als auch des kulturellen Raums sowie des Kommunikationsraums (Kap. 1.3) und damit eine Aufhebung generell des Kriteriums Raum, wie er für traditionelle Theorien von Öffentlichkeit zentral war.

Andere Kriterien als die Kategorie Raum werden wichtiger für das Verständnis der Struktur von Öffentlichkeit: insbesondere die Zeit, in der man sich im Netz befindet; das Interesse, mit dem man sich im Netz bewegt; die Schnelligkeit der Interaktionen; und die parasozialen oder inszenierten Kontakte, die man im Netz anknüpft.

Damit ist zugleich eine weitere Veränderung gesetzt: Mit der öffentlichen Sphäre hat sich auch die Privatsphäre gewandelt oder doch neu problematisiert: die traditionelle Rolle des „Ich", die Frage der eigenen Identität bis hin zum Geschlecht, die Beliebigkeit und die Flüchtigkeit von Netzbeziehungen und Netzgemeinschaften, die Authentizität beim Welterleben, die Integrität des Individuums in Gesellschaft. Privates und Intimes wird netzöffentlich präsentiert – in E-Mail (Kap. 5.5), im Chat (Kap. 5.6) und im WWW, etwa in Gestalt der MUD-Online-Games (Kap. 5.3.3), aber auch bereits mit der Selbstdarstellung auf der privaten Homepage, teilweise mit interaktivem Gästebuch, dann mit der öffentlichen Gestaltung eines privaten Tagebuchs und vollends in Form einer personalen 24-Stunden-Präsenz über Webkameras mit Live-Bildern aus allen Zimmern der eigenen Wohnung. Eine solche weltweite Real-Life-Präsentation ist uneingeschränkt selbstbestimmt und wird nicht mehr von üblichen Normen von Öffentlichkeit, welcher auch immer, kontrolliert oder gezügelt. Das Private tritt hier aus der intimen Lebenswelt heraus und erlaubt beides: Tabuverletzungen ebenso wie neue Impulse für sozio-kulturelle Veränderungen selbstbestimmter Identität.

Entgrenzung von Raum

Wandel der Privatsphäre

Recherchieren und Informieren

5.3.2

Abgesehen von E-Mail (Kap. 5.5) nutzen die meisten User digitaler Medien – das waren im Jahr 2002 über 34 Millionen Menschen, mehr Männer als Frauen und überwiegend Jüngere, d.h. bevorzugt die Altersgruppen bis zu 44 Jahren – das WWW, und zwar für Recherche und Informationen: im Privatbereich z.B. 65% auf der Suche nach Informationen über Produkte und Dienstleistungen, 42% auf der Suche nach Informationen für Aus- und Fortbildung, 36% für die Nutzung von Reiseservices, 26% zum Abrufen von Informationen aus dem Angebot öffentlicher Institutionen.

Merksatz

Um der Unübersichtlichkeit des Informationsangebots im WWW Herr zu werden, wurden Suchmaschinen eingerichtet, die nach unterschiedlichen Kriterien und mit verschiedenen Schwerpunkten nach vorgegebenen Begriffen auswählen. Derzeit gibt es neben globalen sowie fachlich sehr spezialisierten Maschi-

> Recherchieren und Informieren sind die wichtigsten Funktionen des WWW (im Privatbereich).

Suchmaschinen

nen über 100 deutschsprachige Suchmaschinen, darunter u.a. Alta-Vista, Fireball, Lycos und Yahoo; die mit großem Abstand derzeit beste und beliebteste Themen-Suchmaschine für die private Nutzung ist Google. Daneben existieren auch bereits „Meta-Suchmaschinen", welche die Suche an verschiedene Suchmaschinen delegieren, sowie „intelligente Suchmaschinen", die sich den persönlichen Präferenzen des Nutzers anpassen, d.h. aus seiner bisherigen Sucharbeit lernen können.

Das WWW als Zusatzmedium

Das WWW wird häufig auch als Zusatzmedium genutzt. So finden großen Zuspruch beispielsweise die Websites populärer Radio-, Fernseh- und Kinoprogramme. Das reicht von der Website zum Dauerbrenner „Verbotene Liebe" insbesondere für Jugendliche und der Website der „Harry-Potter"-Fans über die Website der „Harald Schmidt Show" für ein junges Publikum bis zu Mischungen aus Information, Unterhaltung und Shopping etwa der privaten Musiksender. Werbung nimmt hier häufig einen großen Raum ein.

Informieren und Kaufen

Im Übergang zum Problemfeld E-Commerce befinden sich die Dokumente im Reise- und Tourismus-Bereich. Last-Minute-Flüge und -Urlaubsreisen beispielsweise, aber auch reguläre Bahntickets werden häufig gleich gebucht – die Informationsrecherche wird zum Kaufakt (19%).

5.3.3 | E-Commerce

Mit E-Commerce sind nicht z.B. Kommunikationsbeziehungen zwischen Firmen und außerhalb arbeitenden Angestellten gemeint, wie sie im Medium Intranet/Extranet (Kap. 5.4) oder im Medium E-Mail (Kap. 5.5.2) organisiert sind.

Merksatz

E-Commerce meint primär die Handelsbeziehungen zwischen verschiedenen Unternehmungen etwa derselben Branche sowie zwischen Firmen und Kunden.

Der Bereich E-Commerce wurde bislang von der Medienwissenschaft, etwa unter medienökonomischen Gesichtspunkten, kaum untersucht; vielmehr gilt er derzeit noch als Teilbereich der klassischen Betriebswirtschaften.

Die Kommerzialisierung des WWW erfolgte rasch. Die hohen Erwartungen an den elektronischen Handel und Warenverkauf haben sich jedoch bislang noch nicht erfüllt. Zu den wenigen Ausnahmen, die im Alltag beeindrucken, gehören die diversen Sex- und Erotikangebote (z.B. praline.de), der Buchhandel (z.B. amazon.de) und Kleidung und Sportartikel im Versandhandel (z.B. otto.de). Bislang nutzen nur 30% (2002) aller privaten User digitaler Medien das WWW zum Kaufen oder Bestellen von Waren und Dienstleistungen. Derzeit steigend ist die Nutzung des Mediums für den privaten Verkauf, etwa in Form von Versteigerungen (z. B. ebay.de).

E-Commerce gehört zur BWL

Beispiele: Erotikangebote, Bücher, Kleidung

Spiele im WWW | 5.3.4

Knapp 5% bzw. über 800.000 User nutzten im Jahr 2000 das WWW regelmäßig für Spiele. Dabei muß man unterscheiden zwischen den klassischen Computerspielen (Kap. 5.1.3) und speziellen Netzspielen. Erstere werden per CD-ROM geladen, lediglich ins Netz geschoben und dort gemeinsam mit Freunden oder auch mit völlig Fremden gespielt. Bei aktuellen Spielen befinden sich meist mehrere hundert Spieler aus aller Welt im Netz, die gerade dieses Spiel spielen und bei denen man sich nach Anfrage als Kontrahent einklinken kann. Solche Wettkampfspiele werden aber dann meist doch nicht mit einem Partner aus China oder Australien gespielt, sondern mit dem Schulkameraden, der nur zwei Straßen weiter wohnt.

Zwei Spieletypen:
– CD-ROM-Spiele

Netzspiele dagegen operieren mit einem fiktiven Handlungsraum, der von den Spielern selbst entworfen, gestaltet und kontinuierlich weiterentwickelt wird. Die User sind gleichzeitig eingeloggt und kommunizieren in Echtzeit miteinander. Heute faßt man diese Spiele unter der Rubrik MUDs zusammen (Multi User Dungeon). In Kellerverliessen, auf einsamen Inseln, in großen Schlössern oder in sonstigen märchenhaften Welten werden Abenteuer erlebt, Schätze gehoben, Drachen erschlagen, Gegner besiegt. Eines der bekannteren Spiele mit sehr vielen Teilnehmern ist „Avalon". Auch Gewalt- und Erotikspiele gibt es. Der User „spielt" in einer solchen fiktionalen Welt in einer selbstgewählten Rolle, hat beschränkte Handlungsoptionen, muß sich aber auch auf die Mitspieler, die räumlich festgelegten Konstellationen, die Phantasie-Geographie und auch ein bestimmtes Sozialverhalten einlassen. Es gibt klare Verhaltensre-

– Netzspiele (MUDs)

geln bis hin zu Höflichkeitsformeln, deren Verletzung von den übrigen Anwesenden gerügt und letztlich von einem Moderator auch sanktioniert werden kann, d.h. der Teilnehmer wird ausgesperrt.

Merksatz

MUDs bieten zahlreiche Möglichkeiten kreativer Selbstinszenierung – wie jedes Theaterspiel – und beanspruchen von daher potentiell eine höhere ästhetische Werthaltigkeit.

Man gibt sich selbst einen Namen, wählt ein Geschlecht, ordnet sich einer Kultur oder Rasse zu und entwirft ein eigenes Charakterbild. Allerdings hat die etablierte Theaterwissenschaft diese vor allem von Jugendlichen und jungen Leuten genutzte Theatervariante noch nicht in ihren Gegenstandsbereich aufgenommen. Stattdessen werden Computerspiele als Problemfeld der Pädagogik behandelt.

Netzspiele waren in den 90er Jahren besonders verbreitet und beliebt, haben aber gegenüber den vorfabrizierten, komplexeren, professionelleren und mit einer besseren Graphik ausgestatteten kommerziellen CD-ROM-Spielen des 21. Jahrhunderts viel von ihrer Attraktivität eingebüßt.

5.3.5 | Mißbrauch (Hacker, Diebe, Kriminelle, Zensoren)

Das WWW kann gleich mehrfach so mißbraucht werden, daß seine Funktion des freien, öffentlichen Informationsaustauschs ernsthaft tangiert wird. Das betrifft etwa (die wichtigsten Beispiele):

Hacker
- die zweckentfremdete Nutzung von persönlichen Daten und Informationen auf Websites (z.B. zur Diffamierung von Privatpersonen);
- das Ausspähen geheimer militärischer Anlagen (z.B. mit der Absicht politischer Einflußnahme);
- das spielerische Durchbrechen von Sicherheitsmaßnahmen etwa bei Regierungsorganisationen oder Wirtschaftsunternehmen (z.B. mit dem Ziel, die eigene Überlegenheit zu demonstrieren);

Diebe
- das Eindringen in persönliche Datenbanken auf dienstlichen oder privaten Computerfestplatten und deren mißbräuchliche Verwendung (z.B. um über gestohlene Konto-Kennzahlen Überweisungen vorzunehmen);
- der Diebstahl geistigen Eigentums (z.B. der Klau von Texten, Musikstücken und Bildern, die ins Netz eingestellt wurden);

- das kriminelle Eindringen in Datensätze von Banken und Versicherungen (z.B. zum Zweck betrügerischer Manipulationen);
- Mehrwertdienste über völlig überteuerte 0190er-Nummern (z.B. unerwünschte kostenträchtige Vermittlungen);
- die Propagierung oder der kommerzielle Vertrieb illegalen Text-, Bild- und Tonmaterials (z.B. rechtsradiale Thesen und verfassungsfeindliches Material);   Kriminelle
- die Fälschung digitaler Unterschriften (z.B. bei rechtswirksamen Verträgen);
- die Schädigung gesellschaftlicher Interessen und speziell der allgemeinen Menschenrechte (z.B. durch die Verbreitung und den Vertrieb von Kinderpornografie);
- das Eingreifen von Regierung oder Justiz im Sinne parteipolitischer oder generell machtbezogener Interessen und Programme (z.B. Verbote oder Kontrollen regierungskritischer Stimmen, engagierter Protest- und Bürgerbewegungen und generell zivilen Ungehorsams);   Zensoren
- die Durchsetzung kommerziell-technischer Monopole unter dem Deckmantel eines uneigennützigen Datenschutzes (z.B. Machtmißbrauch durch Microsoft);
- das Verbot von Mainstream-Pornografie, von „normaler" Gewalt sowie von moralischen Abweichungen vom üblichen Standard (z.B. der Ruf nach einer WWW-Polizei unter dem Deckmantel angeblich moralischer Grundsätze und der Aufrechterhaltung einer etablierten Ordnung).

Unterm Gesichtspunkt des Mißbrauchs wird der Computer primär in den Rechtswissenschaften thematisiert.

Literatur

Kommentiertes Literaturverzeichnis

Thomas A. Wetzstein et al.: Datenreisende. Die Kultur der Computernetze. Opladen 1995.
Älteres, immer noch anregendes Standardwerk u.a. zu Inhalten und Themen in den Netzen, insbesondere im Newsnet (Musik, Film, Literatur, Pornographie, Sex usw.).

Günter Bentele, Horst Steinmann und Ansgar Zerfaß (Hrsg.): Dialogorientierte Unternehmenskommunikation. Berlin 1996.
Sammelband mit zahlreichen anschaulichen Beispielen u.a. zu den Firmen Vorwerk & Co., Hypo-Bank, BMW, Bayer AG, Hoechst und Mannerheimer Versorgungs- und Verkehrsgesellschaft.

Literatur

Harald Lux und Irene Heinen: Der Internet-Markt in Deutschland. Provider und Dienstleister. 2., erweit. u. aktual. Aufl. Heidelberg 1997.
Älteres Standardwerk mit einigen wenigen Daten zum Markt.

Sebastian Vesper: Das Internet als Medium. Auftrittsanalysen und neue Nutzungsoptionen. Bardowick 1998.
Exemplarische Analysen von Web-Auftritten und theoretische Reflexionen zum Mediencharakter des WWW.

Sherry Turkle: Leben im Netz. Identität in Zeiten des Internet. Reinbek 1999.
Ein amerikanischer Klassiker als unterhaltsame Einführung in digitale Medien, speziell das WWW, mit besonderer Akzentuierung der Identitätsproblematik.

Gerit Götzenbrucker: Soziale Netzwerke und Internet-Spielewelten. Eine empirische Analyse der Transformation virtueller in realweltliche Gemeinschaften am Beispiel von MUDs (Multi User Dimensions). Wiesbaden 2001.
Empirische Studie zu 40 österreichischen Usern und ihrer Kommunikation untereinander sowohl in den Spielewelten als auch in der realen Wirklichkeit.

Stefan Münker und Alexander Roesler (Hrsg.): Praxis Internet. Frankfurt/Main 2002.
Sammelband mit wichtigen Beiträgen zu zahlreichen Einzelaspekten wie z.B. Spiel im Netz, Schreiben im Netz oder Handeln im Netz.

Ralph Weiß und Jo Groebel (Hrsg.): Privatheit im öffentlichen Raum. Medienhandeln zwischen Individualisierung und Entgrenzung. Opladen 2002.
Sammelband mit vielen grundsätzlichen Einzelbeiträgen, speziell zum Fernsehen und zu den Netzmedien.

Christof Weinhardt und Carsten Holtmann (Hrsg.): E-Commerce. Netze, Märkte, Technologien. Heidelberg 2002.
Beispiele für die Behandlung von E-Commerce in der klassischen Betriebswirtschaft.

J. Gillies und R. Cailliau: Die Wiege des Web. Die spannende Geschichte des WWW. Heidelberg 2002.
Darstellung der historischen Entwicklung des WWW aus dem Internet.

Nicola Döring: Sozialpsychologie des Internet. Die Bedeutung des Internet für Kommunikationsprozesse, Identitäten, soziale Beziehungen und Gruppen. 2., überarb. Aufl. Göttingen 2003.
Neuerer Überblick über sozialpsychologische Aspekte speziell des WWW.

Christian Wirsig: Das große Lexikon der Computerspiele. Berlin 2003.
Neuester Überblick über alle wichtigen CD-ROM und Netz-Spiele.

8. Was heißt „Deep Web"?
9. Nennen Sie einige Kategorien zur Charakterisierung des WWW als Medium.
10. Welche zusätzlichen Dienste bietet das WWW an?
11. Welche wissenschaftlichen Schwerpunktbereiche gibt es und welchen Fachdisziplinen müssen sie zugeordnet werden?
12. Charakterisieren Sie die zwei konträren Positionen in der Einschätzung des WWW für die Konzeption von Öffentlichkeit.
13. Wieso hat das WWW die Privatsphäre verändert?
14. Welches sind die wichtigsten Funktionen des WWW im Privatbereich?
15. Welche Suchmaschinen gibt es?
16. Definieren Sie E-Commerce und nennen Sie Beispiele aus dem Alltag.
17. Welche zwei Spieletypen gibt es im WWW?
18. Nennen Sie Beispiele für den Mißbrauch des WWW.

– Nutzen Sie einen der zusätzlichen Dienste des WWW und protokollieren Sie ihre Erfahrungen (Praktikabilität, Funktionalität, Zeitaufwand, Ergiebigkeit usw.).
– Recherchieren Sie zu einem Thema Ihrer Wahl im WWW und benutzen Sie dabei verschiedene Suchmaschienen. Vergleichen Sie die Resultate verschiedener Maschinen zum selben Stichwort.
– Vergleichen Sie eine erfolgreiche Fernsehserie und ihr Zusatzangebot im WWW. Für wen ist das Zusatzangebot gedacht, welche Formen hat es, welche Interessen verbergen sich dahinter?
– Bestellen Sie selbst einmal ein Buch per E-Commerce oder gehen Sie auf eine Erotik-Angebotsseite. Beurteilen Sie die Vor- und Nachteile solcher Online-Angebote mit vergleichbaren Real-Life-Angeboten.
– Spielen Sie in einem MUD Ihrer Wahl mit.
– Wie lassen sich Probleme beim Mißbrauch des WWW besser als durch bloße Verbote lösen? Diskutieren Sie beispielsweise den Interessenkonflikt beim illegalen Herunterladen von Musikstücken und Filmen.

5.4 | Intranet/Extranet

Intranet/Extranet ist eine Nutzung der Netzwerkkonzeption, deren Besonderheiten es rechtfertigt, hier von einem spezifischen Einzelmedium zu sprechen. Während das Intranet als Local Area Network (LAN) auf einer eigenen, betriebsinternen Verkabelung beruht, stellt das Extranet einen „Informationstunnel" (Thomas Jaspersen) innerhalb des öffentlichen WWW dar, in dem nur ausgewählte Teilnehmer die Informationen codieren und decodieren können.

Definition

Internet/ Extranet

Das Medium Intranet/Extranet organisiert die Netzwerk-Kommunikation für spezifizierte Teilnehmer in begrenzten Funktionszusammenhängen auf der Basis einer eigenen Technologie bzw. einer speziellen Sicherung.

Die spezielle Sicherung eines Extranet wird durch sogenannte Firewalls erreicht: Programme, die den Informationstunnel vom öffentlichen World Wide Web abgrenzen.

Das Medium ist noch zu wenig entwickelt und erforscht, als daß bereits unterschiedliche medinwissenschaftliche Schwerpunkte benannt werden könnten. Auch die Theoriebildung befindet sich erst in den Anfängen, wobei insbesondere wirtschaftliche Zusammenhänge und Verwendungszwecke im Vordergrund stehen.

Prinzipiell geht man von einer Trias von Kommunikationspartnern aus: Staat, Unternehmen, Bürger. Im Prinzip sind dabei sechs verschiedene Kommunikationsströme denkbar, von denen aber nicht alle realisiert werden. Derzeit lassen sich drei Aktionsbereiche unterscheiden:

Business to Business, Administration to Administration

Erstens *Business to Business* (B2B):
Wirtschaftsunternehmen kommunizieren organisationsintern oder mit Zulieferern und Abnehmern in einer Wertschöpfungskette. Beides ist bereits erfolgreich realisiert, insbesondere bei internationalen Konzernen wie Bertelsmann, Hoechst oder Siemens. Die Kommunikation dient hier der Optimierung von Produktion und der Integration von Teilbereichen und Personen. Im Vordergrund stehen dabei folgende Einsatzmöglichkeiten: die Top-Management-

Kommunikation weltweit, die Aus- und Weiterbildung, die Krisen-kommunikation, Arbeitshilfen, Archive und Dokumentationen, Schulungen, Nachfrageseiten, Adressenlisten, also Kommunikationsstrategien, die im engeren Sinne die internen Public Relations befördern. Insbesondere die Mitarbeiterkommunikation wird dadurch erheblich befördert, was sich positiv auf die Arbeitsmotivation auswirkt.

- Im Prinzip ist das vergleichbar mit der Kommunikation von staatlichen Verwaltungseinheiten und staatlichen Organisationen untereinander, angefangen bei der Länderebene über die Bundesregierung bis zur Europäischen Union oder zu bestimmten Weltorganisationen wie die Vereinten Nationen: B2B ist strukturell dasselbe wie *Administration to Administration* (A2A). Grundsätzlich kann man auch die Kommunikation zwischen Bürgern dazurechnen: *Consumer to Consumer* (C2C). Allerdings ist dieses Medium für die interne Kommunikation etwa von Vereinen oder Verbänden oder für die Kommunikation von Non-profit-Organisationen untereinander zu teuer und zu aufwendig und sachlich wohl auch nicht nötig – hier wird eher E-Mail mit denselben Funktionen eingesetzt (Kap. 5.5).

Zweitens *Business to Consumer* (B2C):
Hier kommunizieren Unternehmen mit Konsumenten und Kunden. Im Grunde wird dabei das Medium als Marketing-Instrument eingesetzt. Das gilt insbesondere für Versicherungskonzerne und Banken, potentiell aber noch für viele weitere Wirtschaftszweige bis hin zum Handel, der über neueste Sonderangebote informieren könnte. Dieses Aktionsfeld ist bislang noch sehr viel weniger entwickelt als B2B.

Business to Consumer

Drittens *Business to Administration* (B2A):
Eine enge Kooperation zwischen staatlichen Verwaltungen und Wirtschaftsunternehmen kann in vielen Fällen durch das Medium Intranet/Extranet befördert und vor allem verschnellert werden. Das betrifft beispielsweise Förderanträge, aufwendige Genehmigungsprozesse oder auch Steuerabrechnungen. – Analog ließe sich hier auch die Kommunikation *Administration to Consumer* (A2C) einfügen. Aber die Digitalisierung der Beziehungen zwischen Staat und Bürger steht noch ganz in den Anfängen; bestenfalls bei den Lohn- und Einkommensteuererklärungen gibt es erste erfolgreiche Versuche.

Business to Administration

Literatur

Franz-Joachim Kauffels: Lokale Netze. Grundlagen – Standards – Perspektiven. 8., aktual. u. erweit. Aufl. Bergheim 1996.
Standardwerk der Informatik zu LAN.

Stefan Strobel: Firewalls für das Netz der Netze. Sicherheit im Internet: Einführung und Praxis. Heidelberg 1997.
Verständliche Einführung in Firewall-Tools.

Helmut und Ute Mocker: Intranet – Internet im betrieblichen Einsatz. Grundlagen, Umsetzung, Praxisbeispiele. 2., völl. neue Aufl. Frechen 1998.
Breite Darstellung auch von WWW, E-Mail, Suchmaschinen etc.

Michael Krzeminski und Ansgar Zerfaß (Hrsg.), Interaktive Unternehmenskommunikation. Internet, Intranet, Datenbanken, Online-Dienste und Business-TV als Bausteine erfolgreicher Öffentlichkeitsarbeit. Frankfurt/Main 1998.
Standardwerk mit zahlreichen Einzelbeiträgen über Grundlagen, Formen und Vorteile des WWW und des Intranet/Extranet für die interne Kommunikation u.a. am Beispiel von Hoechst.

Peter Fuchs, Hartwin Möhrle und Ulrich Schmidt/Marwede: PR im Netz. Online-Relations für Kommunikations-Profis. Ein Handbuch für die Praxis. Frankfurt/Main 1998.
Standardwerk mit vielen wichtigen Einzelbeiträgen zur Bedeutung von Netzmedien für die interne und externe Öffentlichkeitsarbeit.

M. Kuppinger und M. Woxywode: Vom Intranet zum Knowledge Management. Die Veränderung der Informationskultur in Organisationen. München 2000.
Beschreibung und Konzeptionalisierung des Mediums als unternehmensinterner Produktivfaktor.

C. Hofmann: Das Intranet. Ein Medium der Mitarbeiterkommunikation. Konstanz 2001.
Darstellung der Gestaltungsmöglichkeiten betriebsinterner Kommunikationsabläufe.

Thomas Jaspersen: Intranet/Extranet. In: Werner Faulstich (Hrsg.), Grundwissen Medien. Paderborn 2004.
Knappe Darstellung des neuen Mediums mit Akzenten auf Geschichte und Nutzungsformen.

Übungs- und Wiederholungsfragen

19. Definieren Sie Intranet/Extranet.
20. Welche drei wichtigen Kommunikationsbeziehungen zwischen den Partnern Staat, Wirtschaftsunternehmen, Bürger lassen sich unterscheiden?

Weiterführende Arbeitsaufgaben

- Informieren Sie sich über die interne Unternehmenskommunikation im Bertelsmann-Konzern (oder einem anderen internationalen Konzern) und achten Sie dabei speziell auf den Einsatz von Intranet/Extranet.
- Vergleichen Sie die Nutzung des Intranet/Extranet bei einem Wirtschaftsunternehmen und einer politischen Organisation. Wo liegen Unterschiede, wo Ähnlichkeiten?
- Wieviele Intranets/Extranets gibt es weltweit? Recherchieren Sie in der englischsprachigen Sekundärliteratur.
- Versuchen Sie, Ihre Steuererklärung digital abzugeben. Welche Probleme tauchen dabei auf?

E-Mail | 5.5

Medienwissenschaftliche Untersuchungen von E-Mail sind ähnlich selten wie medienwissenschaftliche Untersuchungen des Briefs (Kap. 3.2). Im deutschsprachigen Raum gibt es sie erst seit Anfang der 90er Jahre, und zwar mit zwei Schwerpunkten: soziologisch und textlinguistisch. Ersteres bezieht sich auf die Untersuchung der generellen Nutzung des Mediums durch Privatpersonen und bestimmter Schwerpunkte übergreifender Kommunikation. Letzteres meint die Sprach- und Ausdrucksformen und Besonderheiten etwa gegenüber der traditionellen Briefkommunikation. Es gibt aber auch bereits erste Ansätze einer theoretischen Reflexion von E-Mail als Einzelmedium.

Drei Schwerpunkte

E-Mail-Theorie | 5.5.1

Definition

E-Mail ist ein schriftliches Medium der Individualkommunikation ohne Zeitverzögerung mit besonderen, digital bedingten Merkmalen.

Sein Charakter als Schreibmedium unterscheidet es etwa vom Telefon, auch wenn es mit SMS prinzipiell vergleichbar ist (Kap. 4.3), seine Schnelligkeit vom Brief. E-Mail ist ein „eiliges" Medium, das zügige Antworten nahelegt und auch bewirkt. Bevorzugt wird es für

Schnelligkeit und Kürze

kurze Informationen genutzt. Funktional ist die Möglichkeit, gleichwohl längere Anhänge anzufügen.

E-Mail transportiert Texte über Provider in Briefkästen, wo sie gespeichert werden und jederzeit abrufbar sind. Um das Medium zu nutzen, bedarf es für den Internetanschluß einer spezifischen E-Mail-Adresse, die man sich kostenlos zuteilen lassen kann. Zahlreiche technische Besonderheiten sind mit der E-Mail-Kommunikation verbunden. Man kann sich bestätigen lassen, ob der Empfänger die Mail geöffnet hat. Man kann automatische Adressbücher anlegen, aus denen man die Anschrift durch bloßen Mausklick aktualisiert. Man kann die Mail problemlos weiterleiten. Unerwünschte Mail, etwa Werbung, läßt sich ausfiltern. Eine „Betreff"-Zeile hilft bei der schnellen Orientierung. Man kann spontan durch Anklicken der Antwortrubrik auf die Nachrichten reagieren. In begrenztem Umfang kann man einen Rundbrief auch an eine größere Gruppe von Empfängern versenden.

Technisch bedingte Besonderheiten

Die Kommunikationskosten sind niedrig, die Speicherung ist leicht und platzsparend, die Nutzung trägt dazu bei, soziale Distanzen und Hierarchien in Organisationen zu überbrücken. E-Mail ist insofern demokratischer als das Telefon, bei dem man den sozialen Status über Sprache und Sprechweise ausdrückt, oder der Brief, bei dem Schrift, Form und Papierqualität entsprechende Bedeutung haben können.

Vorteile der E-Mail-Kommunikation

5.5.2 | Verbreitung und Anwendungsbereiche

E-Mail wird in Deutschland bislang im Vergleich mit allen anderen digitalen Medien mit Abstand von den meisten Menschen genutzt. 80% aller Online-Nutzer senden und empfangen E-Mails, gefolgt von dem World Wide Web und dem Chat. Im Jahr 2002 waren knapp 10 Millionen E-Mail-Adressen aktiv.

Private Nutzung

Die meisten der von zu Hause verschickten E-Mails gehen an Freunde (61%) und Familie (26%). Besondere Anwendungsbereiche von E-Mail sind neben der privaten Kommunikation vier: Marketing und Werbung („E-Marketing"), Studium und Unterricht („E-Learning"), betriebsinterne Kommunikation („E-Management") und Kundenreaktion („E-Feedback"):

Besondere Anwendungsbereiche:

– Werbung per E-Mail ist meist eine Belästigung, kann aber für den Kunden unter bestimmten Voraussetzungen – ähnlich wie beim Telefon-Marketing – auch hilfreich sein. Mit besonderen Programmen kann man sich vor solchem Werbemüll („Spam") abschotten. — E-Marketing

– An zahlreichen Universitäten und zum Teil auch Schulen, selbst in manchen Unternehmen werden Teile des Unterrichts verstärkt über E-Mail angeboten. Die Kommunikation zwischen Lehrenden und Lernenden kann davon profitieren. Auch lerngruppenintern lassen sich über zentrale Boards entsprechend schnelle Austauschprozesse ingang setzen. — E-Learning

– Innerbetriebliche Kommunikation wird per E-Mail erleichtert und verschnellert. Dabei wird der Informationstausch erhöht und die Motivation der Kommunikationsteilnehmer gesteigert, vor allem wenn der Informationsfluß in beide Richtungen verläuft. E-Mail ersetzt zunehmend die Memos. — E-Management

– E-Mail ist ein ideales Medium für Kritik und Response. Ansonsten sprachlose Kunden „trauen" sich hier – zielgerichtete Information ist dabei angestrebt, kein dauerhafter Dialog. Entweder wird die eigene Sachkompetenz in den Vordergrund gerückt oder die Absender erwarten einen zusätzlichen Nutzen in Form von speziell für sie bereitgestellten Informationen. Umgekehrt: Das Medium zeigt hier seine Tauglichkeit zur Leserbindung. — E-Feedback

Problematisch ist die Rechtsgültigkeit von E-Mail-Korrespondenz; wenn für bestimmte Verträge rechtlich Schriftlichkeit vorgeschrieben ist, fällt das Medium aus. Die digitale Signatur ersetzt noch nicht die persönliche Unteschrift.

> **Merksatz**
>
> Neben der privaten Nutzung gibt es für E-Mail schwerpunktmäßig zahlreiche wirtschaftlich und kulturell wichtige Anwendungsbereiche (z.B. E-Marketing, E-Learning, E-Management und E-Feed-back).

Sprache und Stil von E-Mails   5.2.3

Sprachlich und stilistisch gibt es erhebliche Unterschiede zwischen dem Medium E-Mail und dem Medium Brief. Vor allem fühlt man sich bei E-Mail, in Assoziation zu mündlicher Kommunikation, an das konventionelle Regelwerk schriftlicher Kommunikation nicht unbedingt gebunden. Manche sprechen deshalb von „verschrifte-

Verschriftete
Mündlichkeit

ter Mündlichkeit" (Ulla Günther/Eva Lia Wyss). Das heißt im einzelnen:
- Rechtschreibung und Grammatik werden tendenziell vernachlässigt.
- E-Mails sind gekennzeichnet von formalen Freiheiten (z.B. Umgangssprache), Kurzformen (z.B. Satzverkürzungen) und Sprachökonomie (z.B. einfache Aussagesätze).
- Auf An- und Abrede wird oft verzichtet; man kommt gleich zur Sache.
- Meist fehlt eine Struktur im Sinne eines kompositorischen Prinzips.

Unterschiede sind möglicherweise eher auf die Schreibsituation als auf das Medium zurückzuführen.

Literatur

Georg Wiest (Hrsg.): Computergestützte Kommunikation am Arbeitsplatz. Die Aneignung neuer Kommunikationstechniken in Organisationen am Beispiel von Electronic Mail. Weiden 1994.
Älterer Sammelband mit teils wichtigen Beiträgen zu verschiedenen Aspekten von E-Mail als organisationsinternes Kommunikationsmedium.

Christoph Clases: Kommunikation in computervermittelten Tätigkeitszusammenhängen. Bilanzierung der Ergebnisse einer qualitativen Studie zur Nutzung und Bewertung elektronischer Postsysteme („E-Mail"). Hamburg 1994.
Thematisiert u.a. die Schnelligkeit und die Unaufdringlichkeit der E-Mails aus pychologischer Sicht.

Wolfgang Schweiger und Hans-Peter Brosius: Internet und Sprache – Zusammenhänge zwischen Online-Nutzung und dem individuellen Schreibstil. In: Klaus Beck und Gerhard Vowe (Hrsg.), Computernetze – ein Medium öffentlicher Kommunikation? Berlin 1997, S. 159-183.
Empirische Stiluntersuchungen anhand der Angaben von 95 per E-Mail und 55 brieflich befragten Versuchspersonen.

Hartmut Frey: E-Mail: Revolution im Unternehmen. Wie sich Motivation, Kommunikation und Innovationsgeist der Mitarbeiter wandeln. Neuwied, Kriftel 1999.
Exemplarischer Beitrag unter vielen zu den Folgen der Implementierung von E-Mail in der Arbeitswelt (u.a. Überproduktion von Mails).

Ralf Allwermann, Bernd Badge und Udo Neumark: Kundenansprache in der deutschen Versicherungswirtschaft. Eine Analyse von mehr als 1000 Kundenkontakten über die Medien Telefon, Brief, Fax und E-Mail. In: Versicherungswirtschaft, 54. Jg. (1999), H. 10, S. 674-677.
Medienvergleichende Studie zu Vor- und Nachteilen.

Literatur

Stephan Puls: Umfang, Formen und Funktionen des Mediums E-Mail als Leser-feedback am Beispiel einer Fachzeitschrift. Magisterarbeit Universität Lüne-burg, 2000.
Repräsentative Studie anhand von 540 E-Mails an die Fachzeitschrift „Auto Bild", mit zahlreichen Einzelinformationen u.a. zu Umfang, Formen und Funktionen des Leserfeedback.

Ute Scheffer und Friedrich W. Hesse (Hrsg.): E-Learning. Die Revolution des Ler-nens gewinnbringend einsetzen. Stuttgart 2002.
Sammelband mit zahlreichen aktuellen Einzelbeiträgen und weiterführenden Literaturangaben zum Schwerpunktbereich „E-Learning".

Nicolas Lang: E-Mail. In: Werner Faulstich (Hrsg.), Grundwissen Medien. 5. Aufl. Paderborn 2004.
Knapper Überblick insbesondere über den Mediencharakter von E-Mail, seine Leistungsmerkmale und seine Anwendungsbereiche.

Übungs- und Wiederholungsfragen

21. Definieren Sie E-Mail.
22. Welche Vorteile ordnet man der E-Mail-Kommunikation zu?
23. Wieviel Online-Nutzer senden und empfangen E-Mails?
24. Nennen Sie die vier übergreifenden Anwendungsbereiche von E-Mail.
25. Was heißt im einzelnen „verschriftete Mündlichkeit"? Nennen Sie Sprach- und Stilmerkmale der E-Mail-Kommunikation.

Weiterführende Arbeitsaufgaben

– Untersuchen Sie E-Mail-Texte, die Sie selbst erhalten haben, im Hinblick auf die benannten Stil- und Sprachmerkmale. Worin un-terscheiden Sie sich von klassischen Briefen?
– Diskutieren Sie die Vor- und Nachteile von E-Learning am Beispiel Ihrer Universität, Schule oder Ihres Betriebs. Berücksichtigen Sie dabei auch pädagogische Gesichtspunkte wie zum Beispiel den face-to-face-Kontakt und seine psychologischen Auswirkungen auf den Lernerfolg.
– Informieren Sie sich über die juristischen Probleme bei E-Mail. Kontaktieren Sie dazu einen Juristen mit entsprechender Kennt-nis der derzeitigen Rechtssprechung.

5.6 | Chat

Das jüngste digitale Medium ist das Chat. Es handelt sich hierbei im derzeitigen Entwicklungsstadium ganz klar um ein Medium für junge Leute; rund die Hälfte seiner Nutzer sind Schüler, über 80% sind unter 30 Jahren alt. Man hat ihm bereits viele Bezeichnungen zugeordnet: virtueller Kontakthof, computergenerierter Interaktionsraum, öffentliche Schwatzbude, virtueller Sozialraum, Beziehungsmedium, Clubraum, Kommunikationsspiel und Ähnliches. Aber als Definition können sie alle nicht gelten. Manche Beiträge nennen bereits mehr als fünf Millionen Teilnehmer in Deutschland. Neueste fundierte Zahlen belegen eher knapp zwei Millionen Teilnehmerinnen und Teilnehmer, aber mit einer stark steigenden Tendenz. Viele Chat-User befinden sich täglich mehrere Stunden im Netz.

Eines der derzeit erfolgreichsten Angebote in Deutschland ist Spinchat: mit 400 Chatrooms und 20 Discussion Boards sowie zahlreichen Spielen wie Backgammon oder Schiffeversenken. Angeblich loggen sich hier täglich rund 120.000 User ein, darunter viele Schüler. Registriert sind knapp 250.000 Nutzer im Alter zwischen 13 und 30 Jahren. Fast die Hälfte davon sind weiblichen Geschlechts. Der Spaßfaktor ist hier sehr hoch.

Trotz großer Forschungsdefizite haben sich zum Chat bereits zwei medienwissenschaftliche Schwerpunkte herausgebildet: erstens Funktionen und Spezifika, im Bemühen um eine eigene Chattheorie, und zweitens die spezifische Sprache des Chat.

5.6.1 | Chattheorie

Merkmale:

– Live-Medium

– Schriftsprache

– Gruppenkommunikation

Das Chat ist ein Medium der Online-Kommunikation mit besonderen Merkmalen, die es beispielsweise vom Brief, von E-Mail oder vom Telefon unterscheidet. Es ist ein Live-Medium wie das Telefon, aber die Kommunikation verläuft über Schrift, nicht über gesprochene Sprache. Darin gleicht es der E-Mail, aber die Kommunikation findet nicht nur zwischen zwei Gesprächspartnern statt, sondern innerhalb einer prinzipiell unabgeschlossenen Gruppe; viele beteiligen sich gleichzeitig, synchron am Kommunikationsaustausch.

Gleichwohl kann man ähnlich wie beim Brief den „Flüstermodus"
oder einen „Private Room" wählen, d.h. gleichsam in einer Nische
des Gruppenkommunikationsforums mit einem einzelnen Teilnehmer auch privat oder vertraulich sprechen. Anders als beim Brief
freilich ist eine gewisse Anonymität gewährleistet, welche die Teilnehmer egalisiert: Die Selbstpräsentation des Chatteilnehmers er-
folgt in einer selbstgewählten Maske, einer persönlichen Fassade,   – Egalität der Teilnehmer
die man selbst gestaltet. Das reicht bis hin zum möglichen Ge-
schlechtertausch. Allerdings dominiert beim Chat nach bisherigen   – Identitätsinszenierung
Studien die authentische Selbstdarstellung, allenfalls in einzelnen
Punkten taktisch etwas geschönt. Stets aber handelt es sich beim   – Fremder Kommunikati-
Chat um Kommunikation mit einem bisher Fremden. Im Unter-   onspartner
schied zu allen anderen Medien der Individualkommunikation ist
das Chat vom Charakter der potentiellen Unverbindlichkeit geprägt,   – Unverbindlichkeit
die Chat-Gemeinschaft ist flüchtig; man kann sich jederzeit ohne
Begründung einfach ausklinken.

Definition

Chat

**Das Chat ist ein raumzeitlich ungebundenes Kommunikationsforum zum kontrol-
lierten Aufbau entkontextualisierter interpersonaler Privat- und vor allem Grup-
penbeziehungen bis hin zu unverbindlichen sozialen Netzwerken, in einer technischen Verschränkung der privaten und der öffentlichen Sphäre.**

Eine solche Definition läßt noch vieles aus, was begrifflich bereits für
eine Chattheorie bereitgestellt wurde: Selbstinszenierung, Identitäts-
management, Selbstfindung über spielerische Kommunikation, Iden-
titäts-Workshop, Intimität auf Distanz, vermündlichte Schriftlichkeit usw. (Ilke Willand). Es gibt nachgewiesenermaßen mehrere
wichtige Funktionen des Chat: das Bedürfnis nach Konversation und   Funktionen
verbaler Geselligkeit, das Bedürfnis nach Kontakten auch im wirklichen Leben, das Bedürfnis nach Selbstdarstellung und Identitätssuche, einfach Zeitvertreib und Unterhaltung, auch das Bedürfnis nach
einem Partner, einer Partnerin oder generell nach Lebenshilfe.

Übungs- und Wiederholungsfragen

26. Welche zwei medienwissenschaftlichen Forschungsschwer-
    punkte haben sich zum Chat bereits herausgebildet?
27. Nennen Sie mindestens fünf Merkmale der Chatkommunikation.
28. Welche Funktionen sind für das Chat nachgewiesen?

– Suchen Sie im Netz mehrere verschiedenartige Chatforen auf und beteiligen Sie sich an der Kommunikation. Verwenden Sie dabei unterschiedliche Identitäten und beachten Sie die Reaktionen der Kommunikationspartner auf Sie.
– Versuchen Sie, einen Ihnen genehmen Gesprächsparter / eine Gesprächspartnerin dazu zu überreden, in eine Real-life-Beziehung zu treten (Austausch von Telefonnummern, Live-Treffen).
– Versuchen Sie, im Chat einzelne Egos oder Identitäten zu unterscheiden und funktional zuzuordnen.

5.6.2 | Die Sprache des Chat

Vielfalt von Chatforen

Chatforen sind bereits stark ausdifferenziert (es gibt hunderte deutscher Chat-Sites) und weisen ganz unterschiedliche Architekturen auf – teils sind es Chat-Events, d.h. anläßlich bestimmter Ereignisse (z.B. Diskussion mit einem Politiker oder Popstar), teils Small-talk-Gesprächsforen mit hoher Teilnehmerfluktuation, teils zeitlich begrenzte kommunikative Sitzungen für einen begrenzten Teilnehmerkreis, teils moderiert, teils themengebundene Foren, teils aber auch offene Flirt-Börsen usw. Obwohl inzwischen häufiger auch Fotos und visuelles Material eingebracht werden, ist das Chat doch primär ein Sprachmedium. Nicht umsonst heißt „chat" (englisch) plaudern, schwatzen.

Chatiquette

Immer wieder betont wird die sogenannte Chatiquette, die sicherstellen soll, daß bestimmte Höflichkeitsregeln eingehalten werden, niemand unverschämt oder beleidigend ist, zu illegalen oder kriminellen Handlungen aufruft usw. Wer dagegen verstößt, wird durch den Channel Operator aus dem Netz gekippt.

Sprachregeln

Wichtiger dagegen sind andere Regeln: Chatsprache ist verkürzte Sprache, die in vielerlei Hinsicht auf die Sprache der Comics zurückgreift. Fettdruck signalisiert Schreien. Die Wiederholung von Zeichen steht für Betonung. Lachen wird ebenso sprachlich simuliert (haha) wie etwa Erstaunen (oh) oder Protest (buuuuh). Reaktionen werden lautmalerisch gestaltet (kotz, würg, ächz). Groß- und Kleinschreibung, Komma- und Rechtschreibregeln spielen kaum eine

Rolle und können problemlos negiert werden. Vorherrschend ist hier die (geschrieben) gesprochene Sprache. Begrüßungen und Verabschiedungen sind meist ritualisiert. Schon bei den gewählten Pseudonymen („Nicknames") handelt es sich häufig um Sprachspiele. Ganz zentral zielt das Chat auf Kommunikationsgeschicklichkeit (Witz, Scharfsinn, spielerische Provokation, Originalität etc.).

Beliebt ist die Stereotypisierung von Gefühlen durch sogenannte Smileys. Ein Smiley oder Emoticon ist ein Ideogramm. Quer zu lesen signalisiert etwa Freude :-) oder Trauer :-(oder auch extreme Trauer :-(((. Eine solche „elektronische Parasprache" (Janet Asteroff) verdeutlicht außerdem Gruppenzugehörigkeit und hat statusvermittelnde Symbolik. Die Chatsprache kompensiert damit teilweise den medienbedingten Verlust der Körperlichkeit (Mimik, Gestik, Stimme etc.) von Real-life-Kommunikation. Chatsprache darf nicht als Verarmung von Sprach- und Schriftkultur gewertet werden, sondern als „vermündlichte Schriftlichkeit" (Ilka Willand), als funktionale Erweiterung der mündlichen, schriftlichen und elektronischen Medienkultur.

Smileys

orale Kommunikation

Literatur

Jens Runkel, Peter Schlobinski, Torsten Siever: Sprache und Kommunikation im Internet. Überblick und Analysen. Opladen, Wiesbaden 1998.
Früher Überblicksband, ausführlich u.a. auch zur Sprache im Chat.

Heike Husmann: Chatten im Internet Relay Chat (IRC). Einführung und erste Analyse. München 1998.
Kurze, wichtige Darstellung insbesondere der Möglichkeiten, Formen und Gefahren der Kommunikation im Chat.

Caja Thimm (Hrsg.): Soziales im Netz. Sprache, Beziehungen und Kommunikationskulturen im Internet. Opaden 2000.
Sammelband mit guten Beiträgen zum Chat im Netz und vor dem Bildschirm, aber auch zu E-Mail und Diensten wie Newsgroup.

Michael Beißwenger (Hrsg.): Chat-Kommunikation. Sprache, Interaktion, Sozialität & Identität in synchroner computervermittelter Kommunikation. Perspektiven auf ein interdisziplinäres Forschungsfeld. Stuttgart 2001.
Mehrere wichtige Einzelbeiträge zu Sprache und Kommunikation und zu Sozialität und Identität in Chat-Kommunikation.

Tina Fix: Generation @ im Chat. Hintergrund und explorative Motivstudie zur jugendlichen Netzkommunikation. München 2001.
Empirische Untersuchung zur Motivation von 121 jugendlichen Chat-Usern.

Literatur

Peter Vitouch (Hrsg.): Psychologie des Internet. Empirische Arbeiten zu Phänomenen der digitalen Kommunikation. Wien 2001.
Mehrere wichtige Einzelbeiträge zu Beziehungsstrukturen und Gemeinschaftsformen von Chat-TeilnehmerInnen aus psychologischer Sicht.

Helmut Scherer und Werner Wirth: Ich chatte – wer bin ich? Identität und Selbstdarstellung in virtuellen Kommunikationssituationen. In: Medien & Kommunikationswissenschaft. 50. Jg. (2002), H. 3, S. 337-358.
Theoretische Reflexion und empirische Untersuchung von 1.703 Versuchspersonen zum Ausmaß der Real-Life-Beziehungsorientierung beim Chatten als Identitätsarbeit.

Susanne Wolf und Helena Bilandzic: Chatten als Kommunikationsspiel. In: Medien und Kommunikationswissenschaft, Jg. 50 (2002), H. 4, S. 533-550.
Darstellung des Chat als Medium sprachlicher Kommunikationsspiele.

Ilka Willand: Chatroom statt Marktplatz. Identität und Kommunikation zwischen Öffentlichkeit und Privatheit. München 2002.
Bisher beste Zusammenfassung zum Chat als funktionalem Kommunikationsmedium und zu seinen Formen der Selbstdarstellung und interpersonalen Beziehungen.

Übungs- und Wiederholungsfragen

29. Was heißt Chatiquette?
30. Nennen Sie einige sprachliche Regeln der Chat-Kommunikation.
31. Was sind Smileys?

Weiterführende Arbeitsaufgaben

- Drucken Sie Redeanteile unterschiedlicher Chatforen aus und beschreiben Sie die vorherrschenden Sprachformen.
- Engagieren Sie sich verbal in einem Chatforum und verwenden Sie dabei unübliche Sprachstile (z.B. die Hochsprache oder viele Fremdwörter). Achten Sie auf die Reaktionen der Kommunikationsteilnehmer und thematisieren Sie die Vor- und Nachteile unterschiedlicher Sprachformen und Stile.

Der Überblick über die digitalen Medien zeigt eine Gruppe von vier Netzmedien (WWW, Intranet/Extranet, E-Mail und Chat), die in absehbarer Zeit möglicherweise um das eine oder andere neue Einzelmedium erweitert werden wird, während der Computer als eigenständiges Medium sowie zugleich als eine Art Basismedium für die anderen fungiert und Multimedia seinen Mediencharakter wohl verlieren wird, weil sein Leistungsvermögen nicht mehr spezifisch ist.

Die digitalen Medien übernehmen viele Funktionen aus anderen Medien(gruppen), z.B. Netzspiele und Chats vom Theater, Informations- und Speicherfunktionen vom Printmedium Buch, Kommunikationsfunktionen von den Medien Brief und Telefon, Unterhaltungsfunktionen, etwa im „Surfen", auch von den analogen Medien. Aber sie machen die meisten anderen Medien nicht überflüssig und bieten vielmehr zahlreiche zusätzliche Optionen, die theoretisch bisher nur unzureichend ausformuliert sind.

Noch stärker als bei den anderen Mediengruppen unterscheiden sich hier die Einzelmedien voneinander, auch wenn sie kurioserweise immer wieder (fälschlicherweise) als das „Medium Internet" zusammengeworfen werden. Ihre Märkte sind großenteils ebenso strikt voneinander abgeschottet wie ihre Funktionen voneinander differieren. Auch daß sie in Teilbereichen in ganz verschiedenen Einzeldisziplinen verortet sind (Soziologie, Publizistikwissenschaft, Pädagogik, Wirtschaftswissenschaften, Rechtswissenschaften), charakterisiert einen Medienbereich, der sich grundsätzlich und rapide im Wandel befindet. Die weitgehende Digitalisierung ist das bislang hervorstechendste Merkmal der Medienkultur des 21. Jahrhunderts.

Methoden | 6

Die Medienwissenschaft ist, historisch gesehen, eine relativ junge Wissenschaft. Sie hat gegenüber anderen Wissenschaften einige Besonderheiten, die man kennen muß. Gleichwohl gelten aber übergreifend alle die grundlegenden Wissenschaftskategorien, die auch für die anderen Disziplinen gültig sind. Beides soll zunächst einleitend vorgestellt werden: die Besonderheiten und die grundlegenden Kategorien.

Sodann gilt das Augenmerk den beiden Gruppen von Methoden, die in der Medienwissenschaft in aller Regel verwendet werden: bestimmten empirischen und bestimmten hermeneutischen Methoden. Benannt werden hier nur die wichtigsten, die am weitesten verbreitet sind und die sich am ehesten bewährt haben. Grundsätzlich muß man davon ausgehen, daß auch weitere Methoden in der Medienwissenschaft eingesetzt werden und legitim sind, sofern sie sich als ergiebig erweisen.

Medienwissenschaft als Wissenschaft | 6.1

Wissenschaft wird heute nicht mehr allein von ihren Gegenständen her definiert, sondern stärker von den konkreten Problemen, die zur Debatte stehen. Im Verhältnis zum etablierten System von Fachwissenschaften, wie es in den letzten dreihundert Jahren herausgebil-

det wurde, ist Medienwissenschaft eine transdisziplinäre Wissenschaft. Das bedeutet: Sie bedient sich bei der Lösung ihrer Probleme,
bei der Beantwortung ihrer Fragen, bei der Behandlung von Medi-
enthemen der Methoden ganz unterschiedlicher, im Prinzip sogar
aller bereits bestehender Einzelwissenschaften – der Psychologie
ebenso wie der Soziologie und Freizeitforschung, der Politikwissenschaft ebenso wie der Wirtschaftswissenschaften, der Literaturwissenschaft ebenso wie der Geschichtswissenschaft usw. Ein Beispiel:
„Informieren die abendlichen Fernsehnachrichten die Zuschauer?"
Ein solches medienwissenschaftliches „Problem" läßt sich nicht im
stillen Kämmerlein lösen, sondern impliziert so unterschiedliche
Teilfragen wie zum Beispiel: Welche konkreten Fernsehnachrichten
sind gemeint, wie funktionieren Fernsehnachrichten? Wer sind
„die" Fernsehzuschauer? Wann genau ist man tatsächlich informiert, wann fühlt man sich nur informiert? Welchen Bezug zur
Wirklichkeit unterstellt Informiertsein? Es geht also nicht nur um
ein konkretes Fernsehprogramm (Textwissenschaft), sondern auch
um Zuschauer als soziales Phänomen (Sozialwissenschaften), um Informationsprozesse (Psychologie), um Wahrheitsannahmen (Philosophie). Die Medienwissenschaft greift bei der Beantwortung ihrer
spezifischen Frage also auf übergreifende Perspektiven und Teiler-
gebnisse anderer Fachwissenschaften zurück, soweit diese hier re-
levant sind: Was weiß man bereits über die Fernsehnachrichten als
eine Textsorte unter vielen anderen? Wer sieht überhaupt fern, wer
bevorzugt warum und mit welchen Erwartungen die abendlichen
Nachrichtenprogramme? Wie laufen Informationsprozesse beim
Menschen ab, werden sie eher von Gefühlen oder eher von rationa-
len Einsichten gesteuert? Wie nehmen wir generell Wirklichkeit
wahr und wann ist eine Information eine Information?

Der Medienwissenschaft geht es nicht mehr um eine eng begrenzte
fachspezifische Methodik, sondern im Prinzip um den breiten, von
allen anderen Disziplinen bereits ausgebildeten und angebotenen
Methodenfächer und die Auswahl derjenigen Methoden, die für die
spezifische Problem- oder Fragestellung „angemessen" sind. Diejenigen Methoden sind „richtig", die für die Lösung des Problems, für
die Antwort auf die gewählte Frage hilfreich sind. Angemessen ist
dasjenige Instrument, das Erfolg bringt; legitimiert wird eine Methode durch ihre Ergiebigkeit.

Das bedeutet beispielsweise: Bei Fragen etwa zur Institutionengeschichte des Hörfunks werden die Geschichtswissenschaften genutzt, bei Problemen wie etwa die Organisation einer Zeitungsredaktion die Wirtschaftswissenschaften, beim Medienkonsum als
Freizeittätigkeit die Soziologie, bei der Medieninszenierung von Politikern die Politikwissenschaft, bei Fragen des Filmrechts, des Pres-
serechts oder des Jugendschutzes die Rechtswissenschaften, bei der
Medienwirkung die Psychologie usw. Doch ein solcher „transdiszi-
plinärer" Charakter der Medienwissenschaft bedeutet nicht Beliebigkeit, sondern ganz im Gegenteil:

1. den Anspruch, die Methoden verschiedener Fächer zu kennen,   – Begründung im Licht
   und   der Fachdisziplin
2. die Notwendigkeit, die Wahl des methodischen Instrumentari-
   ums zu begründen und im Licht der jeweiligen Einzelwissen-
   schaft bzw. Fragestellung zu rechtfertigen.

Definition

**Medien-
wissenschaft**

**Die Medienwissenschaft ist eine transdisziplinäre Wissenschaft der Kommunikati-
onsmedien mit einem je als funktional zu rechtfertigenden methodischen Instru-
mentarium.**

Ein Blick auf die Geschichte der Medienwissenschaft verdeutlicht,   Zwei Bereiche der
wie sich hier im Lauf des 20. Jahrhunderts vor allem zwei unter-   Medienwissenschaft:
schiedliche Linien und Bereiche herausgebildet haben – mit jeweils
„ihren" Medien, „ihren" Themen und auch „ihren" Methoden. Auf
der einen Seite, spätestens mit der Errichtung des ersten Lehrstuhls
für Zeitungswissenschaft, gibt es die Ansätze der Zeitungskunde, der
Meinungsforschung, der Propagandaforschung und der Journalistik
bis zur sozialwissenschaftlichen Publizistikwissenschaft heute. Auf   – die Publizistikwissen-
der anderen Seite, spätestens seit dem Beginn der Theaterwissen-   schaft
schaft und der Bibliotheks- und Buchwissenschaft, gibt es die
„germanistische Medienwissenschaft" der frühen 70er Jahre ein-
schließlich Kommunikationswissenschaft und weiterer medienwis-   – die literaturwissen-
senschaftlicher Ansätze auch in anderen Einzeldisziplinen. Der   schaftliche Medienwis-
Schwerpunkt „Publizistikwissenschaft" bevorzugt Problembereiche   senschaft
wie Politik, Wirtschaft, Pragmatik und Themenschwerpunkte wie
Presse, Rundfunk und Internet; hier geht es vor allem um Nonfiction. Der Schwerpunkt „literaturwissenschaftliche Medienwissenschaft" dagegen bevorzugt Kultur, Ästhetik, Geschichte, Kritik und
Schwerpunktbereiche wie Flugblatt, Buch, Theater, Film, Fotografie, Zeitschrift; hier geht es vor allem um Fiction.

Empirisch und
hermeneutisch

Die Bereiche sind auch methodologisch nachvollziehbar weitgehend voneinander unterschieden. In der Publizistikwissenschaft werden bevorzugt große Produktmengen behandelt und gesellschaftliche Kontexte; deshalb bedient man sich überwiegend sozialwissenschaftlicher Methoden und arbeitet empirisch. In der literaturwissenschaftlichen Medienwissenschaft dagegen bezieht man sich bevorzugt auf ästhetische Einzelwerke; deshalb werden literatur- und kulturwissenschaftliche Verfahren benutzt, die hermeneutisch orientiert sind. Beide Bereiche konkurrieren nicht eigentlich, sondern ergänzen sich und verhalten sich deshalb komplementär zueinander. Diese methodologische Komplementarität ist aber keineswegs ein Gesetz, es gibt auch zahlreiche Überlappungen.

Merksatz

Publizistikwissenschaft und literaturwissenschaftliche Medienwissenschaft stehen in einem Verhältnis sachlicher und methodologischer Komplementarität zueinander.

Literatur

Rüdiger Bruch und Otto B. Roegele (Hrsg.): Von der Zeitungskunde zur Publizistik. Biographisch-institutionelle Stationen der deutzschen Zeitungswissenschaft in der ersten Hälfte des 20. Jahrhunderts. Frankfurt/Main 1986.
Exemplarische Fallstudie zur Geschichte der publizistikwissenschaftlichen Entwicklungslinie der Medienwissenschaft.

Rainer Bohn, Eggo Müller und Rainer Ruppert (Hrsg.): Ansichten einer künftigen Medienwissenschaft. Berlin 1988.
Sammelband mit zahlreichen historisch wichtigen Beiträgen zum Selbstverständnis der literaturwissenschaftlichen Entwicklungslinie der Medienwissenschaft.

Werner Faulstich: Vorbemerkungen zur Geschichte der Medienwissenschaft. In: Ders., Einführung in die Medienwissenschaft. München 2003 (UTB), S. 9-15, 52-57.
Knappe Darstellung und bibliographische Nachweise aller „Schlüsselpublikationen" zum Selbstverständnis der Medienwissenschaft beider Schwerpunkte nach 1945.

1. Definieren Sie Medienwissenschaft im Verhältnis zu anderen Einzelwissenschaften.
2. Warum wird Medienwissenschaft nicht durch Beliebigkeit bei der Methodenauswahl charakterisiert?
3. Nennen Sie die zwei Bereiche der Medienwissenschaft, die sich historisch herausgebildet haben.
4. In welchem Verhältnis stehen Publizistikwissenschaft und literaturwissenschaftliche Medienwissenschaft zueinander?

– Vergleichen Sie die Medienwissenschaft mit traditionellen Einzelwissenschaften: etwa der Theologie (Geisteswissenschaft), der Politikwissenschaft (Sozialwissenschaft) und der Physik (Naturwissenschaft).
– Welche unterschiedlichen Bereiche haben andere Disziplinen ausgebildet, beispielsweise die Germanistik, die Wirtschaftswissenschaften und die Biologie?
– Informieren Sie sich über die Geschichte übergreifend aller Wissenschaften, seit den frühen Anfängen bei den Vorsokratikern.

Grundlegende Wissenschaftskategorien | 6.2

Auch für die Medienwissenschaft als transdisziplinäre Wissenschaft gelten grundlegende, übergreifende Kategorien von Wissenschaftlichkeit, wie sie von der philosophischen Teildisziplin Wissenschaftstheorie ausgebildet worden sind. Die Wissenschaftstheorie beantwortet im Kern die Frage: Was ist überhaupt Wissenschaft? Auf einer allgemeinen Ebene kennzeichnet sich Wissenschaft – jede Wissenschaft – durch verschiedene Vorbedingungen. Die wichtigsten dieser Vorbedingungen sind die folgenden:

Allgemeine Bedingungen von Wissenschaftlichkeit

– Wissenschaftliche Thesen und Erkenntnisse müssen intersubjektiv nachvollziehbar sein: rational. Sie dürfen nicht auf bloßem Glauben beruhen oder allein gefühlsmäßig begründet werden.
– Sie müssen kritisierbar sein, d.h. offen für Kritik; sie müssen überprüfbar sein. Sie dürfen Rückfragen und Kritik nicht ausschließen wie ein päpstliches Dogma.

- Sie müssen auf Analysen basieren und verläßlich sein. Sie dürfen nicht intuitiv einfach behauptet werden und vielleicht morgen schon wieder nicht mehr gelten.
- Sie müssen auf den Stand der Forschung Bezug nehmen und dürfen sich nicht vor dem Wissenschaftsbetrieb abschließen. Sie dürfen nicht ohne Begründung die jahrzehntelangen Bemühungen anderer Wissenschaftler einfach ausklammern und das Rad immer wieder neu erfinden wollen.
- Sie müssen logisch begründet sein, widerspruchsfrei und plausibel.
- Sie müssen Ideale anstreben wie Vorurteilsfreiheit, Genauigkeit, Allgemeingültigkeit, Suche nach Wahrheit.
- Sie müssen eine bestimmte Ordnungsstruktur aufweisen, mit Definitionen, Gesetzmäßigkeiten, Modellen, Theorien.

Grundlegende Wissenschaftskategorien:

Insbesondere letzteres ist von der Wissenschaftstheorie – quer oder übergreifend zu allen Einzelwissenschaften – in Form von grundlegenden Wissenschaftskategorien erforscht und ausformuliert worden. Die wichtigsten davon lauten: Begriff, Definition, Gesetzesannahme, Modell, Theorie, Methode.

– Begriff

Ein *Begriff* ist mehr als ein bloßes Wort. Der Begriff gehört zur Fachsprache, mit der sich Fachwissenschaftler untereinander austauschen. Er ist möglichst präzise, faßt komplexe Sachverhalte zusammen und soll den fachlichen Austausch erleichtern.

– Definition

Eine *Definition* ist die Bestimmung eines unbekannten Wortes durch die Kombination bereits bekannter Worte. Auch sie soll die wissenschaftliche Kommunikation optimieren und damit helfen, den Erkenntnisprozess voranzutreiben.

– Gesetzesannahme

Eine *Gesetzesannahme* dagegen hat bereits Regelcharakter und ist eine generelle Aussageform. Gesetze formulieren bewährte und gültige Informationen und Kenntnisse über wichtige Bestandteile des Fachgebiets. Sie sind bereits ausführlicher begründet, haben unter Fachwissenschaftlern hohe Plausibilität und erlauben auch Prognosen zukünftiger Ereignisse oder Phänomene.

– Modell

Anders dagegen ein *Modell*, mit dem man einen Teil eines hochkomplexen Phänomens nur repräsentieren will. Modelle sollen lediglich veranschaulichen, sie sind bloße Hilfsmittel.

Am anspruchsvollsten ist die *Theorie*. Eine Theorie ist nicht eigentlich das Gegenteil von Praxis, wie es die Alltagssprache nahelegt, sondern Theorie im wissenschaftstheoretischen Sinn heißt ein System von Einzelerklärungen zu einem Phänomen. Die Theorie fasst bestätigte Aussagen und Gesetzesannahmen widerspruchsfrei zusammen und erklärt, warum etwas so funktioniert, wie es funktioniert. Die Theorie ist der Sinn aller Wissenschaft.

– Theorie

Eine *Methode* beschreibt den Weg des wissenschaftlichen Vorgehens. Diese Wegbeschreibung besteht aus einer endlichen Folge von Handlungsanweisungen zur Lösung eines bestimmten Problems. Sie insbesondere sind intersubjektiv nachvollziehbar, rational, plausibel, systematisch, reproduzierbar und erlauben die Überprüfung und Kritik.

– Methode

In der Medienwissenschaft kann man mit Blick auf die bisherigen Einzelbeiträge prinzipiell zwei verschiedene methodische Zugriffe unterscheiden, die sich in beiden Bereichen finden: die Instanzen- und die Kontextforschung. Die *Instanzenforschung* bezieht sich auf Aspekte des oben erwähnten Kommunikationsmodells (Kap. 1.2), z.B. Sender, Institution oder Rezipient. Typische Beispiele wären hier etwa die Journalismusforschung, die Institutionengeschichte oder die Userforschung. In gewissem Sinn gehört dazu auch die Produktforschung, obwohl das Produkt im eigentlichen Sinn gar keine Instanz ist. Typisch wäre hier also die Aufführungs- oder die Programmanalyse. Die *Kontextforschung* untersucht Medienaspekte unter besonderer Berücksichtigung ihres jeweiligen Umfeldes. Typische Beispiele wären hier etwa die Zusammenhänge zwischen Medien und Öffentlichkeit, zwischen Medien und Politik, zwischen Medien und Werbewirtschaft oder auch zwischen Medien und Medien, d.h. die gesamte Medienkultur und ihr historischer Wandel.

Die Instanzenforschung

Die Kontextforschung

Literatur

Theodor W. Adorno et al.: Der Positivismusstreit in der deutschen Soziologie. Darmstadt, Neuwied 1969.
Historisch wichtiges Standardwerk zu methodologischen Auseinandersetzungen in der Soziologie.

Norbert Groeben: Literaturpsychologie. Literaturwissenschaft zwischen Hermeneutik und Empirie. Stuttgart 1972.
Früher Versuch, empirische und hermeneutische Methoden miteinander zu verbinden.

Literatur

Helmut Seiffert: Einführung in die Wissenschaftstheorie, 4 Bde. München 1992-96.
Umfangreiches Standardwerk, aufgeteilt nach Bereichen wie Sprachanalyse/Induktion in Natur- und Sozialwissenschaften, Geisteswissenschaftliche Methoden sowie Handlungstheorie/Systemtheorie.

Übungs- und Wiederholungsfragen

5. Welche Frage behandelt die Wissenschaftstheorie im Kern?
6. Nennen Sie mindestens vier verschiedene allgemeine Bedingungen von Wissenschaftlichkeit.
7. Beschreiben Sie den Unterschied zwischen einem Wort und einem Begriff.
8. Definieren Sie Definition.
9. Was ist eine Theorie?
10. Definieren Sie Methode.
11. Welche zwei verschiedenen methodischen Zugriffe finden sich in der Medienwissenschaft, und zwar gleichermaßen in ihren beiden Bereichen?

Weiterführende Arbeitsaufgaben

- Vergleichen Sie die Eintragungen zum Stichwort „Wissenschaft" in verschiedenen Lexika und Enzyklopädien und beurteilen Sie deren Verständlichkeit und Stimmigkeit.
- Welche anderen Fragen behandelt die Teildisziplin Wissenschaftstheorie? Beurteilen Sie die Brauchbarkeit ihrer Ergebnisse für die Einzelwissenschaften.
- Informieren Sie sich über Gesetzesannahmen in der Theologie, der Psychologie und der Physik und vergleichen sie deren unterschiedlichen Geltungsanspruch.
- Informieren Sie sich über Theorien in anderen Wissenschaften, z.B. die Lichttheorie in der Physik, die Triebtheorie in der Psychoanalyse und die Gesellschaftstheorie in der Soziologie.

Empirische Methoden 6.3

In der Medienwissenschaft werden vor allem vier empirische Methoden der Sozialwissenschaften gewinnbringend eingesetzt: das Interview, der Fragebogen, die Sekundäranalyse und vor allem die Inhaltsanalyse. Alle diese Methoden beginnen mit der Theorie- und Hypothesenbildung. Danach folgt die Kategorienbildung und man bestimmt die zu untersuchende Stichprobe. Es folgt ein Probetest und dann die eigentliche Datenerhebung („Feldarbeit"). Anschließend werden die Daten mit bestimmten Messinstrumenten ausgewertet und mit Blick auf die Ausgangsthesen interpretiert. Die meisten dieser Schritte sind standardisiert und lassen sich erst begreifen, wenn man sie an einem konkreten Beispielfall einmal detailliert nachvollzogen hat. Empirische Methoden können hier nur benannt, nicht aber ausführlich erklärt werden, weil sie zu komplex sind.

Definition Interview

Das Interview ist ein zielgerichtetes Gespräch eines Interviewers mit einem Befragten in der wissenschaftlichen Absicht, durch Fragen verbale Reaktionen hervorzurufen.

Das Inteview

Man kann hier ganz verschiedene Typen von Interviews unterscheiden. Das Leitfadeninterview zum Beispiel läßt offen, in welcher Reihenfolge und Ausführlichkeit die einzelnen Fragen gestellt und beantwortet werden. Ganz anders das standardisierte Interview nach einem festen Raster, welches alle Interviews einer Untersuchung vergleichbar macht. Einen großen Unterschied macht es auch, ob ein Interview per Telefon oder face-to-face durchgeführt wird.

Der Fragebogen

Der *Fragebogen* ist im Grunde ebenfalls ein Interview, aber in Form der schriftlichen Befragung. Nachteile des Interviews (z.B. zu wenig Zeit beim Interviewten, persönliche Antipathie gegenüber dem Interviewer) können hier kompensiert werden. Vor allem lassen sich erstens mehr Fragen stellen als beim Interview und zweitens auch an mehr Versuchspersonen; mit dem Fragebogen können zeit- und kostensparend gleich Tausende befragt werden. Zu den Nachteilen gehört freilich, daß die Rücklaufquote meistens sehr niedrig ist (häufig nur um die 20%). Um dennoch repräsentative Ergebnisse auch mit dieser Methode zu erzielen, arbeitet man mit Panelbefragungen. Ein Panel ist eine möglichst gleichbleibende Gruppe – bei Gesamtbevölkerungsumfragen ca. 2000 Personen –, die in gewissen Abständen immer wieder zu den unterschiedlichsten Themen befragt wird. Die Gruppe ist repräsentativ zusammengesetzt, d.h. spiegelt die Gesamtbevölkerung nach Faktoren wie Geschlecht, Alter, Einkommen, Herkunft, Bildung, Wohnort usw.

Definition

Sekundäranalyse

Die Sekundäranalyse ist eine Methode, nach der man bereits vorhandenes empirisches Umfrage- und Forschungsmaterial noch einmal auswertet, unabhängig vom ursprünglichen Ziel und Bezugsrahmen.

Sie dient vor allem der Kostenersparnis. Zahlreiche amtliche Statistiken, Volkszählungen und sonstige sozialwissenschaftliche Erhebungen und Meinungsumfragen, die in den unterschiedlichsten Kontexten erstellt wurden, können gesondert häufig auch für medienwissenschaftliche Fragestellungen herangezogen und genutzt werden. Damit lassen sich vor allem großräumige und längerfristige Trendanalysen erstellen.

Definition

Inhaltsanalyse

Die Inhaltsanalyse ist die systematische quantitative Erfassung festgelegter sprachlicher, akustischer oder optischer Inhalte bzw. Aussagen nach festgelegten Kategorien.

Hier in besonderem Maße sind quantitative und qualitative Merkmale miteinander verknüpft. Ein bestimmter Objekt- oder Materialbereich wird nach einem vorher entwickelten Kategorienschema durch zwei Codierer unabhängig voneinander beurteilt. Mit den damit gewonnenen Daten lassen sich unterschiedliche Arten von Aussagen ermitteln – zum Beispiel: wie häufig ein Wort, ein Name oder ein Phänomen überhaupt auftaucht (Frequenzanalyse), oder wie häufig es bei der Erwähnung positiv oder negativ oder gar nicht bewertet wird (Valenzanalyse), oder wie ausführlich es jeweils thematisiert wird (Intensitätsanalyse), oder auch in welchen Kombinationen verschiedene Kategorien gemeinsam auftreten (Kontingenzanalyse).

Literatur

Jürgen Friedrichs: Methoden empirischer Sozialforschung. Opladen 1990.
Immer wieder aktualisiertes Standardwerk als knapper Überblick für Erstein-steiger.

Klaus Merten und Petra Teipen: Empirische Kommunikationsforschung. Darstel-lung – Kritik – Evaluation. München 1991.
Exemplarische Gesamtdarstellung der medienwissenschaftlichen Methoden aus publizistikwissenschaftlicher Sicht.

Werner Früh: Inhaltsanalyse. Theorie und Praxis. 4. Aufl. Konstanz 1998.
Exemplarisch für eine der vielen guten brauchbaren Einführungen in die In-haltsanalyse.

Elisabeth Nolle-Neumann und Thomas Petersen: Alle, nicht jeder. Einführung in die Methoden der Demoskopie. München 1996.
Stark verbesserte und aktualisierte Auflage eines Standardwerks zu ange-wandten Methoden der empirischen Sozialforschung, unter besonderer Be-rücksichtigung statistischer Aspekte speziell für Laien.

Übungs- und Wiederholungsfragen

12. Wieviel empirische Methoden werden in der Medienwissen-schaft häufiger eingesetzt?
13. Definieren Sie Interview.
14. Benennen Sie einige Vor- und Nachteile des Fragebogens.
15. Definieren Sie Inhaltsanalyse.
16. Was heißt Panelbefragung?
17. Welche vier verschiedenen Arten von Aussagen lassen sich ana-lytisch per Inhaltsanalyse ermitteln?

Weiterführende Arbeitsaufgaben

– Suchen Sie in der Sekundärliteratur je ein Beispiel für medienwis-senschaftliche Arbeiten, die das Interview, den Fragebogen, die Sekundäranalyse und die Inhaltsanalyse zentral einsetzen. Ver-gleichen Sie die Methodenwahl mit der Art der Fragestellung bzw. Problemlage.
– Entwickeln Sie selbst einen Fragebogen zu einem medienwissen-schaftlichen Problem Ihrer Wahl. Nutzen Sie dabei Informationen zur Erstellung eines angemessenen Fragebogens aus der Theorie-literatur.
– Informieren Sie sich ausführlich über die vielfältigen Probleme der Kategorienbildung bei der Inhaltsanalyse.

6.4 | Hermeneutische Methoden

Bei den hermeneutischen Methoden werden in der Medienwissenschaft besonders häufig die folgenden fünf verwendet: die formalistische/strukturalistische Interpretation, die biographische Interpretation, die historische Interpretation, die soziologische Intepretation und die psychologische Interpretation. Auch sie können hier aufgrund der ihnen eigenen Komplexität nur benannt, nicht ausführlicher erläutert werden. Wichtig ist dabei die Unterscheidung von Analyse und Interpretation.

Definition

Analyse

Analyse heißt Zerlegung, Ausdifferenzierung eines Ganzen in seine Teile, Untersuchung der Zuordnung der Elemente zueinander, Bestimmung wesentlicher Beziehungen und interner Gesetzmäßigkeiten.

Die Analyse tendiert zum Positivistischen, zum Einzelnen, zum Detail, das für sich genommen eher bedeutungslos ist. Eine Analyse ohne Interpretation verliert sich in der Vielzahl der Einzelteile und bleibt im bloß Deskriptiven stecken.

Definition

Interpretation

Interpetation heißt Deutung, Auslegung, Sinnspezifikation.

Die Interpretation tendiert zur Projektion, zum Phantasiekonstrukt. Eine Interpretation ohne Analyse ist willkürlich und beliebig, eine blank subjektivistische Bedeutungszuordnung, ohne jede Fundierung und Plausibilität.

Merksatz

In der Medienwissenschaft gehören Analyse und Interpretation untrennbar zusammen.

Die formalistische/
strukturalistische
Interpretation

Die *formalistische/strukturalistische Interpretation* richtet sich auf Formen und Strukturen (analog zur Inhaltsanalyse, die sich auf Inhalte und Aussagen ausrichtet). Die Formen erscheinen als bedeutungsrelevanter als die Inhalte. Der Strukturbegriff unterstellt, daß es sich beim untersuchten Objekt um eine Komposition handelt, bei der alle Teile aufeinander bezogen sind. Diese Interpretation zielt vor allem auf statische Merkmale, Elemente, Beziehungen. Häufig orientiert sie sich an feststehenden Normensystemen ästhetischer (politischer, wirtschaftlicher, kultureller...) Art.

Die *biographische Interpretation* konzentirert sich auf den Autor, den Macher, den Kommunikator, den Regisseur, den Journalisten, den Schauspieler, den Verleger, den Redaktuer, den Star, den Kritiker usw. – stets als singuläre Person. Hier wird das Verständnis eines Phänomens oder Produkts über seine Urheber oder Produzenten gesucht.

Die biographische Interpretation

Die *historische Interpretation* sucht den Sinn in der Rekonstruktion von Tradition und Geschichtlichkeit als dem zentralen Faktor, der Bedeutung herstellt. Alles ist ja geschichtlich, und häufig bietet erst die Retrospektive den Zugang zur Bedeutung. Das kann in ganz unterschiedlicher Hinsicht erfolgen: als Produktgeschichte, Genregeschichte, Institutionengeschichte, Instanzengeschichte, Produktions- oder auch Rezeptionsgeschichte – übergreifend als Mediengeschichte (Kap. 7.1).

Die historische Interpretation

Die *soziologische Intepretation* ordnet die Phänomene in einen umfassend gesellschaftlichen Bezugsrahmen ein. Alles ist ja gesellschaftlich, und dieser soziale Kontext läßt sich ebenfalls als zentraler bedeutungsgebender Faktor begreifen. Die Gesellschaftsbedingtheit von Produkten, Prozessen, Strukturen, Ereignissen, Themen verweist z.B. auf politische Macht, auf wirtschaftliche Interessen oder auf kulturelle Wertehierarchien, die jeweils expliziert werden müssen. Das Auftreten bestimmter Medienphänomene kann man durchaus mit spezifischen gesellschaftlichen Verhältnissen erklären.

Die soziologische Interpretation

Die *psychologische Interpretation* schließlich setzt an beim individuellen Rezipienten bzw. bei der Rezeption als Teil des Kommunikationsprozesses. Zahlreiche unterschiedliche Ansätze der Psychologie werden hier verwendet (sozialpsychologisch, psychoanalytisch, entwicklungspsychologisch, kulturpsychologisch, gefühlspsychologisch usw.). Beispiele bieten Begriffe wie etwa „Identifikation" (warum identifizieren wir uns mit jemandem?), Methoden wie etwa der „Nutzensansatz" (welchen psychischen Gewinn haben wir bei einer Rezeption?) und Theorien wie etwa die „Kultivierungstheorie" (wie weit trägt der Medienkonsum zur Persönlichkeitsformung bei?).

Die psychologische Interpretation

Literatur

Manon Maren-Grisebach: Methoden der Literaturwissenschaft. München 1970. 8. Aufl. 1982.
  Veraltetes Standardwerk zur Interpretation, historisch wichtig.

Jurgen Hauff et al.: Methodendiskussion, 2 Bde. Frankfurt/Main 1971.
  Mehrfach aufgelegtes und einflussreiches Überblickswerk mit sehr guten Darstellungen verschiedener Hermeneutikmethoden.

Heinz Ludwig Arnold und Heinrich Detering (Hrsg.): Grundzüge der Literaturwissenschaft. München 1996.
  Neuere Verfahren der Textanalyse

Rainer Baasner: Methoden und Modelle der Literaturwissenschaft. Eine Einführung. Berlin 1996.
  Aktueller Rückblick über literaturwissenschaftliche Methoden.

Übungs- und Wiederholungsfragen

18. Wieviel hermeneutische Methoden werden in der Medienwissenschaft häufiger eingesetzt?
19. Definieren Sie Analyse und unterscheiden Sie sie von der Interpretation.
20. Worauf zielt die formalistische/strukturalistische Interpretation?
21. Was meint die Kultivierungstheorie?

Weiterführende Arbeitsaufgaben

– Informieren Sie sich aus der Sekundärliteratur ausführlicher über den sogenannten „Nutzensansatz" („Uses-and-gratifications-approach").
– Suchen Sie medienwissenschaftliche Arbeiten, die eine soziologische Interpretation bevorzugen – im Bereich der Publizistikwissenschaft und im Bereich der literaturwissenschaftlichen Medienwissenschaft. Vergleichen Sie die jeweils implizierten Konzepte von Gesellschaft miteinander.
– Diskutieren Sie die Vor- und Nachteile der formalistischen/ strukturalistischen gegenüber der biographischen Interpretation. Welche unterschiedlichen Lebensbilder oder Welthaltungen liegen hier zugrunde?

Zusammenfassung

Im Unterschied zu Konzeptionen des Fachs Medienwissenschaft in den angelsächsischen Ländern – nämlich unter „weichen" Überschriften wie „Media Studies", d.h. einfach Studien zu Medien – wird in Deutschland die Medienwissenschaft tatsächlich als Wissenschaft verstanden; entsprechend müßte es englisch eigentlich als „Media Science" übersetzt werden.

Medienwissenschaft wird hier als eine transdisziplinäre Wissenschaft konzipiert, die einen genuinen Gegenstandsbereich – die Kommunikationsmedien – unter Bezugnahme auf andere Fachdisziplinen methodologisch begründet erforschen. Dabei haben sich bislang zwei verschiedene Forschungsstränge, Frageperspektiven und Methoden herausgebildet, die sich komplementär zueinander verhalten: die publizistikwissenschaftliche und die literaturwissenschaftliche Medienwissenschaft.

Grundlegende Wissenschaftskategorien wie Begriff, Definition, Gesetzesannahme usw. gelten auch hier. Abgesehen von der Produktforschung sind sowohl die Instanzenforschung als auch die Kontextforschung verbreitet.

Als die wichtigsten empirischen Methoden gelten das Interview, der Fragebogen, die Sekundäranalyse und die Inhaltsanalyse. Als die wichtigsten hermeneutischen Methoden gelten die formalistische/ strukturalistische, die biographische, die historische, die soziologische und die psychologische Interpretation. In der Medienwissenschaft gehören Analyse und Interpretation untrennbar zusammen.

Medien und Gesellschaft

In großer Breite und Vielfalt wurde in rund hundert Jahren Medienforschung auch die Rolle und Bedeutung der Medien in Gesellschaft reflektiert und untersucht. Im Unterschied zu einzelmedienspezifischen Zugriffen oder zur Thematisierung einer einzelnen Mediengruppe ist hier eine medienübergreifende Perspektive charakteristisch. Stets geht es um „die" Medien, gleichsam das gesamte Mediensystem. Insofern wird damit die einleitende Gegenstandsbestimmung von „Medium", „Medienkommunikation" und „Medienöffentlichkeit" jeweils allgemein wieder aufgegriffen.

Die fünf wichtigsten Schwerpunkte dieser Medienforschung werden im folgenden vorgestellt:

Fünf Schwerpunktbereiche

1. *Mediengeschichte* und die Funktionen von Medien im Kontext gesellschaftlichen Wandels;
2. die Regulierungsdimensionen und Ordnungsprinzipien, die für Medien politisch, juristisch und ethisch in Gesellschaft *heute* Geltung haben, also *Medienpolitik, Medienrecht, Medienethik*;
3. die *Medienproduktion* in ihrer großen Bandbreite quer zu allen Medien(gruppen);
4. die *Medienorganisation* und ihre wirtschaftliche Bedeutung;
5. die *Medienrezeption* mit besonderer Berücksichtigung von Medienkompetenz als Zielvorstellung medienwissenschaftlicher Bildung für jedermann.

7.1 | Mediengeschichte und gesellschaftlicher Wandel

Mediengeschichten wurden auf verschiedenen hierarchischen Stufen ausgebildet: Am breitesten und allgemeinsten gibt es die sogenannte *Kommunikationsgeschichte*. Sie umfaßt auch nichtmediale Kommunikation und zeigt sich sehr heterogen; schließlich kann fast alles als Kommunikation betrachtet werden, und auch die hier verwendeten Medienbegriffe sind widersprüchlich und häufig nicht miteinander vergleichbar. Insofern Medienwissenschaft an Kommunikationswissenschaft partizipiert, ohne mit ihr identisch zu sein (Kap. 1.2), werden Teile auch der Kommunikationsgeschichte in Mediengeschichte integriert, z.B. übergreifende Ansätze wie zur Pressegeschichte, Journalismusgeschichte oder Programmgeschichte. Aber ansonsten ist Kommunikationsgeschichte etwas anderes als Mediengeschichte.

Kommunikationsgeschichte

Am bekanntesten ist Mediengeschichte als *Einzelmediengeschichte*, z.B. als Filmgeschichte, Radiogeschichte oder Fernsehgeschichte. Auf dieser Ebene finden sich die meisten medienwissenschaftlichen Beiträge zur Mediengeschichte. In der Regel werden dabei aber nur einzelne Bausteine von Einzelmediengeschichten bereitgestellt; für eine Filmgeschichte beispielsweise die Geschichte einer französischen Produktionsgesellschaft, die Geschichte Hollywoods in den 30er Jahren, die Geschichte des deutschen Heimatfilms, die Geschichte eines japanischen Regisseurs, oder die Geschichte der Kinos in Lüneburg – überhaupt sind Beiträge zu Einzelmediengeschichten häufig nationalspezifisch gehalten.

Einzelmediengeschichte

Letztlich zielen solche historiografischen Einzelbeiträge und Einzelmediengeschichten auf eine umfassende *Medienkulturgeschichte*, gemäß dem Medienbegriff (Kap. 1.1) als eine Systemgeschichte gefaßt. Ein erster Entwurf dazu liegt bereits vor und wird in Umrissen dargestellt. Zuvor aber muß in Erinnerung gerufen werden, daß die Unterschiedlichkeit vorliegender Einzelmediengeschichten und ihrer vielen funktionalen Bausteine in Gestalt von Teilstudien auch darauf zurückzuführen ist, daß es ganz verschiedene Ansätze gibt, die man kennen muß.

Medienkulturgeschichte

Zehn Ansätze der Mediengeschichtsschreibung

7.1.1

Mediengeschichte hat stets mit Mediengeschichtsschreibung zu tun, wie die Geschichtswissenschaft belegt. Geschichte gibt es nicht quasi „an sich", Geschichte liegt nicht einfach vor, sondern Geschichte gilt als Resultat einer Rekonstruktion von Vergangenheit. Politische Geschichte, Wirtschaftsgeschichte oder auch die eigene biographische Geschichte können gefärbt oder sonstwie relativiert sein – wie auch Mediengeschichte. Die verschiedenen Methoden der Mediengeschichtsschreibung verdeutlichen die Verschiedenheit der zugrundeliegenden Erkenntnisinteressen, der jeweiligen Gegenstandsbestimmung und der Wege der Ergebnisfindung. Dennoch ist Mediengeschichte nicht beliebig, sondern durchaus kritisierbar, überprüfbar, mehr oder weniger richtig oder falsch.

Mediengeschichte und Mediengeschichtsschreibung

Mindestens zehn verschiedene Ansätze der Mediengeschichtsschreibung lassen sich unterscheiden. Sie sollen hier nur kurz benannt werden, ohne daß im einzelnen auf alle ihre Vor- und Nachteile, ihre Reichweiten, ihre Brauchbarkeit im konkreten Fall abgehoben werden kann. Grundsätzlich gilt, daß sie sich in der einen oder anderen Hinsicht bewährt haben und hilfreich sein können. Ihre Kenntnis erlaubt es, historiographische Beiträge oder Einzelmediengeschichten einzuordnen und zu bewerten. Viele finden sich in der Praxis in Mischformen und werden hier nur voneinander getrennt, um die Besonderheiten herauszustellen.

1. Annalistische Mediengeschichte
Verbreitet ist erstens die Annalistik (lateinisch „annum" = das Jahr). Geschichte wird rekonstruiert durch eine chronologische Auflistung von „wichtigen" Jahren, in Form einer Zeittafel oder Tabelle. Dieses Ordnungsprinzip erlaubt es, die wichtigsten Veränderungen von Medien über große Zeiträume hinweg präsent zu halten.

Annalistische Mediengeschichte

2. Technikgeschichte
Zweitens gibt es die Mediengeschichte als Technikgeschichte. Sie bezieht sich auf Erfindungen und Erfinder und ist gerade neuerdings, mit Blick auf die digitalen Medien, wieder sehr beliebt.

Technikgeschichte

3. Personen- und Ideengeschichte
Oft in Verbindung damit steht die Personen- und Ideengeschichte. Schließlich fallen Medien nicht vom Himmel, sondern werden von

Personen- und Ideengeschichte

konkreten Menschen mit Vorstellungen, Utopien und Theorien vorbereitet und durchgesetzt.

Institutionen- und Organisationsgeschichte

4. Institutionen- und Organisationsgeschichte

Allerdings tritt zu den einzelnen Personen stets auch das Umfeld, wie es die Mediengeschichte als Institutionen- und Organisationsgeschichte beschreibt. Damit sind Instanzen der Produktion, Distribution und Rezeption gemeint (z.B. einzelne Berufe), Interessenverbände der Beteiligten oder auch rechtlich und wirtschaftlich spezifizierte Organisationen wie Produktionsfirmen, der Handel oder die gesamte Branche (Markt).

Sozialgeschichte

5. Sozialgeschichte

Wieder andere Akzente legt die Mediengeschichte als Sozialgeschichte. Sie beschreibt den Stellenwert und die Auswirkungen eines Mediums auf die Menschen und ihre sozialen Beziehungen, mitunter sogar unter Berücksichtigung auch wirtschaftlicher Umstände.

Kunst- und Ästhetikgeschichte

6. Kunst- und Ästhetikgeschichte

Eine Besonderheit stellt die Mediengeschichte als Kunst- und Ästhetikgeschichte dar. Hier wird vor allem eine Verortung der Einzelmedien in einer übergreifenden Kunst- und Kulturgeschichte angestrebt – in ästhetischer Hinsicht, d.h. mit Blick auf die mediale Beförderung von Fiction-/Nonfiction (Kap. 6.1).

Wahrnehmungsgeschichte

7. Wahrnehmungsgeschichte

Noch allgemeiner ist die Fragestellung nach einer Wahrnehmungsgeschichte. Sie thematisiert die Auswirkungen von Medien auf die Wahrnehmung von Menschen und ihr Wirklichkeitsbild.

Produktgeschichte

8. Produktgeschichte

Unverzichtbarer Bestandteil jeder Mediengeschichte ist selbstverständlich die Produktgeschichte, auch als Stil-, Genre- oder Programmgeschichte verbreitet. Es gibt kein Medium ohne Produkte (selbst wenn diese so flüchtig sind wie beim Telefon), und man kann sich nicht davon dispensieren, sie zu thematisieren (selbst wenn diese so unüberschaubar sind wie beim Radioprogramm).

9. Rezeptionsgeschichte

Analog den Produktionsinstanzen wie Personen und Institutionen gibt es auch die Mediengeschichte als Rezeptionsgeschichte. Sie zeigt ganz im Sinne des Medienbegriffs, ob und wann ein Medium gesellschaftlich dominant ist und in welchen Formen es organisiert und in der Öffentlichkeit etabliert ist.

10. Funktionsgeschichte

Schließlich finden sich auch Ansätze einer Mediengeschichte als Funktionsgeschichte. Hier geht es um den „Sinn" eines Mediums, um seine Bedeutung für die Menschen, seine Verwertungskontexte und Nutzungsmuster.

Medienkulturgeschichte als Systemgeschichte: sieben Perioden von den Anfängen bis heute

7.1.2

In Fortführung früherer integrativer Ansätze wie insbesondere Mediengeschichte als Sozialgeschichte und als Funktionsgeschichte wird heute eine Systemgeschichte angestrebt: eine Medienkulturgeschichte. Rekonstruiert wird dabei die Bedeutung und Funktion der Medien insgesamt im Kontext gesamtgesellschaftlicher Veränderungen von den Anfängen bis heute. Nach heutigem Wissensstand lassen sich dabei sieben Perioden unterscheiden. Sie zeigen, daß es in der Mediengeschichte bislang drei mediale Weltveränderungen gegeben hat und wir uns derzeit mitten in der vierten befinden.

Die *1. Periode* reicht von den kulturellen Anfängen bis zur Blütezeit der ersten Hochkulturen etwa in Mesopotamien, Indien und Ägypten (ca. 2500 vor Beginn unserer Zeitrechnung). Die ersten Medien waren die Frau, als soziales Organisationsprinzip und als sakrales Kommunikationsprinzip, und das Opferritual, als erstes Herrschafts- und Unterdrückungsmedium der Geschichte. Neben solchen Primärmedien (Kap. 2.1 f.) gab es Gestaltungsmedien wie Obelisk, Relief und Stele sowie Schreibmedien wie die Wand und die Rolle. Medien hatten hier primär kultische Funktion.

Abb. 1

Die archaische Periode (- 2500 v.u.Z.)

Die multiple hoch-
kulturelle Periode
(-2500-800)

Die *2. Periode* reicht von der griechischen Antike über das Römische Reich bis etwa um 800 unserer Zeitreichnung. Die meisten
Medien wurden multifunktional
verweltlicht und etablierten sich
als profane Kommunikationsmedien. Dabei wurden sie teils ausdifferenziert wie das Medium
Priester zum Schamanen, Zauberer, Medizinmann, Propheten, Seher, teils entwickelten sie sich
weiter wie das Opferritual über sakrale Feste bis zum Theater. Die
Menschmedien erlitten Funktionsverluste und die Schreibmedien
nahmen an Zahl (z.B. Ostrakon, Brief, Kodex) und Bedeutung zu.

Die Periode des
christlichen Mittel-
alters (800-1400)

Die Periode der
frühen Neuzeit
(1400-1700)

Die *3. Periode* umfasst das christ-
liche Mittelalter (800-1400). Wieder entstanden neue Menschmedien und ersetzten die älteren:
Aus dem antiken Sänger wurde
der Epen- und Minnesänger , aus
dem Zauberer der Hofnarr, aus
dem antiken Lehrer der schola-
stisch-universitäre Magister. Das
Buch nahm an Bedeutung zu. Medien dieser Zeit begründeten verschiedene   Teilöffentlichkeiten
und erhielten damit primär sozi-
alpublizistische Funktion.

Die *4. Periode* prägte die frühe
Neuzeit (1400-1700). In diesem
Abschnitt vollzog sich ein Umschwung von der gesellschaftlichen Dominanz der Menschmedien zur Dominanz der neuen
Druckmedien (Kap. 3.1). Die neu-
en Druckmedien waren vor allem
Flugblatt, Flugschrift, Kalender,

Buch und insbesondere die Zeitung. Dominant war die agitatorische Funktion der Medien: Sie waren zu allererst Kampfmedien.

Die *5. Periode* beschreibt die Herausbildung der bürgerlichen Gesellschaft (1700-1830). Das war die Blüte und Hochzeit der Druckmedien, während die traditionellen Menschmedien ihre Bedeutung fast vollständig verloren. Neue Medien wie das Plakat und vor allem die Zeitschrift prägten Kultur und Gesellschaft.

Abb. 5

Die Periode der bürgerlichen Mediengesellschaft (1700-1830)

Die zentralen Funktionen der damaligen Medien lagen in der Identitätsstiftung der bürgerlichen Klasse und einer umfassenden Entsinnlichung der gesellschaftlichen Kommunikation.

Merksatz

Das Wort vom „Buchzeitalter" ist irreführend: Das Buch war niemals, in keiner Phase des medienkulturellen Wandels, das dominante Medium der Gesellschaft.

Die *6. Periode* umfasst den Medienwandel im Industrie- und Massenzeitalter (1830-1900). Neben die Druckmedien traten nunmehr die elektronischen Medien (Kap. 4.1): visuelle Medien (Fotografie, Film) und auditive Medien (Telegraf, Telefon, Schallplatte), mit ihrer Tendenz zur Live-Reproduktion von Wirklichkeit. Wieder war es eine Phase des Übergangs zu einem neuen Paradigma.

Abb. 6

Die Periode des Medienwandels im Industrie- und Massenzeitalter (1830-1900)

Die *7. Periode* (20. Jh.) beschreibt die dritte mediale Weltveränderung: nach dem Wandel vom Medium Frau zu den patriarchalen Medien Opferritual und Priester, dem Wandel von der Dominanz der Mensch- zu den Druckmedien nun den Wandel von der Dominanz der Druck- zu den elektronischen Medien.

Abb. 7

Die Periode der audiovisuellen Massenkommunikation (20. Jh.)

Vor allem Hörfunk und Fernsehen übernahmen zahlreiche Funktionen und bestimmten neben Zeitung und Zeitschrift die gesellschaftliche Kommunikation.

Und eine *8. Periode* hat sich mit der Herausbildung der neuen digitalen Medien bereits angekündigt.

Merksatz

Die Gesellschaft war seit jeher eine Mediengesellschaft, mit kontinuierlich zwischen 15 und 20 Medien gleichzeitig. Numerische Verschiebungen hängen mit gesellschaftlichen Umwälzungen (z.B. Bevölkerungswachstum) zusammen, qualitative Veränderungen mit dem Stand der Produktivkräfte (z.B. technische Erfindungen).

Literatur

Manfred Bobrowsky und Wolfgang R. Langebucher (Hrsg.): Wege zur Kommunikationsgeschichte. München 1987.
Älterer Sammelband mit einer breiten Auswahl unterschiedlicher Ansätze der Mediengeschichtsschreibung.

Reinhard Wittmann: Geschichte des deutschen Buchhandels. Ein Überblick. München 1991.
Beispiel für eine umfassende Instanzengeschichte als Teil einer Einzelmediengeschichte.

Knut Hickethier: Geschichte des deutschen Fernsehens. Unter Mitarbeit von Peter Hoff. Stuttgart 1998.
Exemplarische Geschichte eines Einzelmediums – gelungener Versuch der Integration von Institutions-, Programm-, Personen- und Technikgeschichte.

Jürgen Wilke: Grundzüge der Medien- und Kommunikationsgeschichte. Von den Anfängen bis ins 20. Jahrhundert. Köln, Weimar, Wien 2000.
Exemplarischer Ansatz einer Mediengeschichte als Pressegeschichte unter Akzentuierung politischer und juristischer Aspekte.

Werner Faulstich: Die Geschichte der Medien.
– Band 1: Das Medium als Kult. Von den Anfängen bis zur Spätantike (8. Jh.). Göttingen 1997.
– Band 2: Medien und Öffentlichkeiten im Mittelalter (800-1400). Göttingen 1996.

Literatur

– Band 3: Medien zwischen Herrschaft und Revolte. Die Medienkultur der frühen Neuzeit (1400-1700). Göttingen 1998.
– Band 5: Medienwandel im Industrie- und Massenzeitalter (1830-1900). Göttingen 2004.
– Band 4: Die bürgerliche Mediengesellschaft (1700-1830). Göttingen 2002.
  Versuch einer umfassenden Mediengeschichte als Systemgeschichte von den Anfängen bis heute.

Werner Faulstich: 4. Modul „Mediengeschichte". In: Ders., Einführung in die Medienwissenschaft. Paderborn 2003 (UTB), S. 155-210.
Exemplarische Darstellung der unterschiedlichen Ansätze von Mediengeschichtsschreibung am Beispiel der Anfänge der Fotografie im 19. Jahrhundert.

Übungs- und Wiederholungsfragen

1. Was charakterisiert die Erforschung von Medien und Gesellschaft im Unterschied etwa zur Erforschung eines Einzelmediums?
2. Worin unterscheiden sich Kommunikations-, Einzelmedien- und Medienkulturgeschichte?
3. Was hat Mediengeschichte mit Mediengeschichtsschreibung zu tun?
4. Nennen Sie zehn verschiedene Ansätze der Mediengeschichtsschreibung.
5. Wieviel Perioden einer Medienkulturgeschichte muß man unterscheiden?
6. Warum ist die Bezeichnung „Buchzeitalter" irreführend?
7. Inwiefern ist die weitverbreitete Annahme falsch, wir entwickelten uns derzeit in eine Mediengesellschaft?

Weiterführende Arbeitsaufgaben

– Ermitteln Sie in Ihrer Bibliothek oder anhand von Bibliographien möglichst viele unterschiedliche Bausteine einer Einzelmediengeschichte Ihrer Wahl. Worin unterscheiden Sie sich voneinander und wie sind sie zu gewichten?
– Informieren Sie sich anhand der Fachliteratur der Geschichtswissenschaft über Grundprobleme von Geschichte und Geschichtsschreibung. Was läßt sich daraus für eine wissenschaftliche Mediengeschichte ableiten?
– Vergleichen Sie unterschiedliche mediengeschichtliche Ansätze zu ein und demselben Gegenstands-/Stoffbereich (z.B. Anfänge des Films) und untersuchen Sie deren Ergiebigkeit.

– Vergleichen Sie das von der jeweiligen Medienkultur nahegelegte Bild von „Wirklichkeit" in der Periode des christlichen Mittelalters und dem 20. Jahrhundert. Inwiefern sind die Unterschiede medienbedingt?

7.2 | Medienpolitik, Medienrecht, Medienethik

Aufgrund der Bedeutung der Medien als Steuerungs- und Orientierungsinstanzen in Kultur und Gesellschaft seit den Anfängen der Geschichte, insbesondere mit Blick auf Öffentlichkeit (Kap. 1.3), gibt es auch heute Regulierungsdimensionen und Ordnungsprinzipien unterschiedlicher Reichweite und Verbindlichkeit, die mit den Begriffen Medienpolitik, Medienrecht und Medienethik bezeichnet werden. Ihr Zusammenhang besteht in westlichen Demokratien insofern, als die Medienpolitik allgemeinverbindliche Eingriffsstrategien zur Gestaltung von Medienöffentlichkeiten verhandelt, das Medienrecht die jeweils beschlossenen Eingriffe legalisiert und schließlich die Medienethik die Umsetzung und freiwillige Realisierung der Ordnungsprinzipien einfordert.

7.2.1 | Medienpolitik

Der Zusammenhang von Medien und Politik bzw. die Bedeutung der Medien für das politische Teilsystem der Gesellschaft liegt auf der Hand: Heute kann kein Politiker, keine Partei, keine Regierung und auch keine andere politische Organisation ohne Medien und unabhängig von Medien erfolgreich arbeiten. Da die politische Klasse immer weniger Loyalität und Unterstützung der Bürger bekommt, tendiert sie zur Instrumentalisierung von Journalisten und Mediengremien. Das reicht vom persönlichen PR-Berater über Kungeleien mit Journalisten bis zu massiver Einflussnahme bei der Besetzung von Gremien etwa in Rundfunkanstalten. Selbstinszenierung in den Medien ist zum Hauptziel vieler Politiker geworden.

Die Politik braucht die Medien

Die Medienjournalisten und Medienmacher im weitesten Sinn verstehen sich dagegen oft als Sachverwalter und Stellvertreter der Bürger. Ihre Politikvermittlung unterliegt dem kritischen Auge, in der Demokratie haben die Medien, als „vierte Gewalt", eine gewisse Kontrollfunktion gegenüber den Herrschenden. So gelingt es immer wieder, etwa dem investigativen Journalismus, korrupte Politiker anzuprangern und bürgerfeindliches Verhalten von Parteien und politischen oder sonstigen Institutionen offenzulegen. Aber auch die Journalisten und Medien sind nicht autonom und „brauchen" die Politiker, um ihre Arbeit erfolgreich zu gestalten und ihre Zeitung, ihre Sendung an den Mann, an die Frau zu bringen.

Die Journalisten brauchen die Politik

Die sachlich gegebene Interdependenz von Medien und Politik wird jedoch dann ausgehebelt, wenn die Medien immer weniger neutrale Vermittler zwischen Politiker und Bürger sind, sondern dazu übergehen, selbst Politik zu „machen". Das reicht von der Vorgabe des Rahmens für die Thematisierung politischer Fragen über die Stilisierung des einzelnen Politikers zum Medienstar bis zur Inszenierung von Politik und Öffentlichkeit als gigantischer Medienshow.

Vom Primat der Politik über die Medien zum Primat der Medien über die Politik

Merksatz

Heute besteht die Gefahr, daß die Politiker zu Medienclowns verkommen, denen die Medienjournalisten assistierend zur Seite stehen, wobei die Bürgerinteressen bei dieser Symbiose auf der Strecke bleiben.

Literatur

Markus Stöckler: Politik und Massenmedien in der Informationsgesellschaft. Ist ein Supersystem noch zu verhindern? Ein systemtheoretisch basierter Untersuchungsansatz. Münster 1992.
Studie zur Symbiose von Medien und Politik aus systemtheoretischer Sicht.

Kurt Imhoff und Peter Schulz (Hrsg.): Politisches Raisonnement in der Informationsgesellschaft. Zürich 1996.
Sammelband mit verschiedenen wichtigen Einzelbeiträgen etwa zur Produktion von Charisma.

Winfried Schulz: Politische Kommunikation. Theoretische Ansätze und Ergebnisse empirischer Forschung zur Rolle der Massenmedien in der Politik. Opladen, Wiesbaden 1997.
Älterer Versuch eines Überblicks über das Problemfeld.

Literatur

Ulrich Sarcinelli (Hrsg.): Politikvermittlung und Demokratie in der Mediengesellschaft. Bundeszentrale für politische Bildung. Bonn 1998.
Facettenreiches Problembild aus der Perspektive der offiziösen Politik.

Thomas Meyer: Mediokratie. Die Kolonisierung der Politik durch das Mediensystem. Frankfurt/Main 2001.
Problemdiskussion aus politikwissenschaftlicher Sicht.

Heribert Schatz, Patrick Rössler und Jörg-Uwe Nieland (Hrsg.): Politische Akteure in der Mediendemokratie. Politiker in den Fesseln der Medien? Wiesbaden 2002.
Wichtiger Sammelband mit zahlreichen Einzelbeiträgen, u.a. zu neuen Aufgaben und Rollen der politischen Akteure und der Bedeutung von Protesten und Skandalen.

Otfried Jarren und Patrick Donges: Politische Kommunikation in der Mediengesellschaft. Eine Einführung. Band 2: Akteure, Prozesse und Inhalte. Wiesbaden 2002.
Neueste Gesamtdarstellung in Lehrbuchform.

Übungs- und Wiederholungsfragen

8. Begründen Sie, warum die Politik heute unabdingbar Medien braucht.
9. Vergleichen Sie das Ideal einer Balance der Interessen und Aufgaben der Politiker und der Medienjournalisten mit der Gefahr einer Symbiose.

Weiterführende Arbeitsaufgaben

– Können Medien überhaupt neutrale Vermittler sein, oder welche eigenen Interessen verfolgen sie, als Öffentlich-rechtliche wie als Private?
– Begründen Sie demokratietheoretisch, was wichtiger ist: ein Primat der Politik über die Medien oder umgekehrt.
– Recherchieren Sie einen der konkreten Fälle/Skandale, in denen Politiker ihre Macht gegenüber den Medien mißbraucht haben bzw. Medien ihre Macht gegenüber Politikern.

Medienrecht 7.2.2

Ebenso wie bei dem Problemfeld Medienpolitik verstärkt auch Politikwissenschaftler mitreden (und bei dem Problemfeld Medienethik Theologen und Philosophen), wird auch und insbesondere der Zusammenhang von Medien und Recht von Nicht-Medienwissenschaftlern thematisiert, nämlich von Juristen. Hier handelt es sich um ein komplexes, heterogenes Regelsystem von Geboten und Verboten, von medienbezogenen Gesetzen, Verordnungen, Richtlinien, Staatsverträgen, Vereinbarungen usw. einschließlich der verfassungsrechtlichen Grundlagen. Dabei geht es oft um spezielle Binnenräume (z.B. Länder, der Bund oder die Europäische Union) oder auch um spezielle Bereiche (z.B. Computerspiele und Jugendschutz, Musikpiraterie oder digitale Unterschrift).

Hochkomplexes Problemfeld für Juristen

Meist wird in verschiedene Mediengruppen, dann aber auch in Bereiche oder nach Akteuren und Instanzen unterschieden. Für Laien plausibel ist die Abgrenzung eines besonderen Teils von einem allgemeinen Teil. Zum *allgemeinen Teil* rechnet man u.a. Kommunikationsgrundrechte, das Recht auf Meinungsfreiheit und Informationsfreiheit oder das Medienurheberrecht. Im *besonderen Teil* unterscheidet man nach Einzelmedien wie z.B. Buch, Film oder nach übergeordneten Gruppen wie Presse und Rundfunk.

Allgemeiner und besonderer Teil

Literatur

Ulrich Dittler: Computerspiele und Jugendschutz. Baden-Baden 1997.
Beispiel für einen der zahlreichen Beiträge zu einem speziellen Teilbereich des Medienrechts.

Frank Fechner: Medienrecht. Lehrbuch des gesamten Medienrechts unter besonderer Berücksichtigung von Presse, Rundfunk und Multimedia. Tübingen 2000.
Auch für einen Laien verständliche Darstellung allgemeiner und besonderer Aspekte von Medienrecht aus juristischer Sicht.

Übungs- und Wiederholungsfragen

10. Warum wird das Problemfeld Medien und Recht originär nicht von Medienwissenschaftlern behandelt?
11. Charakterisieren Sie die Unterscheidung in einen allgemeinen und einen besonderen Teil.

Weiterführende Arbeitsaufgaben

- Das Presserecht ist in erster Linie Landesrecht. Lesen Sie das für Ihr Bundesland zuständige Presserecht und informieren Sie sich bei einem Juristen über seine konkrete Bedeutung.
- Was besagen die verschiedenen „Fernsehurteile" und welche Bedeutung haben Sie für die Medienentwicklung?
- Wie unterscheiden sich Urheberrecht, Wettbewerbsrecht, das Recht am eigenen Bild, der Ehren- und Persönlichkeitsschutz sowie der Staats- und Jugendschutz?
- Wie kann man sich gegen geistigen Diebstahl oder die Verunglimpfung in einem Medienorgan zur Wehr setzen?

7.2.3 | Medienethik

Medienöffentlichkeit wird nicht nur politisch und juristisch, sondern auch in Form von Selbststeuerung gestaltet. Eine solche Selbststeuerung wird gesellschaftlich mehr oder weniger vorgegeben. Das

Grundproblem

Grundproblem der Medienethik besteht jedoch darin, daß es eine universalistische Ethik nicht geben kann; „Sollen" kann vom „Sein" nicht zwingend abgeleitet werden, sondern ist stets eine Setzung. Das betrifft Individuen ebenso wie soziale Gruppen. Medienethik als Verhaltensregel wird zwar in dem Maße wichtig, in dem übergeordnete Wertesysteme (z.B. Religion) keine Akzeptanz mehr finden. Medienethik selbst bleibt aber auf Freiwilligkeit und Konsens angewiesen.

Definition

Ethik

Ethik ist die Lehre vom sittlichen Wollen und guten und richtigen Handeln: die Theorie vom Sollen. Ethik ist immer normativ.

Man unterscheidet meist nach Sozialethik, die sich auf die ganze Gesellschaft bezieht, und Individualethik, die den einzelnen meint. Sozialethik entfällt in bestimmte Bereichsethiken (wie Medienethik), Individualethik in bestimmte Rollenethiken.

Individualethik: fünf Rollenethiken

Eine Individualethik für Medien impliziert drei bis fünf verschiedene Rollenethiken: Die *Journalistenethik* ordnet den Journalisten die

Verantwortung für Medienangebote zu. Die *Organisationsethik* nimmt den Betrieb, das „Haus", das Unternehmen in die Pflicht. Die *Publikumsethik* sieht das wesentliche Einflußpotential bei den Lesern, Hörern und Zuschauern bzw. Käufern und Konsumenten. Ergänzend werden noch die *Hierarchenethik* genannt, d.h. zur Rechenschaft zu ziehen sind auch die Verwalter, Direktoren, Redaktionsleiter, Moderatoren oder Sänger und Stars im Mediensektor, sowie die *Medienpolitikerethik*, die im oben angesprochenen Sinn (Kap. 7.2.1) auch den Politikern in Sachen Medienethik Entscheidungsbefugnisse und damit Verantwortung zuspricht.

Die Sozialethik nimmt Rekurs auf Normen und Werte in einer Gesellschaft. Für die Medienethik wurden dabei insbesondere die folgenden Werte medienübergreifend genannt: Wahrheit, Freiheit, Öffentlichkeit, Verantwortung, Medienkompetenz. Daraus abgeleitet sind die entsprechenden konkreten Normen wie Objektivität, Neutralität, Fairness, Ausgewogenheit oder Toleranz, die direkt als moralische Handlungsanweisungen in die Praxis des Medienhandelns übernommen werden.

Sozialethik: Normen und Werte

Literatur

Wolfgang Wunden (Hrsg.): Wahrheit als Medienqualität. Beiträge zur Medienethik 3. Frankfurt/Main 1996.
Exemplarischer Beitrag zu einem medienübergreifenden Wert als zentraler ethischer Kategorie.

Adrian Holderegger (Hrsg.): Kommunikations- und Medienethik. Interdisziplinäre Perspektiven. 2. Aufl. Fribourg/Schweiz 1999.
Typischer Sammelband mit zahlreichen anregenden Einzelbeiträgen aus Sicht unterschiedlicher Disziplinen.

Gerfried W. Hunold (Hrsg.): Medien, Wahrnehmung, Ethik. Eine annotierte Bibliographie. Tübingen, Basel 2001.
Macht die Bandbreite der Debatte deutlich und regt zur Weiterlektüre an.

Rainer Leschke: Einführung in die Medienethik. München 2001.
Präzise Klärung fundamentaler Probleme von Medienethik.

Thomas Hausmanninger und Rafael Caputto (Hrsg.): Netzethik. Grundlegungsfragen der Internetethik. München 2002.
Exemplarischer Sammelband mit anregenden Einzelbeiträgen zum Spezialfall von Ethik in den Netzmedien.

Werner Faulstich: Medienethik. In: Ders. (Hrsg.), Grundwissen Medien. Paderborn 2004 (UTB).
Knappe Zusammenfassung wesentlicher Erträge und Positionen.

12. Worin besteht das Grundproblem von Ethik?
13. Was heißt Ethik?
14. Nennen Sie die fünf verschiedenen Rollenethiken einer Individualethik.
15. Nennen Sie Normen und Werte einer medienbezogenen Sozialethik.

– Inwieweit macht es einen Unterschied aus, ob Medienethik von Theologen oder unterm Gesichtspunkt von Sozialverträglichkeit und Utilitarismus diskutiert wird?
– Greifen Sie einen aktuellen Fall medienbezogenen Fehlverhaltens auf und problematisieren Sie ihn als ein medienethisches Problem. Welche konkreten Lösungsmöglichkeiten bieten sich an?
– Inwiefern können Wahrheit und Öffentlichkeit ethische Kategorien sein? Diskutieren Sie die Bedeutungsdimensionen der beiden Begriffe auch aus erkenntnistheoretischer und sozialwissenschaftlicher Perspektive.

7.3 | Medienproduktion

Der Schwerpunkt Medienproduktion ist im Kern zweifach geprägt: zum einen künstlerisch-kreativ (Fiction), zum andern informativ-vermittelnd (Nonfiction). Auf die Vielfalt der überwiegend individuell geprägten kreativen Fiction-Produzenten quer zu allen Medien kann hier pauschal nicht eingegangen werden. Die Besonderheit besteht vielmehr gerade in dem jeweils spezifischen Charakter kreativer Medienproduktion – sei es beim Schriftsteller (z.B. Buch, Zeitschrift, Heft), beim Regisseur (z.B. Theater, Film, Fernsehen) oder auch beim Produzenten (z.B. Schallplatte, Film, Video).

Medienübergreifend mit Blick auf den Zusammenhang von Medien und Gesellschaft sind in der Medienwissenschaft dagegen vor allem die Nonfiction-Produzenten thematisiert worden: die Journalisten.

Sie sollen deshalb ausführlicher vorgestellt werden. Dabei zeigt sich der Verweis von Medienwissenschaft auf Medienpraxis und Medienberufe. Gleichwohl gelten aber auch hier Besonderheiten von Medium zu Medium, die sich am Beispiel des Radiojournalismus verdeutlichen lassen.

Journalisten   7.3.1

Journalisten arbeiten nicht nur in Zeitung, Zeitschrift und Anzeigenblättern, sondern auch in den Medien Hörfunk, Fernsehen und dem World Wide Web. Zentraler Gegenstand der medienwissenschaftlichen Journalismusforschung sind die journalistischen Handlungsrollen und ihr Wandel, die ganz unterschiedlich eingeschätzt werden. Journalismus wird damit als Funktionssystem aufgefaßt.

Merksatz

Bei der Entstehung der bürgerlichen Öffentlichkeit im 18. Jahrhundert übernahmen die Journalisten erstmals Kontrollfunktion gegenüber den politisch Herrschenden – eine Aufgabe, die ihnen auch heute noch im Sinne der Konstituierung einer politischen Öffentlichkeit von vielen zugeordnet wird. Ganz anders die Auffassung des Journalisten als einem neutral-objektiven Übermittler von Nachrichten. Eine wieder andere Konzeption versteht den Journalismus als allgemeine Orientierung für das Alltagshandeln von jedermann, also durchaus auch mit den Aufgaben der parteilichen Erziehung und Belehrung; man erwartet, daß sich die Journalisten für die Lösung sozialer Probleme engagieren. Manche ordnen die Arbeit der Journalisten in der Hauptsache dagegen dem großen Bereich der Unterhaltung für die Massen zu. Andere begreifen sie, ganz im Gegensatz zum bürgerlichen Anwalt, vielmehr als bloßes Sprachrohr der politisch und ökonomisch Mächtigen. Häufig legt man sich aber auch nicht auf die Parteilichkeit nach unten oder nach oben fest, sondern stuft den Journalisten als einen Mediator zwischen unterschiedlichen gesellschaftlichen Interessen und Interessengruppen ein. Auf die erwähnte Symbiose von Politik und Medien hin wird den Journalisten gelegentlich sogar die Funktion von Politikern zugesprochen, die sich von denen der gewählten Volksvertreter im Endeffekt nicht mehr unterscheiden.

> Journalistische Medienproduktion ist prinzipiell medienübergreifend und läßt sich funktional ausdifferenzieren in Handlungsrollen.

Funktionen:
– Anwalt des Bürgers
– Nachrichtenübermittler
– Pädagoge, Missionar
– Unterhalter
– Sprachrohr
– Mediator
– Politiker

Man hat versucht, die Funktion des Journalismus neutral zu begreifen, ohne damit aber die involvierten Probleme bereits zu lösen.

Definition

Journalismus

Journalismus ist die Bereitstellung aktueller Informationen von allgemeingültiger Bedeutung zum Zweck öffentlicher Kommunikation.

Probleme bestehen insbesondere in der großen Bandbreite zwischen objektiver Berichterstattung und manipulativer Erfindung, zwischen tatsächlicher Aktualität und bloßer Inszenierung, zwischen wichtigen und nebensächlichen Meldungen sowie in der Position des einzelnen Journalisten und seiner Abhängigkeiten und Handlungsspielräume im Geflecht seines Mediums als Organisation (Kap. 7.4.1) bzw. als freier Journalist. Hinzu kommt die Perspektive, die sich nicht auf die Journalisten und auch nicht auf ihre Redaktionen als Einflußfaktoren bezieht, sondern auf die Nachrichten selbst: die Nachrichtenwerttheorie. Sie untersucht, was berichtet wird, warum es von wem und warum ausgewählt wurde, für wen es wie und wozu aufbereitet und dargestellt wird und warum es bei wem wie auf welches Interesse und Verständnis stößt. Es macht demnach zum Beispiel einen großen Unterschied (Hans Mathias Kepplinger), ob es sich bei einer Nachricht um ein genuines Ereignis handelt (z.B. eine Naturkatastrophe), ein medialisiertes Ereignis (z.B. ein Parteitag) oder um ein Pseudo-Ereignis (z.B. eine Pressekonferenz).

Literatur

Manfred Rühl: Journalismus und Gesellschaft. Bestandsaufnahme und Theorieentwurf. Mainz 1980.
Älteres, immer noch wichtiges Standardwerk.

Walter A. Mahle (Hrsg.): Journalisten in Deutschland. Nationale und internationale Vergleiche und Perspektiven. München 1993.
Bilanz wissenschaftlicher Gespräche über die Situation des Journalismus kurz nach der deutsch-deutschen Vereinigung, mit einer ausdifferenzierten Problemdarstellung.

Frank Böckelmann: Journalismus als Beruf. Bilanz der deutschsprachigen Kommunikatorforschung 1945-1990. Konstanz 1994.
Unverzichtbarer Forschungsbericht für den genannten Zeitraum.

Siegfried Weischenberg: Journalistik. Theorie und Praxis aktueller Medienkommunikation. Bd. 2: Medientechnik, Medienfunktionen, Medienakteure. Opladen 1995.

Versuch einer systematischen, umfassenden Bilanzierung des Problemfeldes.

Claudia Mast, Manuela Popp, Rüdiger Theilmann: Journalisten auf der Datenautobahn. Qualifikationsprofile im Multimedia-Zeitalter. Konstanz 1997.
Erste breite deutschsprachige Darstellung der Herausforderung der Journalisten durch die digitalen Medien.

Armin Scholl und Siegfried Weischenberg (Hrsg.): Journalismus in der Gesellschaft. Theorie, Methodologie, Empirie. Opladen 1998.
Sammelband mit wichtigen Einzelbeiträgen, bei denen die Vielfalt der implizierten Fragestellungen deutlich wird.

Michael Krzeminski (Hrsg.): Professionalität der Kommunikation. Medienberufe zwischen Auftrag und Autonomie. Köln 2002.
Neuerer Sammelband mit Einzelbeiträgen zur Vielfalt journalistischer Arbeit in den Massenmedien, in Unternehmen, in Kultur und in Markt- und Meinungsforschung.

Übungs- und Wiederholungsfragen

16. Nennen Sie unterschiedliche Funktionen des Journalisten.
17. Wie kann man Journalismus definieren?
18. Nennen Sie mindestens drei verschiedene Probleme der journalistischen Medienproduktion.
19. Wonach fragt die Nachrichtenwerttheorie?

Weiterführende Arbeitsaufgaben

– Untersuchen Sie die Artikel verschiedener Seiten Ihrer Tageszeitung und bestimmen sie die jeweils zugrundeliegende Funktion.
– Was erwarten Sie persönlich von den Journalisten einer Tageszeitung, eines Wochenmagazins, einer Modezeitschrift, der Radionachrichten, eines Wirtschaftsmagazins im Fernsehen und der Homepage eines Unternehmens im WWW? Vergleichen Sie Ihre Erwartungen und versuchen Sie eine Erklärung der Unterschiede.
– Werden Sie selbst journalistisch aktiv: Schreiben Sie einen Bericht über ein Ereignis (welcher Art auch immer), und zwar in verschiedenen Fassungen für eine Boulevardzeitung, für eine Fachzeitschrift und für das WWW..

7.3.2 | Radiojournalismus

Betrachtet man die journalistische Produktion medienspezifisch, so kommt die Unterschiedlichkeit und Vielfalt der konkreten Produktionsarbeit und damit auch von Anforderungen und Kompetenzen in den Blick. Sie gilt grundsätzlich vor allem im Wechsel zwischen Druckmedien, analogen Medien und digitalen Medien, dann aber auch jeweils intern z.B. zwischen Radio und Fernsehen und Video innerhalb der Gruppe der elektronischen Medien.

Der Radiojournalist
als Alleskönner

Der Radiojournalist kann Interviewer sein, Moderator, Korrespondent, Kommentator, auch Redakteur am Schreibtisch, oft ist er mehreres zugleich oder alles zusammen. Häufiger als in anderen Medien ist der Journalist hier Alleskönner, der auch noch mit der Technik vertraut sein muß und selbst seine Tonbandaufnahmen schneiden kann. Je nach Sparte oder Ressort muß der Radiojournalist unter hohem Zeitdruck arbeiten – stündlich Nachrichten bereitstellen (Ereignisinformation), in einer Magazinsendung ein aktuelles oder Hintergrund-Feature anbieten (Wissensinformation) oder im Servicebereich Verkehrsnachrichten und die berühmte Warnung vor dem Falschfahrer übermitteln (Serviceinformation). Nachrichten spielen in der Sportredaktion, der Politischen Redaktion, der Wirtschaftsredaktion, der Wissenschaftsredaktion, beim Landfunk, Schulfunk, Frauenfunk, Jugendfunk, Kinderfunk, Kirchenfunk oder bei der Kulturredaktion, nicht zuletzt bei der Präsentation von Musikbegleitprogrammen mit Unterhaltungsfunktion eine wichtige Rolle, und zwar rund um die Uhr.

Medienbesonderheiten
(Beispiele):

Allgemeine journalistische Techniken wie Sammeln, Prüfen, Auswählen, Bearbeiten, Berichten, Analysieren usw. werden hier medienspezifisch zugerichtet.

– Stimme

Die Stimme ist wichtig, die gesprochene Sprache. Nur wer redet, ist im Hörfunk anwesend – mit der Gefahr ausufernder Geschwätzigkeit. Man muß fürs Hören und nicht fürs Lesen schreiben, d.h. kurze und verständliche, aneinandergereihte Sätze mit Redundanz formulieren, d.h. mit Wiederholungen in anderen Worten. Nur wer die Aufmerksamkeit des Hörers gewinnt und

Merksatz

Radiojournalismus orientiert sich stärker als der Pressejournalismus an den Besonderheiten des Mediums Hörfunk sowie den sich wandelnden Konventionen der Radionutzung.

sich der Hörsituation anpaßt, wird von ihm auch verstanden – mit der Gefahr eines bloßen Häppchen-Journalismus, d.h. der äußersten Verkürzung als Verfälschung. Verständlichkeit ist fundamental. Der Sprachfluß braucht einen bestimmten Rhythmus, eine bestimmte Sprachmelodie mit Pausen und Hebungen und Sekungen der Stimme – schließlich gibt es im Radio keine Punkte, Kommata, Gedankenstriche, Ausrufe- und Fragezeichen wie beim gedruckten Text. Und natürlich existieren auch bestimmte Konventionen, die sich nach den verschiedenen Sendeformen richten – und diese wiederum nach den Erwartungen von Hörergruppen, z.B.

– Sprechen

– Hörverständlichkeit

– Sendekonventionen

- bei den *Nachrichtensendungen* neutral-objektiv gesprochene Nachrichten in kompakter Bündelung nach dem Leadsatzprinzip, d.h. der erste Satz enthält jeweils den Kern der Meldung;
- beim *Bericht* und *Feature* stärker Konfliktträchtigkeit und Kuriosität, dabei Auflockerung mit Interviews oder authentischen O-Tönen (Original-Aufnahmen);
- bei der *Reportage* plastisch-anschauliche Sprache, mit Atmo (= Atmosphäre mit den entsprechenden Umweltgeräuschen, zum Beispiel bei der Live-Sportreportage), mit eigenen Emotionen und Engagement und mit einer erkennbaren dramaturgischen Struktur, d.h. einem roten Faden vom Einstieg bis zum Ende;
- bei *Unterhaltungsmagazinen* und *Musiksendungen* Spaß mit Pointen, Witz und Humor, zur Auflockerung und um den Kontakt mit den Hörern zu halten, teils unter Beteiligung der Hörerinnen und Hörer selbst.

Literatur

Walther von LaRoche und Axel Buchholz (Hrsg.): Radio-Journalismus. Ein Handbuch für Ausbildung und Praxis im Hörfunk. München 1980 pass.
Standardwerk in zahlreichen, immer wieder bis heute aktualisierten Auflagen.

Presse- und Informationsant der Landesregierung Nordrhein-Westfalen (Hrsg.): Journalistisches Handeln im lokalen Rundfunk. Düsseldorf 1988.
Exemplarischer Sammelband mit zahlreichen Beiträgen zum Spezialfall des Lokalfunks nach NRW-Modell.

Martin Fraund und Jürgen Goetzmann (Hrsg.): Wie sag ich´s im Radio? Ein Handbuch für die kirchliche Hörfunkarbeit. Stuttgart 1989.
Exemplarischer Sammelband mit den unterschiedlichsten Beiträgen für den Spezialfall religiöser Radiosendungen.

Bernd Arnold und Siegfried Quandt (Hrsg.): Radio heute. Die neuen Trends im Hörfunkjournalismus. Frankfurt/Main 1991.

Literatur

Anregender Sammelband mit Erläuterungen zahlreicher konkreter Programmbeispiele, Erfahrungen und praxisbezogener Grundprobleme.

Michael H. Haas, Uwe Frigge und Gert Zimmer: Radiomanagement. Ein Handbuch für Radiojournalisten. München 1991.
Thematisiert werden insbesondere Marketing und Redaktionsmanagement auch unter den Bedingungen des privaten Radios.

Stefan Wachtel: Sprechen und Moderieren in Hörfunk und Fernsehen. Konstanz 1994.
Praxisnahe Hinweise speziell im Hinblick auf gesprochene Sprache und das Sprechen u.a. im Radio.

Übungs- und Wiederholungsfragen

20. Was ist mit dem Radiojournalisten als Alleskönner gemeint?
21. In welchen Hörfunkredaktionen spielen Nachrichten eine Rolle?
22. Beschreiben Sie mehrere Medienbesonderheiten der journalistischen Produktion beim Radio.

Weiterführende Arbeitsaufgaben

- Nehmen Sie je fünf Minuten Radioprogramm bei ganz unterschiedlichen Sendern auf und vergleichen Sie die Wortanteile, die Stimmen, die Sprechweisen und die Hörverständlichkeit.
- Suchen Sie Programmbeispiele eines bestimmten Sendungstyps Ihrer Wahl, schneiden Sie die Sendungen mit und untersuchen Sie, in welchem Ausmaß und in welchen Formen die Sprecher, Moderatoren usw. speziell auf Sie als Hörer oder Hörerin tatsächlich eingehen?
- Reflektieren Sie Ihre eigene Mediennutzung: Wann hören Sie im Tagesverlauf Radio, wie intensiv hören Sie zu und welche Funktion hat Ihr Radiokonsum für Sie persönlich, welches ist Ihr Lieblingsprogramm im Radio und warum?
- Werden Sie selbst journalistisch für das Radio aktiv: Produzieren Sie einen kurzen Bericht über ein aktuelles Ereignis Ihrer Wahl mit O-Ton und Interviewanteilen.

Medienorganisation und Medienwirtschaft | 7.4

Während der Bereich Produktion primär die kreative und die informative Mediengestaltung umfaßt, bezieht sich der Bereich Organisation primär auf die Verwaltung und Strukturierung der Arbeits-
abläufe. Auch die sogenannten Hierarchen, d.h. die in einer Hiarchie
angeordneten zahlreichen Personen, vom Pförtner bis zum Vor-
standsvorsitzenden, sind in gewisser Weise an der Produktion und
Distribution von Medienprodukten beteiligt. Bei solchen Organisationen, die in besondes augenscheinlicher Weise den Zusammenhang von Medien und Gesellschaft verdeutlichen, handelt es sich vor
allem um Unternehmen der Medienwirtschaft.

Medienorganisationen – einschließlich der für Medien relevanten
Institutionen (z.B. Presserat, GEMA) – werden nach ihrer Reichweite
unterschieden: *lokale Organisationen* wie z.B. das örtliche Kino, die
Buchhandlung, das Stadttheater oder die Betriebszeitschrift; *regionale Medienorganisationen* wie die Landesmedienanstalt, der Radiosender oder die Regionalzeitung; *nationale Organisationen* wie die
Internetprovider, eine Buchgemeinschaft oder die Fotoindustrie;
und globale Medienorganisationen wie das Chat, die Nachrichtenagenturen oder ein multimedialer Konzern.

Vier Typen von Medien-
organisation:

– lokal
– regional
– national
– global

Hier sollen zwei Beispiele die große Bandbreite entsprechender medienwissenschaftlicher Arbeiten demonstrieren: die Organisation
der lokalen Zeitungsredaktion, wie sie überall, unabhängig vom Zei-
tungstyp, wirksam wird, und der international organisierte Medienkonzern, der zugleich neue Probleme aufwirft wie z.B. die Vor-
und Nachteile der Medienkonzentration.

Zeitungsbetrieb | 7.4.1

Die einzelne Zeitung, besser gesagt: der Zeitungsbetrieb, ist zunächst einmal von formalen Betriebsstrukturen geprägt, z.B. den unterschiedlichen Ressorts wie Politik, Wirtschaft, Lokales, Sport, Kultur usw., oder auch von der Aufteilung in die vier Sektoren Verleger,
Redaktion, Anzeigenabteilung und Vertrieb. Diese Strukturen bringen bestimmte Handlungserwartungen mit sich: So gibt es eine
Hierarchie vom Volontär über den Redakteur bis hoch zum Chefre-

Formale Betriebs-
strukturen und Hand-
lungserwartungen

dakteur und Besitzer der Zeitung. Es gibt bestimmte Arbeitszuordnungen innerhalb der Zeitung. Entsprechend werden die Interaktionen mit Kommunikationspartnern „draußen" geregelt, z.B. „gehören" Kommunalpolitik, Polizeiberichterstattung oder Jugend und Schule dem Lokalressort, die Sportvereine und lokalen Sportereignisse der Sportredaktion, usw.

Informelle Betriebsstrukturen und Handlungserwartungen

Zugleich bilden sich aber immer auch informelle Betriebsstrukturen heraus, die nicht minder wirksam sind, und diese bringen ihrerseits bestimmte Handlungserwartungen mit sich, die ebenfalls untersucht und offengelegt werden können. So tendieren beispielsweise die verschiedenen Ressorts zur Konkurrenz untereinander, etwa was den Berichtsraum und die Platzierung innerhalb der Zeitungsausgabe angeht. Innerhalb vieler Ressorts bilden sich ferner bestimmte Stile oder Profile heraus, die maßgeblich sind für entsprechende Arbeitsaufgaben und ihre Bewältigung. Oft wird die redaktionelle Verantwortlichkeit auch durch Autorität und Status von Redaktionsmitgliedern bestimmt oder durch den ökonomischen Zwang, rund zwei Drittel der Einnahmen aus dem Anzeigengeschäft bestreiten zu müssen.

Merksatz

Die Lokalzeitung bzw. das Lokalressort als Organisation hat formale und informelle Betriebsstrukturen, aus denen sich Funktionsmodelle ableiten lassen.

Funktionsmodelle der Lokalzeitung bzw. des Lokalressorts

– neutrales Vermittlungsforum

– Anpassung an einen formalen Sollwert

Auf diesem organisationstheoretischen Hintergrund sind für die Lokalzeitung bzw. Lokalredaktion unterschiedliche Erklärungs- und Funktionsmodelle entwickelt worden. Bei Modell Nr. 1 erscheint die Redaktion als lediglich technisches Forum für die Verbreitung von lokalen Nachrichten. Diese werden von lokalen Veranstaltern und Vereinen sowie Institutionen wie Bürgermeister, Rathaus, Polizei, Schule gestellt und zeitungsintern nur noch eingeordnet. Die Zeitung fungiert dabei als relativ neutrale Instanz herrschaftskonformer Informationsübermittlung. Modell Nr. 2 ordnet der Lokalzeitung bzw. dem Lokalressort eine eher eigenständige, aber ebenfalls formalisierte Orientierungs- und Steuerfunktion zu. Die Redaktion erscheint hier als ein System, das aus der gewaltigen Menge der tagtäglich aufkommenden Meldungen bestimmte Nachrichten auswählt, etwa nach dem Gesichtspunkt der Vielseitigkeit, und im vorgegebenen Rahmen bearbeitet und publiziert. Treten in einem Sektor einmal mehr Nachrichten und in einem anderen unerwartet wenig Nachrichten auf, verschiebt sich nicht etwa das Verhältnis der beiden Sektoren (so daß es im einen mehr Artikel gäbe und im andern weniger), sondern nur die Gestalt der Artikel: Im Sektor mit mehr Nachrichten gibt es entweder eine stärkere Selektion oder kürzere Artikel, im Sektor mit weniger Nachrichten dagegen längere Artikel. Der Input wird also, unabhängig vom Inhalt und von der Bedeutung der Nachricht, lediglich dem Sollwert angepasst.- Und weitere Modelle sind denkbar.

Literatur

Manfred Rühl: Die Zeitungsredaktion als organisiertes soziales System. Fribourg/Schweiz 2. Aufl. 1979.
Wegweisende Studie zur Analyse einer Zeitungsredaktion und ihrer Organisation aus systemtheoretischer Sicht.

Carolin Hermann: Im Dienste der örtlichen Lebenswelt. Lokale Presse im ländlichen Raum. Aachen-Hahn 1993.
Empirische Studie zu den Formen und Funktionen der lokalen Zeitung, als Vermittlungsforum für das Funktionieren des Gemeinwesens.

Norbert Jonscher: Lokale Publizität. Theorie und Praxis der örtlichen Berichterstattung. Ein Lehrbuch. Opladen 1995.
Versuch einer handbuchartigen Bilanz zur Bedeutung der Lokalzeitung als Organisation aus kybernetischer Sicht.

Übungs- und Wiederholungsfragen

23. Unterscheiden Sie vier Typen von Medienorganisation
24. Was sind formale Betriebsstrukturen bei einem Zeitungsbetrieb?
25. Nennen Sie einige informelle Betriebsstrukturen einer Redaktion und entsprechende Handlungserwartungen.
26. Nennen Sie unterschiedliche Funktionsmodelle der Lokalzeitung bzw. des Lokalressorts.

Weiterführende Arbeitsaufgaben

– Untersuchen Sie den Redaktionsaufbau Ihrer lokalen Tageszeitung gemäß ihren Organisationseinheiten und spüren Sie Interaktionsformen und Probleme auf.
– Vergleichen Sie unterschiedliche Zeitungstypen (z.B. Boulevardzeitung, überregionale Qualitätszeitung, Lokalzeitung, Wochenzeitung) im Hinblick auf ihre Gewichtung der klassischen Ressorts.

– Untersuchen Sie den Anteil der Ressorts in Ihrer Heimatzeitung und vergleichen Sie die Artikel mit den Werbeanzeigen. Gibt es Bezüge, Zusammenhänge, Konflikte?

7.4.2 | Multimedienkonzern

Der mit Abstand größte Medienkonzern Deutschlands und Europas und einer der größten der Welt ist die Bertelsmann AG. Sie besteht aus über 1.000 Unternehmen und erwirtschaftet mehr als zwei Drittel des Konzernumsatzes (2000/01: insgesamt 13,9 Milliarden Euro) im Ausland.

Zur Zeit gliedert er sich in sieben sogenannte „Produktlinien":

RTL-Group
– Die *RTL-Group* bündelt 23 Fernsehsender und 17 Radiostationen in zehn Ländern.

Random House
– *Random House* faßt rund 250 Publikumsverlage in dreizehn Ländern zusammen.

Gruner + Jahr
– *Gruner + Jahr* ist mit über 100 Zeitschriften und Zeitungen in vierzehn Ländern das größte Zeitschriftenhaus Europas.

BMG
– Die *Bertelsmann Music Group* verzeichnet mehr als 200 Labels in 44 Ländern.

Bertelsmann-Springer
– *Bertelsmann-Springer* ist international führender Anbieter von Wissenschafts- und Fachliteratur.

Arvato
– *Arvato* bündelt Mediendienstleistungen, Druckereien, Spezialverlage und Ähnliches in 23 Ländern.

DirectGroup
– Die *DirectGroup* schließlich faßt Buchclubs, Musikclubs und E-Commerce zusammen, alles was mit Direktmarketing und Online-Vertrieb zu tun hat.

Wer also einen aktuellen Bestseller im Goldmann-Taschenbuch-Verlag liest, die neueste Ausgabe der Frauenzeitschrift Brigitte kauft, eine Ariola-CD hört, ein Fachbuch zur Mathematik erwirbt, eine DVD mit dem neuesten Kinofilm sieht, Mitglied in einem Buchclub ist oder abends das Fernsehprogramm von RTL oder Vox konsumiert, der mehrt den Umsatz und Gewinn immer nur ein und desselben Unternehmens.

Aktivitäten um das Medium Buch
Deutlicher wird die gesellschaftliche Bedeutung einer solchen globalen Medienorganisation, wenn man nur die Aktivitäten um das

Medium Buch betrachtet: Top-Verlage und Verlagsgruppen in den Ländern USA, Großbritannien, Neuseeland, Australien, Südafrika und Deutschland; führender Anbieter von Unterhaltungsbestsellern, wissenschaftlicher und Fachliteratur sowie Kinderliteratur; 32 verschiedene Buchclubs mit weltweit rund 60 Millionen Mitgliedern, davon 16 Millionen Kunden allein in Europa. Hinzu kommen zahllose Aktivitäten (nur Beispiele) von der Autorenförderung über den Buchdruck und die Unterstützung von Büchereien und Bibliotheken bis zur Förderung der Akademie des Deutschen Buchhandels, von der Finanzierung von Buchpreisen und der Unterstützung der Stiftung Lesen bis hin zu umfassender Lese- und Buchmarktforschung. Ebenso beeindruckend wie untersuchungsbedürftig sind die entsprechenden Tendenzen: zum massenhaften Erfolgstitel, zur internationalen Gleichschaltung, zur surpamedialen Auswertung, zur sektoralen Marktdominanz.

Damit ist das Problem der Medienkonzentration angesprochen, die auf der einen Seite durchaus Gefahren mit sich bringt: z.B. überhöhte Preisgestaltung, kulturelle Verarmung, Manipulation durch Beschränkung des Zugangs zur Medienöffentlichkeit, Verzerrung von Märkten (z.B. Mitarbeitermarkt), Gleichschaltung und Zensur. Es handelt sich dabei nicht um eine inhaltliche oder ideologische Manipulation, Verzerrung, Gleichschaltung oder Zensur, sondern um eine ökonomische: Gemäß einer vorgegebenen Gewinnmarge wird nur noch das produziert und vermarktet, was massenhafte Erwartungen und Bedürfnisse trifft. Auf der anderen Seite gibt es freilich auch den Markt der „global player", d.h. der international operierenden Multimedienkonzerne, die um Märkte, Rechte und Medienproduzenten konkurrieren. Daß auch auf dieser Ebene nationale Interessen wahrgenommen werden, kann ökonomisch und kulturell durchaus wieder wünschenswert und sogar notwendig sein.

> **Merksatz**
>
> Bertelsmann läßt sich mit vier Begriffen charakterisieren: medientotal, bestsellerorientiert, global und vertriebskonzentriert.

Medienkonzentration als Problem

Literatur

Dirk Bavendamm: Bertelsmann, Mohn, Seippel. Drei Familien – ein Unternehmen. München 1986.
Eine bertelsmanneigene, parteiliche Darstellung.

Jürgen Heinrich: Medienökonomie, Bd. 1: Mediensystem, Zeitung, Zeitschrift, Anzeigenblatt. Opladen 1994.
Erster Teil eines Standardwerks aus wirtschaftswissenschaftlicher Sicht.

Literatur

Klaus-Dieter Altmeppen (Hrsg.): Ökonomie der Medien und des Mediensystems. Grundlagen, Ergebnisse und Perspektiven medienökonomischer Forschung. Opladen 1996.
Sammelband mit zahlreichen Einzelbeiträgen, die einen guten Überblick über verschiedene Perspektiven und Schwerpunkte sichtbar machen.

Lutz Hachmeister und Günther Rager: Wer beherrscht die Medien? Die 50 größten Medienkonzerne der Welt. München 1997.
Übergreifende Zusammenstellung, inzwischen infolge der kontinuierlichen raschen Veränderungen aber längst nicht mehr aktuell.

Jürgen Heinrich: Medienökonomie, Bd. 2: Hörfunk und Fernsehen. Wiesbaden 1999.
Zweiter Teil eines Standardwerks aus wirtschaftswissenschaftlicher Sicht.

Horst Röper: Formationen deutscher Medienmultis 2002. In: Media Perspektiven 9/2002, S. 406-432.
Beispiel für neutrale, wissenschaftlich fundierte jährliche Zusammenstellungen zur Medienkonzentration in Deutschland.

Übungs- und Wiederholungsfragen

27. Wieviel Unternehmen bündelt Bertelsmann weltweit, mit welchem Gesamtumsatz?
28. Nennen Sie die derzeitigen sieben „Produktlinien".
29. Mit welchen Begriffen läßt sich Bertelsmann charakterisieren?
30. Charakterisieren Sie die Problematik der Medienkonzentration.

Weiterführende Arbeitsaufgaben

– Besuchen Sie eines der Clubhäuser von Bertelsmann in Ihrer Heimatstadt und informieren Sie sich über das medienübergreifende Angebot.
– Überprüfen Sie die Bedingungen, die Vorteile und die Nachteile einer Mitgliedschaft in einem Buchclub. Vergleichen Sie die Angebote verschiedener Buchclubs anhand der Clubzeitschriften miteinander und mit den entsprechenden Angeboten des Sortimentbuch- und Schallplattenhandels.
– Analysieren Sie anhand der einschlägigen Sekundärliteratur die Organisationsstruktur von anderen Multimediakonzernen wie z.B. Springer oder Bauer.

Weiterführende Arbeitsaufgaben

– Diskutieren Sie ausführlich die Probleme der Medienkonzentration aus wirtschaftswissenschaftlicher und kulturwissenschaftlicher Perspektive. Wo liegen die Chancen, wo die Gefahren?

Medienrezeption und Medienkompetenz | 7.5

Beim medienwissenschaftlichen Schwerpunktbereich Rezeption gibt es mehrere Grundsätze, die verbreiteten Vorurteilen widersprechen. Am wichtigsten ist die fundamentale Neueinschätzung der Medienrezeption.

Merksatz

Medienrezeption hat vor allem zwei konkrete Zugriffe gefunden: erstens die Medienrezeption als Prozess. Das meint den Theaterbesuch genauso wie die Buchlektüre, das Fernsehen ebenso wie das Musikhören, das Briefelesen ebenso wie den Kinobesuch usw.

> Medienrezeption ist kein passiver Empfang von Medienbotschaften, sondern aktive Aneignung, von der Selektion bis zur Verarbeitung. An die Stelle der Frage: Was tun die Medien mit den Menschen? ist in der Medienwissenschaft die Frage getreten: Was tun die Menschen mit den Medien?

Hierzu wurde eine Fülle von Theorien entwickelt, die medienwissenschaftliche Ansätze verknüpfen mit Erkenntnissen der Kommunikationstheorie, der Wahrnehmungspsychologie, der Sozialisationstheorie oder der Entwicklungspsychologie. Um zur Veranschaulichung nur ein einziges Beispiel zu nennen, sei auf den sogenannten Nutzenansatz abgehoben. Er basiert auf der oben genannten Grundannahme der Medienrezeption als aktivem, sinnorientierten sozialen Handeln.

Medienrezeption als Prozess

Definition

Nutzenansatz

Der Nutzenansatz fragt nach dem psychischen Nutzen, den ein Rezipient aus der Zuwendung zu den Medien zieht, d.h. welche Rezipienten welche Bedürfnisbefriedigung oder Problemlösung über welche Medien und welche Medienangebote in welchen Formen suchen und finden (oder nicht).

Das können ganz unterschiedliche Bedürfnisse sein, etwa *kognitive* Bedürfnisse (z.B. Information, Wissen, Lernen), *affektive* Bedürfnisse (z.B. Entspannung, Angstabwehr, Stimmungsaufhellung, Strukturierung des Tagesablaufs) oder auch *sozialinteraktive* Bedürfnisse (z.B. Gesprächsthemen, Gesprächsersatz, Sozialprestige, Vertrauen). Das bedeutet: Medienrezeption ist für jeden Menschen funktional und entsprechend komplex.

Einfacher ist der zweite Zugriff auf Medienrezeption, der hier etwas ausgeführt werden soll. Gemäß den oben unterschiedenen Mediengruppen (Kap. 1.1) muß man ganz verschiedene sinnliche Verhaltensweisen voneinander abgrenzen: Partizipieren (z.B. Theater), Lesen (z.B. Zeitung), Hören (z.B. Radio), Zuschauen (z.B. Fernsehen) und Anwenden (z.B. Chat). Deshalb werden in der Medienforschung fünf *Rezipiententypen* verschiedene „Rezipiententypen" unterschieden. Es gibt aber nicht den Zeitungsleser, den Fernsehzuschauer, den Heftchenleser, den Radiohörer usw. getrennt voneinander, sondern jeder Mensch verteilt sein Zeitbudget auf verschiedene Medien, ist also gleichzeitig Leser und Zuschauer und Hörer usw. Die Aufteilung in Rezipiententypen muß also wieder zusammengeführt werden. Das soll am Beispiel von „Medienkompetenz" erfolgen.

7.5.1 | Partizipanten, Leser, Hörer, Zuschauer, User

Partizipanten Rezipienten sind *Partizipanten* bei einer unerwartet großen Zahl von Medien: zunächst und vor allem im Theater. Dieses letzte noch verbliebene Primärmedium macht deutlich, daß das Medium nicht funktioniert gewissermaßen vor dem Theaterbesucher oder für ihn, sondern nur mit ihm, mit seiner aktiven Teilhabe, und damit durch ihn. Das Theater ist Gemeinschaftshandlung aus Schauspielern und Publikum (Kap. 2.3.2). Aber auch bei den Medien Brief, Telefon, E-Mail und Chat muß der Rezipient produktiv teilnehmen, sonst findet Kommunikation nicht oder nur begrenzt statt.

Leser Anders ist die Rezeption beim *Leser* – ganz unabhängig davon, ob es sich um einen Zeitungsleser handelt, einen Buchleser, einen Heftchenleser oder einen WWW-Leser handelt (denn auch beim World Wide Web muß vom Bildschirm „gelesen" werden). Lesen als Medienrezeption ist eine besondere kognitive, emotionale, motivationale und reflexive Leistung; immerhin mußten wir das Lesen erst einmal lernen, und die Übertragung von „schwarzen Zeichen auf weißem Papier" in Sinn und Bedeutung stellt eine erhebliche Anstrengung und Abstraktionsleistung dar. Immer wieder vergessen wird, daß es selbst in einem hochentwickelten Land wie Deutschland Millionen Erwachsene gibt, die gar nicht oder nur sehr wenig lesen können.

Im Unterschied zur Kulturfertigkeit des Lesens ist das *Hören* als Fähigkeit angeboren. Aber natürlich gibt es große Unterschiede zwischen Hören und Hören – ob man einer Oper auf Schallplatte lauscht, einem Hörspiel im Radio, den aktuellen Börsennachrichten oder ob man sich nur der Musikdusche im Hintergrund aussetzt. Intellektuelles Hören ist nicht dasselbe wie phantasierendes Hören oder die Geräuschkulisse zur Stimmungsaufhellung. Man muß also Hörertypen unterscheiden (den aufmerksamen und ungeteilten Zuhörer, den selektiven Hörer, den Nebenbeihörer usw.). Auch hören Kinder anders als Jugendliche, Erwachsene anders als alte Menschen, Männer anders als Frauen usw. Damit sind mehrere Faktoren deutlich geworden: Hören hängt ab vom Gehörten, von Hörart, Hörort und Hörzeit, auch vom Hörertypus und der Funktion des Hörens.

Hörer

Weil der Sehsinn der dominante Sinn des Menschen ist, kommt dem *Zuschauen* in der Medienrezeption auch die größte Bedeutung zu. Viele Medien sind davon betroffen: das Foto, das Plakat, Video, der Film, vor allem das Fernsehen. Die Medienwissenschaft erforscht hier, wer genau wann das Fernsehgerät einschaltet und welche Programme er sieht, wie er sie sieht (z.B. aufmerksam oder nebenbei oder schlafend, d.h. gar nicht) oder welche Wirkungen der Fernsehkonsum hat. Am Beispiel des Mediums Fernsehen wurden häufig allgemein Probleme der Medienwirkung untersucht. So gibt es beispielsweise einen Zusammenhang zwischen dem Vielsehen und einer bestimmten Weltsicht: Wer im Wochendurchschnitt täglich mehr als vier Stunden fernsieht, empfindet die wirkliche Welt als langweiliger als die Fernsehwelt, die von Action, Aufregungen, Problemen, Verbrechen, Konflikten usw. geprägt ist. „Vielseher" sind häufiger als der Durchschnitt depressiv, fatalistisch, einsam, frustriert und orientierungslos. Eine offene Frage bleibt aber, ob exzessives Fernsehen zu Depression, Fatalismus, Einsamkeit usw. führt oder ob umgekehrt

Zuschauer

Merksatz

Unser Weltbild wird stark davon geprägt, welchen Medien wir uns aussetzen und wie intensiv wir sie nutzen.
Unsere Bedürfniskonstellation kann uns dazu bewegen, Medien extensiv, quasi als Droge zu gebrauchen.

depressive, fatalistische, einsame usw. Menschen eben viel fernsehen.

Das Beispiel macht deutlich, daß die wissenschaftliche Erforschung von Medienrezeption bzw. Medienrezipienten auch durchaus konträre Theorien zum Zusammenhang von Medien und Gesellschaft hervorbringt und sich entsprechend immer weiterentwickelt.

User Dem Vielseher entspricht bei den digitalen Medien der „Internet-Freak", der leidenschaftliche „Surfer", der „chat addict", d.h. der Chat-Süchtige, oder auch der ewige Computerspieler, der beim Spielen die Zeit vergißt. Beim Anwender oder *User* als dem fünften Rezipiententypus ist die Eigenaktivität noch höher als beim Leser, denn er liest und schreibt und hört gleichzeitig und schaut auch zu. Der User ist stark von Interaktivität bestimmt, weil Medien wie das World Wide Web zu den „Pull-Medien" gerechnet werden. Medien wie das Fernsehen dagegen sind „Push-Medien".

Literatur

Michael Schenk: Medienwirkungsforschung. Tübingen 1987 pass.
Älteres Standardwerk mit den dominanten Modellen und Theorien zur Medienwirkungsforschung.

Stiftung Lesen (Hrsg.): Lesen im internationalen Vergleich. Mainz 1990.
Exemplarischer Überblick über empirische Studien zum Leseverhalten in Deutschland und anderen Ländern.

Michael Carlton und Klaus Neumann: Medienrezeption und Identitätsbildung. Kulturpsychologische Befunde zum Gebrauch von Massenmedien im Vorschulalter. Tübingen 1990.
Exemplarisch für die vielen spezifischen Untersuchungen zu Teilaspekten der Medienrezeption.

Klaus Berg und Marie-Luise Kiefer (Hrsg.): Massenkommunikation V. Eine Langzeitstudie zur Mediennutzung und Medienbewertung 1964-1995. Baden-Baden 1996.
Einzige deutsche Langzeitstudie zur Rezeption vor allem der Massenmedien Zeitung, Fernsehen und Hörfunk.

Peter Vorderer, Hans J. Wulff und Mike Friedrichsen (Hrsg.): Suspense, Conceptualizations, Theoretical Analysis, and Empirical Explorations. Mahwah, NJ 1996.

Sammelband mit zahlreichen wichtigen Einzelbeiträgen zum Phänomen der „Spannung" bei der Medienrezeption.

Patrick Rössler (Hrsg.): Online-Kommunikation. Beiträge zu Nutzung und Wirkung. Opladen 1998.
Sammelband mit Einzelbeiträgen, in denen die Vielfalt der Fragestellungen deutlich wird.

Walter Klingler, Gunnar Roters und Maria Gerhards (Hrsg.): Medienrezeption seit 1945. Forschungsbilanz und Forschungsperspektiven. Baden-Baden 1998.
Sammelband mit Einzelbeiträgen mit historiographischer Perspektive.

Heinz Bonfadelli: Medienwirkungsforschung, Bd. I: Grundlagen und theoretische Perspektiven. Konstanz 1999; Bd. II: Anwendungen in Politik, Wirtschaft und Kultur. Konstanz 2000.
Umfangreiches Standardwerk zur Medienwirkungsforschung aus sozialwissenschaftlicher Sicht.

Martin Welker: Determinanten der Internet-Nutzung. München 2002.
Jüngster empirischer Beitrag zur Rezeption von digitalen Medien.

Media Perspektiven: Basisdaten zur Mediensituation in Deutschland 2002. Frankfurt/Main 2002.
Jährlich erscheinende Zusammenstellung der wichtigsten Daten einschließlich vieler statistischer Angaben zur Medienrezeption.

Übungs- und Wiederholungsfragen

31. Benennen Sie die fundamentale Neueinschätzung der Medienrezeption.
32. Was meint Medienrezeption als Prozess?
33. Definieren Sie den Nutzenansatz.
34. Welche fünf verschiedene Rezipiententypen kann man unterscheiden?
35. Was besagt die Suchttheorie?

Weiterführende Arbeitsaufgaben

– Skizzieren Sie Ihre eigene Mediennutzung im Ablauf eines Tages vom Wecken bis zum Einschlafen.
– Welches ist Ihr Lieblingsmedium bzw. welches Medium nutzen Sie am häufigsten. Warum und wozu? Unterscheiden Sie dabei besonders unterschiedliche Formen und Medien des Lesens.

– Ermitteln Sie weitere medienwissenschaftliche Theorien und Modelle zur Mediennutzung, etwa zum Zusammenhang von Medien und Gewalt, aus der Sekundärliteratur.

– Was heißt: Der Spielfilm ist ein Traum?

– Vergleichen Sie die Mediennutzung von Kindern, Jugendlichen, Erwachsenen und Senioren. Worin bestehen Unterschiede in der Auswahl der Medien und dem Ausmaß der Nutzung und inwiefern sind die verschiedenen Funktionen abhängig vom Lebenszyklus?

7.5.2 | Medienkompetenz

Von der Wissenskluft-Hypothese...

Eine der von der Medienwissenschaft ausgebildeten Hypothesen bezieht sich auch auf den Tatbestand, daß der Informationsstand und die Wissensbildung der Menschen sich bei medialen Informationsprozessen gleich zweifach unterscheiden: einmal nach der Art und der Anzahl der Medien, die von den Menschen genutzt werden, bzw. nach der Art der Rezeption, und dann nach dem Bildungsstand der Rezipienten. Zeitungsleser beispielsweise sind informierter als Fernsehzuschauer, und wenn sich formal weniger Gebildete auch noch bevorzugt auf die Fernsehnutzung konzentrieren, kommt von der Medieninformation bei dieser Rezipientengruppe bzw. in diesen kulturellen Milieus weniger an.

Es besteht – insbesondere beim Aufkommen neuer Medien – die Gefahr einer zunehmenden Wissenskluft zwischen denjenigen Menschen, die sich vieler Medien funktional zu bedienen wissen und zudem formal höher gebildet sind, und denjenigen, die nur wenige Medien nutzen und formal weniger gebildet sind.

Natürlich könnte man historisch argumentieren, und vieles spricht dafür, daß es seit jeher eine Kluft gegeben hat zwischen den Medienkundigen und den Medienunkundigen, zwischen den Gebildeten und den formal Ungebildeten. Aber heute läßt sich das Problem, auf das diese Wissenskluft-Hypothese verweist, besser in Angriff nehmen. Den gesellschaftlich unerwünschten Defiziten großer Bevölkerungsgruppen kann durch die breitere Vermittlung von Medienkompetenz entgegengewirkt werden.

Was heißt Medienkompetenz? Man kann im Licht aller bislang vorgelegten Konzepte sieben Dimensionen von Medienkompetenz unterscheiden, die sich teilweise überlappen (Norbert Groeben). Demnach versteht man unter Medienkompetenz (vereinfacht gesagt) die Fähigkeit,

...zur Forderung nach Medienkompetenz

Sieben Dimensionen:

- zwischen Medienwirklichkeit und medialer Darstellung von realer Wirklichkeit, z.B. zwischen Werbung und Nachrichtenberichterstattung, zu unterscheiden;

– Medien und Realität

- Medien gemäß den eigenen Interessen und persönlichkeitsmäßigen Umständen funktional zu rezipieren, z.B. bedürfnisentsprechend und situationsgemäß zwischen Lesen und Fernsehen zu wählen;

– Medien und Erwartung

- aus unterschiedlichen Medien je funktional den angestrebten Lustgewinn und emotionalen Nutzen zu ziehen, d.h. Medienangebote gemäß den eigenen Stimmungen auszuwählen;

– Medien und Genuss

- Medienangebote zu unterscheiden, sie kritisch zu betrachten und Distanz herzustellen;

– Medien und Kritik

- unter allen Medien gezielt auszusuchen und diese auch zu kombinieren, d.h. in einer komplexen Medienlandschaft handlungsfähig zu sein;

– Medien und Orientierung

- sich aktiv an der Medienkommunikation zu beteiligen, also Medien wie Telefon und Chat zu nutzen, Medien wie das WWW zu beherrschen und Medien grundsätzlich auch kreativ gestalterisch als Instrumente von Identitätsbildung und Selbstverwirklichung einzusetzen;

– Medien und Gestaltung

- sich über Medien in unterschiedlichen sozialen Kontexten, Milieus und Kulturen auszutauschen und die eigene Medienkommunikation flexibel zu regulieren.

– Medien und Anschlusskommunikation

Medienkompetenz in diesem Sinn beschreibt ein wesentliches Ziel medienwissenschaftlicher Bildung für jedermann. Eine solche Medienkompetenz läßt sich als zentrale Aufgabe für die geistige und soziale Ökologie unserer Gesellschaft Anfang des 21. Jahrtausends bezeichnen. Es wäre an der Zeit, ein neues Fach „Medienkunde" an den Schulen einzurichten.

Literatur

Heinz Bonfadelli: Die Wissenskluft-Perspektive. Massenmedien und gesellschaftliche Information. Konstanz 1994.
Älteres Standardwerk zum komplexen Fragenhorizont.

Literatur

Fred Schell, Elke Stolzenburg und Helga Theunert (Hrsg.): Medienkompetenz: Grundlagen und pädagogisches Handeln. München 1999.
Sammelband mit zahlreichen wichtigen Einzelbeiträgen aus pädagogischer Sicht.

Norbert Groeben und Bettina Hurrelmann (Hrsg.): Medienkompetenz. Voraussetzungen, Dimensionen, Funktionen. Weinheim, München 2002.
Wichtiger Sammelband mit historischen Darstellungen, theoretischen Konzepten und empirischen Versuchsanordnungen.

Übungs- und Wiederholungsfragen

36. Was besagt die Wissenskluft-Hypothese? Unterscheiden Sie zwei Faktoren.
37. Definieren Sie Medienkompetenz nach den sieben verschiedenen Dimensionen.

Weiterführende Arbeitsaufgaben

– In welchen Dimensionen sind Sie persönlich medienkompetent und welche Dimensionen müssen noch entwickelt werden?
– Vertiefen Sie eine der Dimensionen nach eigener Wahl und entwickeln Sie Vorschläge, wie das entsprechende Teilziel konkret erreicht werden kann bzw. welche Voraussetzungen und Rahmenbedingungen dafür geschaffen werden müssen.
– Ermitteln Sie die bisherigen Ansätze für ein Schulfach Medienkunde in einigen Bundesländern und die Gründe für ihr Scheitern.

Zusammenfassung

Die Medienwissenschaft widmet sich neben der Untersuchung der Medien, sei es als Einzelmedien oder als Mediengruppe, bevorzugt auch dem Zusammenhang von Medien und Gesellschaft.
- Der erste von den hier wichtigsten fünf Schwerpunkten ist die *Mediengeschichte*, im idealen Fall im Kontext des allgemein gesellschaftlichen Wandels thematisiert. Als transdisziplinäre Wissenschaft rekurriert die Medienwissenschaft dabei vor allem auf die

Geschichtswissenschaft, vermag dieser aber auch ihrerseits neue Anregungen zu geben.

- Der zweite Schwerpunkt *Medienpolitik, Medienrecht, Medienethik* nutzt andere Disziplinen: Politikwissenschaft und Soziologie, die Rechtswissenschaften sowie Theologie und Philosophie.

- Der Schwerpunkt der *Medienproduktion* ist im Kern einmal künstlerisch-kreativ und einmal informativ-vermittelnd geprägt. Die enorme Bandbreite an denkbaren Themen und Aspekten wurde exemplarisch medienübergreifend am Journalismus und medienspezifisch am Radiojournalismus deutlich.

- Der vierte Schwerpunkt *Medienorganisation und Medienwirtschaft* rekurriert verstärkt auf eine wieder andere etablierte Disziplin: die Wirtschaftswissenschaften. Das gilt im betriebswirtschaftlichen Sinn für die einzelne Unternehmung und natürlich auch die Branche, volkswirtschaftlich für die Problematik von Medienkonzentration im Hinblick auf publizistisch-demokratische und kulturelle Gesichtspunkte.

- Der abschließende fünfte Schwerpunkt *Medienrezeption und Medienkompetenz* thematisiert folgerichtig so unterschiedliche Rezipientypen wie Partizipant, Leser, Hörer, Zuschauer, User sowie die Notwendigkeit, Medienkompetenz zu vermitteln.

Antwortteil

zu den Übungs- und Wiederholungsfragen (in Stichworten)

1. In Alltagssprache kann alles Medium sein, in Fachsprache gibt es eine festgelegte Bedeutung.
2. Vier Bedeutungsdimensionen: institutionalisiertes System, organisierter Kommunikationskanal, spezifisches Leistungsvermögen, gesellschaftliche Dominanz.
3. Keine Technik nötig, Technik bei Produktion, Technik bei Produktion und Rezeption, Technik bei Distribution (Differenz zwischen Produktion und Rezeption aufgelöst).
4. Einzelmedientheorien haben einen begrenzten Geltungsanspruch.
5. Kommunikator, Code, Kanal, Rezipient, Kommunikationsprozess.
6. Vielzahl psychologischer und soziologischer Faktoren in vielfacher Verknüpfung miteinander.
7. Mediale Kommunikation verläuft mehrstufig (über Meinungsführer)
8. Indirekt, einseitig, öffentlich, disperses Publikum.
9. Statt „Was machen die Medien mit den Menschen?" nun „Was machen die Menschen mit den Medien?"
10. Pseudoauthentische Beziehungen von Zuschauern zu fiktionalen Serienfiguren oder Moderatoren.
11. Brief, Telefon, E-Mail.
12. Interaktionsraum, soziales Netzwerk, Kommunikationsraum.
13. Historisch (z.B. antike Öffentlichkeit per Wand, Theater und Rolle) und systematisch (z.B. repräsentative, kritische, lokale Presseöffentlichkeit).

1. Frau, Tanz, Priester, Sänger, Lehrer, Brief, Druide.
2. Unterschiedliche Phänomene sind für bestimmte Aufgaben gleichwertig.
3. Frau war systemisch, institutionalisiert, dominant soziales Organisationsprinzip (Mutter) und sakrales Kommunikationsprinzip (Göttin). Fruchtbarkeitsrituale.
4. Hofnarr, Sänger, Fest, Erzähler, Magister, Bettelmönche, Prediger, Spielleute.
5. Vermittlungsfunktion zwischen Herrscher und Rittern/Bediensteten, kommunikativ-soziales Regulativ in beide Richtungen.
6. Zum Erzählen gehört eine bestimmte Situation und Atmosphäre.
7. Steuern, Filtern, Kontollieren der kirchlichen Lehre gegenüber Studenten, Strategie der Immunisierung gegen Andersdenkende und machtfundierte Überredung.
8. Letzmalig Einheit von Gelehrtem, Priester, Arzt, Baumeister, Richter, Berater, Erzieher usw.

Kap. 2: Primärmedien

9. Vom Herold zum Ausrufer, vom Sänger zum Beruf, vom Fest zur privaten Feier, von der Erzählerin zur Vorleserin.
10. Basiert auf Erfahrung des Tötens, Leistung für Gegenleistung, zielt auf Erlösung und Heil im Jenseits: Unterdrückungs- und Unterhaltungsmedium.
11. Gott des Weins und der Ekstase sowie Gott als Fürst des Totenreichs und als Opfer: Auftritt hinter einer Maske als Ausdruck von Schuld in einer theatralischen Rolle.
12. Tragödie (Reinigung der Zuschauer von Schuld im Sinn des Opferrituals) und Komödie (ungezügelte Sinnlichkeit der Heiligen Hochzeit).
13. Musikgeschichte, Volkskunde, Theologie, Literaturwissenschaft, Theaterwissenschaft.
14. Antikes, mittelalterliches, Renaissance-, Barock-, Hof-, Stadttheater und heute viele Stilrichtungen.
15. Komplementäre Übereinkunft zwischen Schauspielern und Zuschauern in raumzeitlich unmittelbarer Kommunikation, als Schau-Spiel.
16. Öffentlich-rechtliches, privates und Laientheater.
17. Theater als Repräsentation der höfischen Gesellschaft, Theater als bürgerliches Trauerspiel, Theater als moralische Anstalt, Theater als Theater der Erfahrung usw.
18. Künstlerisch, bühnenbildnerisch, bühnentechnisch, sonstige.
19. Rund 70.000.
20. 60er Jahre: 18%, 70er Jahre: 8-10%, heute: ca. 0,2% der Bevölkerung.

Kap. 3: Druckmedien

1. Wand, Tafel, Ostrakon, Rolle.
2. Höhlenwand, Schild als mobile Wand, Deckenmalerei, Sandwichmen, Citylight Posters, Toilettenwand.
3. Auf Dauer angelegte Vergegenständlichung von Wissen, Gesetzen, Macht usw.
4. Einblatt-, Wand-, Schreib-, Hundertjähriger, Historischer, Bauern-, Haus-, Arznei-, Erbaulicher Kalender.
5. Der Kalender regelte autoritativ den Alltag von bis zu 90% der Bevölkerung auf dem Land, von Haushaltsführung und bäuerlichen Tätigkeiten bis zu Körperpflege und Sexualität.
6. Als Schreibmedium seit den frühen Hochkulturen; medienwissenschaftliche Schwerpunkte: Brieftheorien, Briefgeschichte als Distributionsgeschichte, heutiges Briefwesen.
7. Eine geschriebene Mitteilung, an eine Adresse gerichtet und mit raum-zeitlicher Verzögerung übermittelt.
8. Beileidsbrief, Beschwerdebrief, Dankesbrief, Bittbrief, Liebesbrief, Privatbrief, Frauenbrief usw.
9. Gellert.
10. Kanzleibrief formalisiert und normiert, Privatbrief natürlich, einfach, emotional, individuell.
11. Schon seit der altägyptischen Kultur nachgewiesen.
12. Wege- und Transportsystem mit Poststationen im römischen Weltreich für politische und militärische Nachrichten.

13. Botenanstalten im Mittelalter, kaiserliche Boten, Beruf des Postboten, Post als kapitalistisches Gewerbe, Verstaatlichung der Post, Privatisierung der Post.
14. Ca. 9 Milliarden Briefe.
15. Speicherung von Informationen.
16. Ein- oder zweiseitig beschriebenes Stück Papier zur nichtperiodischen Speicherung oder Verbreitung von Informationen.
17. Wurde fälschungssicher für Verträge und Urkunden benutzt.
18. Propaganda, Unterhaltung, Unterweisung, Erbauung, Belehrung, Nachrichtenübermittlung.
19. Agitation und Indoktrination.
20. Sieben Funktionen: Mnemotechnische Speicherung, interpersonale Informationsübermittlung, agitatorische Werbung, informative Werbung, politische Werbung, kommerzielle Werbung, Unterhaltung.
21. Leichte Nutzbarkeit, niedrige Kosten.
22. Unzulässige Vermischung des Buchbegriffs mit Medien wie Rolle, Heft und Kalender bis hin zum „Hörbuch" = Audiokassette oder CD.
23. Um 100 unserer Zeitrechnung: Kodex.
24. Kultisches, Kultur-, Massen- und Elitemedium.
25. Autor, Verleger, Buchhändler, Bibliothekar, Buchkritiker, Leser.
26. Über 4 Milliarden Euro.
27. Knapp 2.000 Buchverlage, rund 4.600 Buchhandlungen, knapp 10.000 Bibliotheken und Büchereien.
28. Früher Orientierungs- und Steuerungsinstanz, heute funktional nur noch eingeschränkt wichtig.
29. Ca. 15% der Bevölkerung über 14 Jahre: weniger, schneller, oberflächlicher.
30. Kleinformatige Druckschrift geringen Umfangs, geheftet, meist über eigene Distributionskanäle verbreitet.
31. Wegbereiter eines neuen Typus von Öffentlichkeit.
32. Fungierten als Markt der politischen Meinungsbildung für den einzelnen Bürger.
33. Früher abwertend Trivialliteratur, heute neutral Schemaliteratur.
34. Funnies, Abenteuercomics, Erwachsenencomics.
35. Männer: Western, Science-Fiction, Krimis, Kriegs- und Horrorromane, Frauen: Liebes-, Schicksals, Arzt-, Familien-, Mutter-Kind-, Heimatromane.
36. Bastei, Kelter, Pabel-Moewig, Ehapa, Burda.
37. Arbeitsteilig nach bestimmten festgelegten Schemata und Werterastern, im Fließbandverfahren.
38. Frauen dominieren vor Männern, Realschule und Hauptschule dominieren vor anderen Abschlüssen, bei Comics dominieren Kinder und Jugendliche.
39. Kann nur im Verbund mit dem Medium Wand seine Funktionen entfalten.
40. Gedrucktes Blatt an öffentlich zugänglicher Wand im Großformat mit graphischer Gestaltung und mittelfristiger Aktualität.
41. An den Herstellungstechniken.
42. Politisches, Werbe- und künstlerisches Plakat.
43. Amtliche Bekanntmachungen, Steckbriefe, Gesetzersverkündigungen, Karikaturen von Herrschenden, Propagandainstrument, Parteienwahlwerbung.

Kap. 3: Druckmedien

44. Markenartikel und Imagewerbung.
45. Ca. 100 Pächterfirmen, rund 400.000 Anschlagstellen, vier Typen (Allgemein-, Ganz-, Groß-, Spezialstelle).
46. Übersichtlichkeit, Verständlichkeit, Überraschungseffekt, Originalität, Suggestion, Optische Nah- und Fernwirkung.
47. Aktualität (Sänger), Periodizität (Prediger, Brief), Publizität (Sänger, Prediger, Flugblatt), Universalität (Brief).
48. Nachrichtenmedium (politische Funktion) und Anzeigenmedium (kommerzielle Funktion).
49. Zeitungsgeschichte, traditionelle Zeitungsanalyse, politische Bedeutung, kommerzielle Funktion.
50. Information, Werbung, Mediatisierung und Kontrolle, Unterhaltung, Allgemeinbildung und politische Sozialisation, Integration.
51. Rund 350 Tageszeitungen, 24 Wochenzeitungen, 7 Sonntagszeitungen, insgesamt rund 30 Millionen Exemplare; rund 15.000 Redakteure und zahllose Volontäre und freie Mitarbeiter; rund 46.000 Zusteller, weniger als zwei Drittel aller Bürger werden erreicht, Tendenz sinkend.
52. Themenzentrierung, Temporizität, Interessenspezifizierung, Kontextualisierung.
53. Publikums-, Fach-, Special-Interest-, Kunden- und Betriebs-, Verbands- und Vereinzs-, Amts- und Alternative Zeitschriften.
54. Angebot: 845 Publikums- und 1.000 Fachzeitschriften plus Programmzeitschriften, Suppements und Frauenzeitschriften als wichtigen Gruppen; Vertrieb: Kioske, Bahnhofsbuchhandlungen, Austräger, Post, Lesezirkel, Bibliotheken, teils über Grossisten; Rezeption: verbreitet, meist sporadisch und selektiv, vor allem Unterhaltung.

Kap. 4: Analoge Medien

1. Erhöhung der Geschwindigkeit des Nachrichtenflusses.
2. Bei der Reichspost; in Preußen ab 1849.
3. Staatsverwaltung, Militär, Börse, Presse, Handel, Schifffahrt.
4. Elektrisch übermittelt und erst dann ausgedruckt und per Bote zugestellt.
5. Fototheorie und Fotoästhetik, Fototypologie und Fotogenres, Fotogeschichte, Fotomarkt.
6. Authentizität oder Inszenierung, Reproduktion von Wirklichkeit oder Kunst.
7. Produktionsästhetik (neues Sehen), Wirkungsästhetik (Auslösen von Affekten), Kulturtheorie (Korrektur von Wirklichkeitsbildern), Gesellschaftstheorie (als Waffe).
8. Porträt-, Landschafts-, Umwelt- und Ereignis-, Kunst-, Aktfotografie.
9. Manche Genres wie vor allem die weitverbreitete Pornografie werden häufig ausgelassen.
10. Annalistische, Personen- und Theorie-, Produkt-, Stil-, Genre-, Sozial-, Wahrnehmungs-, Technikgeschichte.
11. Medium interpersonaler Fernkommunikation, von extremer Flüchtigkeit.
12. Standardisierung und Ästhetisierung beim Telefonieren.
13. Zunahme an gebremster, aber kontrollierbarer sozialer Nähe, Privates wird teilweise öffentlich.

14. Derzeit gibt es rund 53 Millionen Telefonanschlüsse in Deutschland.
15. Kommerzielle Nutzung (z.B. Umfragen, Marketing, Telebanking), Private Nutzung (sowie Telefonseelsorge, Telefonsex) und Soziale Nutzung (z.B. Kontaktaufnahme, Integration, Beziehungspflege).
16. Aufführungsmusik, Notenblatt und Gesangbuch, elektronische Tonträger.
17. Demokratisierung der Musikkultur, neue Berufe und Kulturbranche, gesellschaftliche Etablierung von Musik, soziale Orientierung, Identitätsstiftung.
18. Ausdifferenzierung von Musikstilen und -kulturen, Reproduzierbarkeit von Musik als Ereignis, Tradierung von Musik, Erwartung perfekter Live-Musik.
19. Vier internationale Oligopole, knapp 9.000 Verkaufsstellen, fast ausschließlich Musik (kurze Produktzyklen, vor allem Pop und Rock), 240 Millionen verkaufte Exemplare pro Jahr, Durchschnittskäufer 12% der Bevölkerung.
20. 1891 (Patent), 1895 (erste Vorführung), 1927 (Tonfilm), 1935 (Farbfilm), 1993 (Computeranimation).
21. Spielfilm.
22. Mit den Gerstaltungs- und Ausdrucksformen wird „gespielt", d.h. Dominanz der Ästhetik.
23. Geschichte von Stilen, von Regisseuren, von Genres u.a.
24. Erzählmuster mit bestimmten Konventionen im Sinne kultureller Schemata.
25. Western, Krimi, Melodrama, Science Fiction-Film, Abenteuer-, Horrorfilm, Thriller, Komödie, Musikfilm, Erotik/Pornofilm.
26. Dominiert von Hollywood und amerikanischen Verleihfirmen, rund 50 Verleihfirmen, 4.600 Leinwände, rund 150 Millionen Kinobesuche jährlich, zwei Drittel der Beövlkerung gehen nicht ins Kino.
27. Sänger, Prediger, Flugblatt, Zeitung.
28. Hörkunst (Arnheim), Kommunikationsapparat (Brecht), Führungsmittel (Eckert), Schallspiel (Knilli) u.a.
29. Öffentlich-rechtliche, private, nichtkommerzielle lokale.
30. Ca. 330.
31. Festgelegte Abfolge von Programmen, Stilen, Musikfarben etc. in stündlicher Wiederholung.
32. Z.B. sachlich-neutral, offensiv-dynamisch, aggressiv; AC (Adult Contemporary), CHR (Contemporary Hit Radio), MOR (Middle of the Road).
33. Begleit- und Nebenbei-Medium, Nutzungsdauer täglich im Durchschnitt 2o6 Minuten, zur Unterhaltung und um Stille totzuschlagen.
34. Fernsehtheorie, Fernsehgeschichte, Fernsehprogramm, Fernsehmarkt.
35. Fernsehtheorie als Kunsttheorie oder als Gesellschaftskritik, Fernsehtheorie als Theorie theatraler Handlungen oder als Theorie von Fernsehöffentlichkeit.
36. Fragmentarisierung, Individualisierung, Selbstbezug.
37. Fünf Phasen: Monopol von ARD, Konkurrenz von ARD und ZDF, Duales Rundfunksystem, Ausdehnung auf neue Bundesländer, Übergang zum Marktanteilsystem bzw. Bestandsgarantie.
38. 50er Jahre Fenster zur Welt, 60er Jahre Pantoffelkino, 70er Jahre Unterhaltungsdroge, 80er Jahre Alltagsstrukturierung.
39. Vor-, Frühgeschichte, Neubeginn NWDR, Industrialisierung der Fernsehproduktion, kulturelles Forum, Unterhaltungstrend, Kommerzialisierung, Wandel zum digitalen Fernsehen.

Kap. 4: Analoge Medien

40. Informations- und Dokumentarsendungen, Fiktionale Sendungen, Unterhaltungs- und Zielgruppenprogramme.
41. Infotainment = unterhaltsame Nachrichtensendung, Edutainment = unterhaltsame Bildungssendung, Vielseher (ca. 50%) sehen täglich mehr als zweieinhalb Stunden fern.
42. Derzeit gibt es 15 öffentlich-rechtliche Sender, 16 private, 9 regionale Ballungsraumsender und über 10 ausländische Sender. Rund 25 Sender erreichen ca. 70% aller Fernsehhaushalte.
43. Bild- und Programmspeicherung, spezielles Gestaltungsmittel.
44. Verkehrs-, Kranken-, Personalüberwachung, Vermittlung von Kompetenzen im Bildungssektor.
45. 31 Millionen Kaufkassetten, 19 Millionen DVDs.
46. Ca. 4.500 Videotheken, vor allem Porno, Horror, Gewalt, Komödie, Thriller, Action, knapp 8% der Bevölkerung entleihen mehrmals wöchentlich.
47. Private, politische, Musik- und Kunstvideos.

Kap. 5: Digitale Medien

1. Schnelligkeit, Speicherfähigkeit, Anwendbarkeit, Zugangscharakter
2. Speichern, Spielen.
3. Technik-, Personengeschichte, Geschichte von Personen und von Unternehmen.
4. Hersteller weltweit: vor allem amerikanische Unternehmen (Hewlett-Packard mit Compaq, Dell, IBM, in Deutschland außerdem Fujitsu-Siemens, Vobis und Medion/Aldi; Computerhändler und Medienverbrauchermärkte dominieren den Handel; 60% aller Haushalte sind mit einem PC ausgestattet, 45 Millionen Menschen nutzen den PC.
5. Textverarbeitung, Spielen, Finanzbuchhaltung, Datenbankverwaltung, Office, Grafik.
6. Medienintegration.
7. Verbindet verschiedene Kommunikationsmodi, die verschiedene Sinne ansprechen: Bilder, Grafiken, Sprechen, Geräusche, Musik, Taktiles etc. und befördert Funktionenkonvergenz.
8. Paßwortgeschützte Netzinformationen, durch Suchmaschinen nicht erfaßt.
9. Medienformenintegration, Netzwerkstruktur, Interaktivität, Globalität, Unüberschaubarkeit, Unkontrollierbarkeit.
10. Home-Banking, Online-Zeitungen und -Zeitschriften, Musikdateien.
11. Die Veränderung von Öffentlichkeit (Soziologie), Recherche und Information (Kulturwissenschaft), E-Commerce (Wirtschaftswissenschaften), Online-Spiele (Psychologie, Pädagogik), Hacker etc. (Rechtswissenschaften).
12. Das Ende von Öffentlichkeit überhaupt bzw. der Anfang eines ganz neuen Typs von Öffentlichkeit.
13. Zum Beispiel kann Privates und Intimes netzöffentlich von jedem präsentiert werden.
14. Recherchieren und Informieren.
15. AltaVista, Fireball, Lycos, Yahoo, insgesamt über 100 in deutscher Sprache, vor allem Google.

16. Handelsbeziehungen zwischen verschiedenen Unternehmen sowie zwischen Firmen und Kunden (z.B. amazon.de).
17. CD-ROM-Spiele, Netzspiele (MUDs).
18. Einloggen in vertrauliche Dateien, Stehlen von Computerdaten, Kinderpornografie, Fälschung digitaler Unterschriften, rechtsradikale Propaganda u.a.
19. Organisation der Netzwerkkommunikation für spezifizierte Teilnehmer auf der Basis eigener Technologie oder mit spezieller Sicherung.
20. B2B, B2C, B2A.
21. Ein schriftliches Medium der Individualkommunikation ohne Zeitverzögerung mit besonderen Merkmalen.
22. Niedrige Kosten, leichte Speicherung, Überbrückung sozialer Distanzen und Hierarchien.
23. Derzeit 80% aller Online-Nutzer, 10 Millionen E-Mail-Adressen.
24. E-Marketing, E-Learning- E-Management, E-Feedback.
25. Vernachlässigung von Rechtschreibung und Grammatik, formale Freiheiten, sprachliche Kurzformen, häufig Verzicht auf An- und Abrede, oft kein kompositorisches Prinzip.
26. Sprache des Chat, Chattheorie.
27. Live-Medium, Schriftsprache, Gruppenkommunikation, Egalität der Teilnehmer, Identitätsinszenierung, fremder Kommunikationspartner, Unverbindlichkeit.
28. Bedürfnis nach Konversation und verbale Geselligkeit, nach Kontakten auch im wirklichen Leben, nach Selbstdarstellung und Identitätssuche, nach Zeitvertreib und Unterhaltung, nach einem Partner, nach Lebenshilfe.
29. Höflichkeitsregeln im Chat.
30. Fettdruck signalisiert Schreien, Wiederholung steht für Betonung, Lachen, Protest etc. werden lautmalerisch simuliert, Komma- und Rechtschreibregeln sind unwichtig, Begrüßungen sind oft ritualisiert, Pseudonyme sind üblich, Sprachspiele verbreitet.
31. Stereotypisierung von Gefühlen durch Ideogramme.

1. Eine transdisziplinäre Wissenschaft.
2. Methoden müssen der Fragestellung angemessen sein und sich als ergiebig erweisen.
3. Publizistikwissenschaft und literaturwissenschaftliche Medienwissenschaft.
4. Verhalten sich sachlich und methodologisch komplementär zueinander.
5. Was ist überhaupt Wissenschaft?
6. Intersubjektive Nachvollziehbarkeit, Krisierbarkeit, analytische Fundierung, Bezug zum Stand der Forschung, Widerspruchsfreiheit, Plausibilität, Ordnungsstruktur mit Definitionen, Gesetzen, Theorien.
7. Begriff gehört zu einer Fachsprache, ist möglichst präzise, faß Komplexes zusammen, soll fachlichen Austausch erleichtern.
8. Bestimmung eines unbekannten Wortes durch die Kombination bereits bekannter Worte.
9. Ein widerspruchsfreies System von Einzelerklärungen zu einem Phänomen, das erklärt, warum etwas so funktioniert, wie es funktioniert.

Kap. 6: Methoden

10. Weg des wissenschaftlichen Vorgehens, eine endliche Folge von Handlungs-anweisungen zur Lösung eines bestimmten Problems.
11. Instanzen- und Kontextforschung.
12. Vier: Interview, Fragebogen, Sekundäranalyse, Inhaltsanalyse.
13. Ein zielgerichtetes Gespräch eines Interviewers mit einem Befragten in der wissenschaftlichen Absicht, durch Fragen verbale Reaktionen hervorzurufen.
14. Vorteile: viele Fragen, viele Versuchspersonen, vergleichsweise niedrige Kosten; Nachteile: niedrige Rücklaufquote, keine Kontrolle der Beantwortung.
15. Die systematische quantitative Erfassung festgelegter Inhalte/Aussagen nach festgelegten Kategorien.
16. Befragung einer gleichbleibenden Personengruppe in Abständen zu unterschiedlichen Themen.
17. Frequenz-, Valenz-, Intensitäts- und Kontingenzaussagen.
18. Fünf: formalistisch/strukturalistisch, biographisch, historisch, soziologisch, psychologisch.
19. Analyse: Zerlegung, Ausdifferenzierung; Interpretation: Deutung, Zuordnung, Sinnspezifikation.
20. Auf das Erkennen maßgeblicher Kompositionsprinzipien.
21. Den Beitrag des Medienkonsums zur Persönlichkeitsformung.

Kap. 7: Medien und Gesellschaft

1. Die medienübergreifende Perspektive.
2. Kommunikationsgeschichte umfaßt auch nichtmediale Kommunikation und ist sehr heterogen, Einzelmediengeschichten bieten begrenzte Bausteine für eine Medienkulturgeschichte, die umfassend ist und im historischen Längsschnitt Medien in ihrer Bedeutung für Kultur und Gesellschaft positioniert.
3. Geschichte ist Resultat einer Rekonstruktion von Vergangenheit und impliziert deshalb die Rekonstruktionsprinzipien.
4. Annalistik, Technik-, Personen-, Organisations-, Sozial-, Kunst-, Wahrnehmungs-, Produkt-, Rezeptions-, Funktionsgeschichte.
5. Sieben Perioden.
6. Weil das Buch in keiner Phase der Entwicklung jemals dominantes Medium der Gesellschaft war.
7. Die Gesellschaft war seit jeher Mediengesellschaft.
8. Politiker, Parteien, Regierung, politische Organisationen können ohne Medien die Bürger nicht erreichen.
9. Balance hält die prinzipielle Unterschiedlichkeit und Parteilichkeit der jeweiligen Interessen aufrecht, bei einer Symbiose bleiben die Bürgerinteressen auf der Strecke.
10. Weil es ein hochkomplexes Problemfeld für Juristen mit einer Fachausbildung darstellt, wie sie Medienwissenschaftler in aller Regel nicht aufweisen.
11. Der allgemeine Teil umfaßt u.a. Kommunikationsgrundrechte, das Recht auf Meinungs- und Informationsfreiheit und das Medienurheberrecht, der besondere Teil unterscheidet nach Einzelmedien und übergeordneten Gruppen.
12. Es kann keine universalistische Ethik geben, weil Sollen nicht vom Sein zwingend abgeleitet werden kann; Ethik ist stets eine Setzung.

13. Lehre vom sittlichen Wollen und guten und richtigen Handeln: die Theorie vom Sollen.
14. Journalisten-, Organisations-, Publikums-, Hierarchen- und Medienpolitiker-ethik.
15. Z.B. Wahrheit, Freiheit, Öffentlichkeit, Verantwortung bzw. Objektivität, Neutralität, Fairness, Toleranz.
16. Bürgeranwalt, Nachrichtenübermitler, Pädagoge, Unterhalter, Sprachrohr, Mediator, Politiker.
17. Die Bereitstellung aktueller Informationen von allgemeingültiger Bedeutung zum Zweck öffentlicher Kommunikation.
18. Große Bandbreite u.a. zwischen Aktualität und Inszenierung, zwischen Handlungsspielraum und Abhängigkeit, zwischen objektiver Berichterstattung und manipulativer Erfindung.
19. Nach den Nachrichten selbst: was berichtet wird, warum es von wem und warum ausgewählt wurde, für wen es wie und wozu aufbereitet und dargestellt wird und warum es bei wem wie auf welches Interesse und Verständnis stößt.
20. Er muß über alle wichtigen Kompetenzen des Medienbereichs verfügen, von der Recherche vor Ort über die Redaktion am Schreibtisch bis zur Sendetechnik.
21. Praktisch in allen Redaktionen und Ressorts.
22. Stimme, Sprechen, Hörverständlichkeit.
23. Lokal, regional, national, global.
24. Unterschiedliche Ressorts und die hierarchische Aufteilung in Verleger, Redaktion, Anzeigen und Vertrieb.
25. Z.B. Konkurrenz der Ressorts untereinander, unterschiedliche Stile und Profile, unterschiedlicher Status von Redaktionsmitgliedern.
26. Neutrale Vermittlungsinstanz, Anpassung an formalen Sollwert.
27. Derzeit über 1.000 Unternehmen, 13,9 Milliarden Euro Gesamtumsatz.
28. RTL-Group, Random House, Gruner + Jahr, BMG, Bertelsmann-Springer, Arvato, DirectGroup.
29. Medientotal, bestselleroriented, global und vertriebskonzentriert.
30. Einerseits Gefahren wie kulturelle Verarmung, überhöhte Preisgestaltung und ökonomischer Zensur, andererseits Konkurrenz auf Weltmarkt als „global player“.
31. Medienrezeption ist kein passiver Empfang, sondern aktive Aneignung.
32. Theaterbesuchen, Buchlesen, Radiohören usw.
33. Fragt nach dem psychischen Nutzen, den jemand aus der Zuwendung zu den Medien zieht.
34. Partizipant, Leser, Hörer, Zuschauer, User.
35. Unsere Bedürfniskonstellation bewegt uns dazu, Medien extensiv, quasi als Droge zu gebrauchen.
36. Es besteht die Gefahr einer Kluft zwischen denjenigen, die sich vieler Medien funktional zu bedienen wissen und formal höher gebildet sind, und denjenigen, die nur wenige Medien nutzen und formal weniger gebildet sind.
37. Medien und Realität, Medien und Erwartung, Medien und Genuss, Medien und Kritik, Medien und Orientierung, Medien und Gestaltung, Medien und Anschlusskommunikation.

Register